성경을 이렇게 암송하라
성경암송 마스터

김의용 지음

하나님의 사람을
만들어 가는 **엘맨**
ELMAN

성경을 이렇게 암송하라
성경암송 마스터

1쇄   2024년 8월 5일

지은이   김의용
펴낸이   이규종
펴낸곳   엘맨출판사
등록번호   제13-1562호(1985.10.29.)
등록된곳   서울시 마포구 토정로 222
           한국출판콘텐츠센터 422-3
전화   (02) 323-4060, 6401-7004
팩스   (02) 323-6416
이메일   elman1985@hanmail.net
           www.elman.kr

ISBN   978-89-5515-772-7 03230

값 23,800 원

성경을 이렇게 암송하라

성경암송 마스터

김의용 지음

하나님의 사람을
만들어 가는 엘맨
ELMAN

차례

서문

성경암송 마스터는 성경암송의 이론과 실제에 관한 책입니다.

기존에 성경암송과 관련된 여러 권의 책들이 있지만 필자가 늘 생각을 갖고 있었던 것은 이론보다도 성경암송의 실제에 관한 것이었습니다.

아무리 이론이 뛰어나다 할지라도 한 구절 성경을 암송하지 못한다면 아무 의미가 없는 것입니다.

육군 군종목사 전역후 교회를 개척하면서 2년 동안 40일 작정기도 등 교회부흥과 미래목회에 대해서 기도에 전념했습니다.

기도하는 중에 미래목회를 생각하면서 나름대로 내가 잘할 수 있는 분야에 대한 필요성을 느끼게 된 것입니다.

'하나님께 무엇을 구할까?' 하는 생각 중에 그동안 성경암송을 제대로 정복하지 못했는데 성경암송을 잘 할 수 있으면 좋겠다는 일념으로 주님께 영감을 구했습니다.

성경암송은 필자 뿐만아니라 수많은 목회자들, 평신도들의 관심사항이었습니다.

중고등부때도 신학생때도 나름 열심히 성경암송을 했지만 그 열정이 오래가지 못하고 중단되었습니다.

또 어느날 불일 듯 일어나서 성경암송을 도전했지만 오래가지 못한 경험들이 많았습니다.

어떻게 하면 오래도록 성경암송을 꾸준히 할 수 있을까? 주님께 묻고 기도했습니다.

어느날 기도하는 중에 하나님께서 성경암송에 대한 영감을 주셨습니다.

이제 자신있게 말할 수 있는 것은 2000년 초반 하나님께서 성경암송에 대한 영감을 필자에게 주셨는데 지금 현재 6000구절을 암송하고 있으니 이보다 더 확실한 증거에 어디 있겠느냐는 것입니다.

성경암송에 대한 영감은 그리 어려운 것이 아니었습니다.

단순하고 쉽고 누구든지 할 수 있는 방법들이었습니다.

필자는 그 방법대로 하고 시작했고 어느덧 노트가 6권이 될 정도로 지금까지 꾸준하게 성경암송을 해나가고 있습니다.

신구약성경이 31,173구절인데 이제 6000구절 성경을 암송하고 있고 1만구절 성경암송 목표를 삼고 있으니 참으로 놀라운 것이고 전적인 하나님의 은혜입니다.

성경암송은 영적인 무기입니다.

"구원의 투구와 성령의 검 곧 하나님의 말씀을 가져라"(엡 5:17)

이렇게 오랫동안 성경암송하면서 어느 순간 방대한 하나님의 말씀이 손에 잡히기 시작했습니다.

아직 성경의 고수는 아닙니다. 그럼에도 불구하고 성경암송을 통해서 지금 성경의 고수로 가고 있습니다.

성경통달은 분명 성경암송을 통해서 가능하다는 사실이라는 것입니다.

바울, 에스라, 스데반 등 믿음의 사람들, 말씀의 사람들은 성경을 통달한 사람들이었습니다.

필자는 작정기도 중에 주신 하나님의 영감에 감사하고 이 내용들을 우리나라 뿐만아니라 전세계 기독교인 형제들과 함께 공유하고 싶습니다.

필자가 경험한 영감을 통해서 성경암송을 하게 되면 수많은 사람이 성경을 사랑하게 되고 말씀을 사모하게 되며 주님을 더욱 사랑하는 계기가 될 것을 믿어 의심치 않습니다.

필자가 성경 6000구절 암송하는 것에는 반복적인 것도 많고 개역성경에서 개정개역성경으로 바뀌면서 새롭게 성경암송하는 부분들도 많습니다. 그럼에도 불구하고 계속해서 꾸준히 성경암송을 해나가고 있으니 이보다 더 큰 비결이 어디 있겠습니까?

필자가 보는 측면에서 성경 31,173구절이 다 성령의 영감으로 된 하나님의 말씀으로 모두 중요하지만 그 중에 가장 중요한 성경구절을 이야기하라면 대략 2000구절에서 2500구절로 생각합니다.

만약 우리가 성경구절을 500구절만 암송한다면 아니 그보다 적게 단지 100구절만이라도 말씀을 마음에 새기고 묵상하고 실천한다면 이보다 더 큰 은혜가 어디 있겠습니까?

그래서 성경암송 마스터는 이론이나 방법, 내용의 분량을 최대한 줄이고 방대한 성경구절 중에서 신자들에게 꼭 필요하고 중요한 성경구절을 엄선해서 이 책 하나만으로도 성경 다음으로 목회자와 신자들에게 유익을 줄 수 있는 책이 되기를 바라는 마음으로 이 책이 쓰여지게 되었습니다.

필자는 성경 31, 173구절 중에 성경 책별 성경암송을 정리했고 성경암송을 보다 효과적으로 접근하게 하려고 누구나 쉽게 성경암송할 수 있는 짧으면서도 중요한 성경구절을 정리해 놓았습니다. 뿐만 아니라 기독교인이라면 누구나 암송할 수 있는 최소한 중요 핵심구절도 수록해 놓았습니다.

필자는 20년 이상 성경을 연구하고 성경암송의 특별한 관심으로 6000구절 암송하고 있으며 앞으로 1만 구절 성경암송을 목표로 삼고 있습니다. 또한 필자 나름대로의 성경암송 비결을 이 책을 통해 부분적이나마 함께 공유하고자 합니다.

성경암송은 설교자로서 많은 영감과 은혜를 주었고 심방할 때나 병원방문 그리고 설교준비할 때나 수많은 사람들을 만날 때 성경암송의 능력을 많이 깨닫게 되었습니다.

다윗이 고백하지 않았습니까?

"내가 주의 계명들을 사모하므로 내가 입을 열고 헐떡였나이다"(시 119:133)

"주의 말씀의 맛이 내게 어찌 그리 단지요 내 입의 꿀보다 더 하나이다"(시 119:103)

이 책은 단순한 이론의 책이 아닙니다.

이 책이 한국과 세계 여러 교회에 복음전파에 대한 다양한 유익을 주며 하나님 나라의 확장을 위해 귀하게 쓰임받는 도구가 되기를 소망합니다.

이 책을 통해 말씀부흥의 역사들이 분명하게 일어날 줄로 확신합니다.

1장 · 성경암송의 필요성

1장

성경암송의 필요성

1. 서론

성경암송은 기독교인이면 누구나 한번쯤 시도했거나 갈망하며 도전했던 경험들이 있을 것입니다. 그런데 문제는 성경암송이 일회성에 그치고 지속적이지 못하는 데 있습니다. 도전하고 싶은데 어렵다고 생각을 한다는 것입니다. 어떤 계기로 해서 성경암송에 도전하지만 결국 오래가지 못합니다. 어떤 경우에는 성경구절 암송하는 데 두려움을 갖는 이들도 의외로 적지 않습니다. 말씀이 영적 무기라는데 누구나 동의하지만 그 말씀이 영적 무기가 되기 위해서는 말씀을 마음에 새기고 말씀 암송의 준비가 되어 있어야 합니다.

"구원의 투구와 성령의 검 곧 하나님의 말씀을 가지라"(엡 5:17)

예수님께서 공생애를 시작하시기 전 성령에 이끌려 광야에 나가 40일 동안 금식기도를 하시고 40일 금식기도 후에 마귀에게 시험을 받으셨습니다.

문제는 그 시험과 유혹을 무엇으로 이겼습니까? 힘과 물질, 명예가 아니고 성경은 예수님께서 신명기 8장에 나와 있는 말씀을 인용하여 마귀시험을 이긴 것을 증언하고 있습니다.(신 8:3, 신 6:16, 신 6:13)

성경은 66권의 책으로 구약성경이 929장, 신약성경은 260장 총 1189장으로 구성되어 있고 구절수로는 총 31, 173구절로 엄청난 양의 기록이 성경의 기록된 내용입니다.

"천지는 없어지겠으나 내 말은 없어지지 아니하리라"(막 13:31)

필자가 계속해서 성경암송이 선택이 아닌 필수인 것을 강조하는 것은 성경이 인류에게 준 절대가치의 책이기 때문입니다. 성경이 하나님의 말씀이고 시대 시대마다 변하고 해석도 임의대로 달라진다면 굳이 암송할 필요가 없습니다. 그러나 시대가 바뀌고 유행이 바뀌어도 성경말씀은 전혀, 영원히 변하지 않기 때문입니다.

과거에도 그랬고 현재에도 미래에도 마찬가지입니다. 그러므로 하나님의 말씀인 성경에 귀기울여야 하고 매일 읽어야 하며 더 나아가 말씀을 마음에 새기고 기억한다면 인생에 이보다 더 가치있는 일이 있겠는가 하는 생각입니다.

필자는 성경암송의 절대가치를 깨닫고 체계적으로 암송한 지 20년이 지나갔습니다. 엄청난 영감과 아이디어가 성경암송을 통해서 얻은 유익들입니다. 기쁨이 있었기에 이 책를 통해 지구상에 있는 모든 기독교인들에게 기쁨과 유익을 주고자 합니다.

필자는 현재 6000구절을 암송하고 있으며 앞으로 1만 구절 성경암송 목표로 해나가게 될 것입니다. 그래도 성경암송목표가 필요하기에 성도들에게는 성경암송 500구절을 목표로 하면 좋을 것이고 목회자들은 영적 지도자로서 말씀을 전하는 전문가로서 최소 1000구절 이상 목표로 성경암송 한다면 상상치 못할 큰 기쁨이 있으리라 확신합니다.

말씀은 성령의 검이요 영적 무기이기 때문입니다(엡 6:17).

성경암송 마스터는 목회자와 성도들에게 꼭 필요한 성경구절을 엄선해서 구성해 보았습니다. 아무쪼록 성경암송 마스터는 성도와 목회자들의 귀한 벗이 되기를 소망하며 언제든 필요할 때 사용하고 성경암송의 길잡이가 되기를 바랍니다.

2. 성경암송을 하게 된 계기

성경암송은 목회자 뿐만 아니라 일반 신자들에게도 관심이 특별합니다. 필자는 중고등부 시절부터 성경암송에 관심이 많았고 신학생 시절과 전도사 시절에도 성경을 집중적으로 정독하고 중요성경구절에 종이에 기록하고 20구절이든 50구절이든 100절 구절이든 열심히 암송했습니다. 암송하다가 잠시 열정이 식어지면 어느새 성경암송을 지속적으로 해 나가지 못했던 경험들이 있습니다. 아마도 필자 뿐만 아니라 이 책을 읽는 독자들 중에는 필자와 같은 경험한 분들이 많으리라 생각됩니다.

어느 날 작정기도 중 필자는 주님께 물었습니다.

"주님 앞으로 목회할 때에 제가 잘 할 수 있는 분야가 필요한데 무엇을 하면 좋겠습니까? 라고 물었습니다. 그 기도를 계속하던 중 내가 관심분야였지만 여러 번 실패를 거듭했던 성경암송에 대한 생각이 번뜩 지나갔습니다.

문제는 성경암송을 하지만 계속, 그리고 지속적으로 할 수 있는 길에 대해서 방법이 있는지 없는지 계속 기도하고 묵상했습니다.

그렇게 계속 기도하는 중에 주님께서는 제게 영감을 주셨습니다. 그 영감은 실현가능성이 있고 쉽고 지속적으로 할 수 있는 것이었습니다. 왕도가 없는 것이 아니라 길이 있었습니다.

아마도 기독교 2000년 역사상 성경암송에 관한 한 놀랄 만한 순간이었습니다. 지속적으로 성경암송을 통해서 성경통달이 가능하기 때문입니다.

성경은 분량 자체가 방대하고 1600년 동안 기록된 영감의 책이기 때문에 보통 사람으로서는 정복할 수 없는 책입니다. 그럼에도 불구하고 성경암송을 통해서 얼마든지 방대한 성경의 내용들을 정복할 수 있다는 사실입니다.

앞으로 성경가이드와 성경통달과 관련된 책들도 출판하게 될 것입니다.

성경암송에 대한 영감은 그리 어렵고 까다로운 것이 아니었습니다.

누구나 할 수 있는 것이었습니다. 진리는 단순하며 가까운 곳에 있었습니다. 필자는 성경암송의 영감을 받은 후 크게 즐거워하며 기쁨이 충만했습니다. 예수님은 공생애 사역 중 여러 비유의 말씀이나 가르침에 제자들이 깨닫지 못한 것을 아쉬워해야 했습니다.

주님의 입장에서는 답답할 노릇입니다. 그러나 제자들이 사도행전 2장 오순절 성령강림의 역사를 경험한 후 예수님의 말씀들이 이해가 되고 깨닫기 시작했습니다. 그들은 마음이 너무 뜨거워서 도저히 가만히 있을 수 없었습니다.

길거리에 나가서 복음을 전하기 시작했고 수많은 회중들 앞에서 설교하기 시작했습니다. 박해와 핍박의 시대 속에서 그들은 믿음을 지키고 교회가 세워지고 수많은 제자들이 생겨났습니다.

왜 그렇습니까? 말씀을 깨달았기 때문입니다.

필자는 성경암송의 영감을 깨달은 후 바로 노트를 가지고 바로 실행했습니다. 그렇게 시작한 것이 500구절 성경암송, 1000구절, 2000구절, 3000구절, 6000구절 성경암송을 돌파하고 10000구절 성경암송 목표로 삼고 있습니다. 이 얼마나 기쁘고 감사한 일입니까? 그 성경암송에 대한 비결이 이 책에 담겨져 있습니다. 천천히 정독하면서 그 길을 찾아보기를 권합니다.

성경암송은 필자에게 많은 유익을 주었습니다.

암송능력 뿐만 아니라 기억력, 집중력도 향상되고 세월이 지나면 기억력이 감퇴하고 해야 함에도 불구하고 청년시절의 기억력과 암송력으로 더 총명해 지는 것 같은 느낌, 이보다 더 기쁜 일이 어디 있겠습니까?

이것이 바로 성경암송이 주는 놀라운 유익입니다.

일반적으로 유대인들에게는 뛰어난 영재들이 많은데 그 중 많은 영향이 어릴 때부터 성경암송이 습관화 되었기 때문입니다.

암송은 학문의 기초입니다.

암송을 습관처럼 잘하게 되면 당연히 총명해지고 IQ도 높아질 것이며 유능하고 유식하며 좀 더 개선된 지성인으로 발전되는 것은 틀림없는 사실입니다.

그런데 성경암송 즉 하나님의 말씀에 대한 암송은 그야말로 암송능력의 최고 수준을 갖게됩니다. 이와 더불어 암송능력도 향상시키며 하나님을 아는 지혜를 갖게 되니 이보다 더 큰 은혜가 어디 있겠습니까?

성경암송은 매일, 매주 설교를 해야 하는 필자에게 풍성한 영감을 주었을 뿐만 아니라 설교준비에 대한 부담감도 줄어들게 되었습니다.

설교자는 경험과 연륜과 상관없이 설교준비에 큰 부담을 안고 살아갑니다.

그런데 성경암송을 꾸준히 해왔던 필자는 성경암송 3000구절 돌파를 앞두고 2009년 9월 설교준비에 대한 부담감이 완전 사라졌습니다.

그야말로 기쁨이 충만했습니다.

설교자는 일반 학교 교사나 대학교의 교수와는 달리 옛날에 했던 설교를 반복해서 하는 것은 참으로 있을 수 없는 일입니다.

왜냐하면 청중이 이미 알고 있기 때문입니다. 그래서 반복이 어렵습니다. 그것이 늘 부담감입니다.

성경암송을 한 이후 필자는 설교준비하면서 풍성한 은혜와 영감을 받았고 은혜 속에서 설교준비를 할 수 있었습니다. 설교의 영감과 은혜를 바라는 설교자들은 1000구절 이상 성경암송에 힘써 하시기 바랍니다.

주님께서 각자에게 영감과 깨달음을 주실 것입니다. 성도들에게도 300구절 성경암송을 힘써 하시기 바랍니다. 즐거운 신앙생활에 기쁨을 주고 신앙의 확신을 주며 총명과 지혜가 가득하게 될 것입니다.

성경암송에 기쁨을 누리시기 바랍니다.

3. 성경암송 목표

이 책에는 중요 성경암송 구절이 대략 2300구절이 수록되어 있습니다. 이 구절들은 필자의 견해에서 중요하다고 생각하는 성경구절들입니다. 물론 필자가 발견하지 못해 수록되지 못한 구절들도 있을 것입니다.

성경의 내용이 방대하므로 일일이 발견하기가 쉽지 않기도 하지만 분명한 것은 이 책에 수록된 2300구절은 성경의 중요한 성경구절이라고 말할 수 있습니다.

이 책을 읽는 독자들은 이 책에 나오고 있는 성경구절들을 참고해서 성경암송해 나가시기 바랍니다.

2300구절은 성경 31173구절 중에서 7. 3%입니다. 필자의 견해로는 성경 31173구절 중에 가장 중요한 성경구절은 2500구절이 못된다는 결론입니다.

많아야 10%를 생각하면 3000구절입니다.

이 책에 수록된 성경구절이 2300구절인데 반복적인 구절들도 있기에 중요한 성경구절은 2000구절 정도가 핵심이 아닌가 분석해 봅니다.

그렇다면 성경암송을 언제까지, 얼마나 암송해야 하는가? 입니다.

성경은 살아있는 동안 하나님의 말씀을 마음에 새기라고 했습니다.

오늘 내가 네게 명하는 이 말씀을 너는 마음에 새기고 네 자녀에게 부지런히 가르치며 집에 앉았을 때에든지 길을 갈 때에든지 누워 있을 때에든지 일어날 때에든지 이 말씀을 강론할 것이며(신명기 6:6-7)

따라서 성경암송은 평생하는 것이지만 성경암송이 내게 주는 축복은 엄청나다는 것이 필자의 확신입니다.

성경암송을 하다 보면 미처 깨닫지 못한 말씀들이 새롭게 깨닫게 되는 말씀들이 많습니다.

실례로 우리 인생은 축복의 인생이라는 것이 성경의 말씀이고 하나님께서 우리 인류에게 처음부터 약속하신 말씀입니다.

하나님이 그들에게 복을 주시며 하나님이 그들에게 이르시되 생육하고 번성하여 땅에 충만하라, 땅을 정복하라, 바다의 물고기와 하늘의 새와 땅에 움직이는 모든 생물을 다스리라 하시니라(창세기 1:28)

한번뿐인 인생에 하나님께서 그 인생에 축복을 주셨다는 사실입니다.

놀라운 사실 아닙니까?

그런데 삶은 어떻습니까?

축복된 인생이 쉽지 않습니다. 그래서 하나님께 지혜를 구하고 하나님의 인도하심을 받아야 한다는 것입니다.

그럼 얼마나 암송해야 하나요? 입니다.

필자의 견해로 성경은 2000구절이 가장 중요한 성경의 핵심구절이라고 했는데 좀 더 확대하면 많아야 3000구절입니다.

이 말씀들을 평생 암송해 나가는 것입니다.

필자도 처음에는 기도의 영감을 받아서 기쁨이 큰 나머지 매일 성경을 암송해 나갔습니다. 지금은 간헐적으로 성경을 암송해 나가고 있지만 말씀에 대한 깨달음과 깊이는 더해 가고 있습니다.

1만구절 암송이 필자에게 성경암송의 목표이고 성경통달에 다다르고 있으니 이보다 더 큰 기쁨이 어디에 있겠습니까?

사람은 망각의 동물이고 하나님의 은혜를 잊어버리기에 성경은 계속해서 말씀을 새기라고 강조하고 있습니다.

이 책이 출판된 이후로는 누구든지 성경암송에 놀라운 결과들이 나타날 것입니다.

성경이나 성경의 영적인 것들은 어느 누구의 전유물이 아닙니다.

필자가 확신하기로는 필자가 기도 중에 받은 성경암송에 대한 영감은 기독교 2000년 역사 중 놀라운 결과라고 확신합니다.

방대한 성경의 말씀들이 성경암송을 통해서 정복해 갈 수 있는 사실입니다.

성경을 사랑하고 말씀을 사모해 나가는 모든 사람에게 성경암송의 중요성을 강조하며 보다 큰 성경암송의 목표를 통해서 여러분 삶에 기쁨과 은혜가 있기를 바랍니다.

4. 본서 지침

이 책의 구성은 성경암송의 이론과 실제에 관한 것입니다..

지금까지 성경암송과 관련된 여러 책이 출간되었지만 읽고 적용되지 않는 문제점들이 있기에 필자는 이론 뿐만 아니라 성경책과 함께 늘 지니면서 실제적인 도움이 되도록 이 책을 꾸몄습니다.

이론 편에서는 성경암송을 왜 해야 하며 성경암송의 유익, 어떻게 성경암송을 할 것인가에 대해 기록해 놓았습니다.

이론은 가능한 한 짧게 하는 것이고 실제적 적용할 수 있도록 설명해 놓았습니다.

이 책의 중심주제는 성경암송입니다.

구체적으로 성경구절 암송에 관한 것들이며 내용의 핵심입니다.

짧게 설명해 놓았으니 참고해 주시기 바랍니다.

실천 편은 4장으로 구성되어 있습니다.

4장과 5장에서는 성경 66권 책별 성경암송구절입니다.

필자의 견해로 각 책에서 가장 중요한 성경구절을 엄선해 놓았으며 누락된 성경구절들은 얼마든지 이 책을 읽는 독자들이 추가로 암송을 하면 좋으리라 생각됩니다.

한 마리의 물고기보다 고기를 더 잘 잡을 수 있는 비법, 방법들을 기록해 놓았으니 잘 활용하면 될 것입니다.

책별 성경암송편에서 성경암송 구절을 들어가기 전에 그 책에 중요한 핵심개관들이 수록되어 있습니다.

한번 정독하고 읽고 익히면 많은 도움이 될 것입니다.

핵심개관 내용들은 마치 나침반과 같은 역할을 하게 될 것입니다.

6장에서는 성경암송의 기본, 기초가 될 수 있는 성경구절, 기독교인들이 좀 더 쉽게 성경암송에 접근하기 위해 짧은 구절이면서도 중요한 성경구절을 엄선해 놓았습니다.

실례로 "항상 기뻐하라, 쉬지말고 기도하라, 범사에 감사하라 이는 그리스도 예수안에서 우리에게 향하신 하나님의 뜻이니라"(살전 5:16-18)이라고 할 때 항상 기뻐하라, 쉬지 말고 기도하라, 범사에 감사하라 몇 장 몇 절인지는 몰라도 기독교인이면 누구나 다 알 수 있는 말씀입니다. 그러면 최소한 성경구절 3구절은 이미 암송을 하고 있는 것입니다.

너무 긴 성경구절을 처음부터 암송하려고 하면 어려워서 쉽게 포기하는 경향이 있는데 성경은 의외로 매우 중요하면서도 짧고 중요한 성경구절의 말씀들이 많이 있습니다.

이 책에서는 짧고 중요한 성경구절로 400구절을 수록해 놓았으니 성경암송하는데 큰 도움이 되었으면 합니다.

성경암송을 정복하려면 먼저 짧고 쉬우면서도 중요한 성경구절부터 암송하는 것이 하나의 비법이기도 합니다.

잘 깨달으시기 바랍니다.

7장에서는 주제별 중요 성경암송구절과 영어성경암송구절도 수록해 놓았으니 풍부한 성경암송으로 성장해 나갔으면 좋겠습니다.

영어성경암송은 우리나라의 개정개역이라고 할 수 있는 미국판 NIV성경입니다. 이를 기초로 영어성경암송구절을 수록해 놓았습니다.

필자도 영어성경구절도 암송하고 있는데 영어실력에 큰 도움이 되고 있습니다.

영어성경암송은 특별히 어린이들이나 청소년, 청년들 특히 영어실력에 관심 있는 분들에게 큰 유익을 줄 것입니다.

영어성경암송은 영어실력을 정복하는데 큰 도움을 줍니다.

필자의 견해에 의하면 성경 31,173구절이 다 성령의 영감으로 쓰여진 하나님의 말씀들이지만 그 중에서 목회자와 성도들 즉 모든 기독교인들에게 가장 중요하다고 생각하는 성경구절은 대략 2000-2500구절이라고 생각합니다.

그래서 이 책에서는 부분적으로는 성경구절이 겹치는 부분이 있지만 그것도 하나의 성경암송 과정으로 대략 2300구절 내외로 수록했습니다. 그리고 성경 다음으로 늘 손에 지니고 다니면 성경을 암송해 보고 기록하고 성경에 집중한다면 여러분의 삶과 신앙생활에 놀라운 은혜와 변혁이 일어나게 될 것입니다.

이 책은 한국교회 뿐만아니라 전 세계의 모든 교회와 기독교인 즉 기독교인(신교), 천주교인, 동방정교회인들에게 말씀에 대한 긍정적 동기를 줄 것입니다.

성경암송 마스터가 출간되면서 한국교회, 더 나아가 세계교회에 영적 무기인 하나님의 말씀이 흥왕되기를 기원해 봅니다.

"오직 여호와의 율법을 즐거워하여 그의 율법을 주야로 묵상하는도다"(시 1:1)

"이 율법 책을 내 입에서 떠나지 말게 하며 주야로 그것을 묵강하여 그 안에 기록된 대로 다 지켜 행하라 그리하며 내 길이 평탄하게 될 것이며 네가 형통하리라"(수 1:8)

2장 · 성경암송 유익성

2장

성경암송 유익성

1. 설교준비와 성경암송

목회자라면 설교준비에 많은 부담이 있음을 부인할 수 없습니다. 주일설교, 주중 설교, 새벽설교 등 일주일 중 많은 부분이 설교준비와 관련하고 있습니다. 성경을 통달하지 않고서는 언제나 설교준비는 말 그대로 부담입니다.

설교준비의 왕도는 없는 것입니까?

지인 목사님들이 은퇴하실 때까지 설교준비에 애를 쓰는 모습에 안타까움을 많이 느꼈습니다. 어느 누구도 예외는 아닙니다.

필자 또한 어느 누구보다도 성경을 많이 정독하고 많이 연구했지만 성경암송을 정복할 때까지 설교준비는 언제나 부담감이었습니다. 매주 월요일부터 준비하나 부담감은 여전했고 무엇보다도 설교의 은혜와 영감을 중시하는 필자에게도 설교준비가 곤혹이었습니다.

설교준비로부터 해방할 수 없을까? 하나님께 묻고 물었습니다.

중학교 2학년 때 세계사를 가르치셨던 선생님 한분이 계셨는데 이 분은 일년 내내 세계사 책이나 참고서를 전혀 보지 않고 강의하시고 나름대로 통달하신 모습을 잊을 수가 없었습니다.

문제는 잘 가르치시기도 하셨지만 핵심적인 내용으로 가르치셔서 수업에 집중만 하면 좋은 성적을 거둘 수 있었습니다.

아마도 이렇게 가르치시는 선생님들이 거의 없었습니다. 참 대단하다고 생각했고 필자도 후에 어떤 직업을 가질지 모르나 그 분야에 전문적이고 통달해야겠구나라는 생각을 했습니다.

목회자는 성경을 다 외운다 할지라도 똑같은 내용으로 설교를 할 수 없을 뿐만 아니라 반복할 수도 없는 것입니다. 학교의 교사들이나 대학교의 교수들은 매해마다 새로운 학생들을 만나기 때문에 자기 분야에 집중하면 되겠지만 목회자들은 한번 교인이면 별세할 때까지 교인이기 때문에 설교는 매주, 매일 새로운 설교를 해야 하는 부담이 있습니다.

어느 날 작정기도 중 성경암송에 늘 기도하고 묻던 중 하나님께서 영감과 지혜를 주셔서 현재 6000구절을 암송할 수 있었습니다. 성경암송을 통해 어느 정도 설교준비에 대한 부담감은 덜었지만 영감있는 설교를 해야 한다는 부담감 때문에 여전히 설교준비는 힘들고 어려웠습니다. 이렇듯 목회자들은 설교에 부담을 갖고 설교준비에 노하우가 없으면 곤혹스러워 할 수 밖에 없는 것입니다.

2009년 어느 날 하나님께서 영감과 지혜를 주셔서 설교준비에 탁월한 비결을 얻게 되었습니다. 그것은 마치 모든 부담으로부터 해방되는 것과 같았습니다. 따라서 설교준비에도 왕도가 있음을 감히 말씀을 드립니다.

지금도 혹은 은퇴할때까지 설교준비에 부담을 갖는 모든 목회자와 설교자들에게 감히 성경암송을 강력하게 권하고 싶습니다. 성경 1000구절 이상 성경암송에 도전하시고 정복하시기 바랍니다.

목회생활에 기쁨과 즐거움으로 충만하게 될 것입니다.

2. 성경암송의 중요성

성경은 우리가 하나님의 말씀을 마음판에 새겨야 한다고 말합니다.

"내 아들아 내 말을 지키며 내 계명을 간직하라 내 계명을 지켜 살며 내 법을 네 눈동자 처럼 지키라 이것을 네 손가락에 매며 이것을 네 마음판에 새기라"(잠 7:1-3)

돌과 같이 딱딱하고 고집스러운 것이 인간의 마음인데 이런 마음에 하나님 말씀이 들어가려면 비석에 글을 새기듯이 힘있게 새겨야만 한다는 것입니다. 우리가 말씀을 암송하게 되면 마음의 비석에 그 말씀을 새길 수가 있게 되고 또 오래 기억하게 됩니다.

어떤 심리학자는 "사람의 기억력은 한계가 있다. 어떤 일을 듣기만 했을 경우 24시간이 지나면 불과 8%만 기억하게 되나 기록하면서 들으면 25%가 남는다. 또 자세히 생각하며 복습을 하면 58%가 기억되고, 암송한 것은 100%를 기억할 수 있다"라고 했습니다.

성경 암송의 유익에는 무엇이 있습니까?

존 파이퍼(John Piper)는 먼저 성경 암송이 매일 주님과 연합하게 하고 죄와 사단의 유혹과 싸워 이길 수 있게 해준다고 말합니다(시 119:11; 마 4:1-11).

성경암송은 하나님의 약속을 주장할 때에도 유익하고 다른 사람과 상담하거나 권면할 때에도 아주 필요합니다.

성경암송은 하나님 말씀의 레마를 체험하는 은혜를 누릴 수 있습니다.

우리가 성경을 직접 갖고 있지 않거나 힘든 상태에 있을 때 암송된 말씀의 묵상과 기도는 강력한 용기와 힘을 얻게 된다는 것입니다.

하나님 말씀을 생각하고 기도하면 우리 마음 속의 불안과 두려움이 사라지고 믿음이 생겨나게 되는 것입니다.

아무 것도 염려하지 말고 다만 모든 일에 기도와 간구로, 너희 구할 것을 감사함으로 하나님께 아뢰라 그리하면 모든 지각에 뛰어난 하나님의 평강이 그리스도 예수 안에서 너희 마음과 생각을 지키시리라(빌 4:6-7)

성경암송을 통해서 영육 간에 강건해지고 하나님의 축복을 받게 되시기를 바랍니다.

3. 성경암송의 효과

성경암송은 그 자체가 탁월한 효과를 가져다 줍니다. 성경암송을 지속해서 해나간다면 풍성한 효과가 나타나게 될 것입니다.

성경암송의 첫번째 효과는 암송력의 증대입니다. 우리는 인생을 살아가면서 교육기관을 통해 교육을 받고 성장합니다. 그 중에 참 어려움을 겪는 것은 공부할 때에 암송에 관한 것입니다.

지금은 시대가 달라져서 암송력보다는 응용, 추리, 분석 등 다양한 정보를 통해서 학습평가를 합니다.

그럼에도 불구하고 교육의 기초는 암기요 암송입니다.

따라서 성경암송을 하려는 학생들에게는 성경암송이 학습향상에 매우 큰 영향을 줄 것이라 확신합니다.

성경암송의 두 번째 효과는 두뇌의 능력이 향상되는 것입니다.

이는 이스라엘의 교육 즉 모태에서부터, 어릴 때부터 성경암송이 기본입니다.

오늘 내가 네게 명하는 이 말씀을 너는 마음에 새기고 네 자녀에게 부지런히 가르치며 집에 앉았을 때에든지 길을 갈 때에든지 누워 있을 때에든지 일어날 때에든지 이 말씀을 강론할 것이며(신명기 6:6-7)

이 책을 읽는 독자들에게 최소한 500구절, 1000구절 성경암송에 도전해 보십시오. 그러면 두뇌가 향상되는 것을 느끼게 될 것입니다. 이것을 깨닫고 어릴 때부터 성경의 말씀대로 성경암송을 해나간다면 우리나라에서도 수많은 천재, 영재들이 나타나게 될 것입니다.

이것은 역사적으로 이스라엘이 보여준 증거들입니다.

노벨상의 30-40% 이상이 유대인들입니다.

세 번째 성경암송의 효과는 집중력 향상입니다.

성경암송을 하다보면 자연스럽게 집중을 할 수밖에 없습니다. 그 집중력이 생기면 어떤 문제든지 자신감이 생깁니다.

이 집중력은 젊은이들에게는 좋은 결과물로 나타나기도 하고 업무능력에 좋은 평가를 받을 수 있으며 본인이 원하는 목표와 기대를 이루어 나갈 수 있게 만들어 줍니다.

이 집중력을 주는 성경암송은 젊은 세대 뿐만 아니라 장년세대, 노인세대에게도 좋은 영향을 줍니다.

두뇌건강에 좋으며 치매예방에도 탁월해서 젊은이들 못지 않는 좋은 기억력도 제공해 줄 것입니다.

네 번째 성경암송의 효과는 신앙 성장입니다.

하나님의 말씀을 암송하고 묵상하며 마음에 새기는 순간 순간마다 은혜를 체험하게 될 것입니다.

하나님을 경외하고 하나님을 사랑하는 것이 얼마나 인생에 가치가 있는 것임을 체험하게 될 것입니다.

성경은 말씀을 통해 신앙이 성장하게 된다고 분명히 말씀해 주고 있습니다.

그러므로 믿음은 들음에서 나며 들음은 그리스도의 말씀으로 말미암았느니라(로마서 10:17)

다섯 번째 성경암송효과는 기독교적 삶의 가치관 확립입니다.

성경 전체를 통해서 가장 흔들리지 않는 신앙 유형은 무엇일까요?

가장 확실한 신앙 유형은 물과 성령으로 거듭나는 것입니다. 거듭남입니다.

하나님을 경험하고 체험하는 일입니다. 이보다 더 좋은 은혜가 없습니다.

거듭난 신앙의 유형은 그 어떤 경우에도 하나님을 경외하고 사랑하며 하나님의 영광을 위해 사는 것이 삶의 목표입니다.

예수님께서도 요한복음 3장 니고데모와의 대화를 통해 분명하게 말씀해 주고 있습니다.

예수께서 대답하여 이르시되 진실로 진실로 네게 이르노니 사람이 거듭나지 아니하면 하나님의 나라를 볼 수 없느니라(요한복음 3:3)

예수께서 대답하시되 진실로 진실로 네게 이르노니 사람이 물과 성령으로 나지 아니하면 하나님의 나라에 들어갈 수 없느니라(요한복음 3:5)

그러나 신앙생활 하다보면 모든 기독교인이 모두가 거듭나고 모두가 다 하나님을 경험하지 않는다는 것입니다.

그럼 다른 방법은 없을까요?

다른 방법이 있습니다. 성경에 기록된 대로 말씀을 마음에 새기는 것입니다.

신명기 6장 4-9절의 말씀처럼 말씀을 마음에 새기는 일입니다. 그것은 구체적으로 성경을 암송하는 일입니다.

거듭나는 경험은 특별한 은혜이지만 말씀을 마음에 새기는 일은 누구나 마음만 먹으면 할 수 있는 일입니다. 따라서 성경암송을 통해 기독교적 삶의 가치관을 분명히 확립할 수 있습니다.

여섯 번째 성경암송의 효과는 긍정적이고 적극적인 사고의 유형으로 바뀌게 합니다.

창세기에 나오는 요셉은 형들에 의해 이집트에 팔려 가면서도 하나님께서 보여주신 아름다운 꿈을 잃지 않았습니다. 누명을 쓰고 옥에 갇힌 상황에서도 희망을 포기하지 않았습니다.

하나님의 말씀을 절대 신뢰했기에 이집트제국을 다스리는 위대한 인물이 된 것을 성경은 우리에게 말씀해 주고 있습니다. 이처럼 성경암송은 아름다운 꿈을 꾸게 하고 하나님께서 주신 인생이 참으로 살만한 가치가 있다는 것을 깨닫게 해 줍니다.

따라서 성경암송은 긍정적이고 적극적인 사고의 유형으로 변하게 만든다는 사실입니다.

3장 · 성경암송의 구체적 방법

3장

성경암송의 구체적 방법

1. 성경암송의 필요

통계에 의하면 성경을 글로 읽는 것은 15%가 기억에 남고 시청각으로 보고 듣는 것은 25%가 기억에 남는다고 합니다. 그리고 손으로 쓰는 것은 40%가 기억에 남고 암송한 것은 100%가 기억에 남는다고 합니다.

이러한 통계가 성경암송의 필요성을 알려줍니다.

그런데 신자들은 성경암송이 어렵다고 생각해 시도조차 하지 않는 경우가 많습니다. 누구든지 주기도문이나 사도신경을 암송하는 사람은 성경암송을 할 수 있습니다.

예수님께서 말씀하셨습니다.

너희가 내 안에 거하고 내 말이 너희 안에 거하면 무엇이든지 원하는 대로 구하라 그리하면 이루리라"(요 15:7)

첫째, 성경암송은 노력하면 되는 것입니다.

이 세상에서 노력없이 되는 일은 없습니다.

"내게 능력주시는 자 안에서 내가 모든 것을 할 수 있다(빌 4:13)"라는 말씀을 믿고 처음부터 너무 많이 암송하려 하지 말고 짧고 쉬운 성경구절부터 시작하면 됩니다.

주기도문을 암송하듯이 매일 암송할 부분을 읽고 암송하면 됩니다.

예수님께서도 마귀의 시험을 받았을 때에 마음에 새겨져 있던 말씀으로 물리치셨습니다. 우리가 날마다 삶 속에서 승리하기 위해서는 성령의 검인 하나님의 말씀이 암송을 통해 마음에 새겨져 있어야 합니다.

내가 주께 범죄하지 아니하려 하여 주의 말씀을 내 마음에 두었나이다"(시 119:11)

둘째, 암송한 것을 매일 반복하는 것입니다.

한번 암송한 것을 매일 반복하지 않으면 얼마 지나지 않아 기억나지 않게 됩니다. 그러므로 암송한 내용을 매일 반복해야 암송한 성경말씀이 내 마음에 새겨 집니다.

소가 먹었던 풀을 되새김질하듯이 마음에 새겨진 성경 말씀을 매일 반복하는 것이 매우 중요합니다.

필자의 경우도 성경암송을 통해서 큰 도움을 받았습니다.

시편 기자도

"복있는 사람은 오직 여호와의 율법을 즐거워하여 그의 율법을 주야로 묵상하는 자는 그가 하는 모든 일이 형통하게 된다"고 했으며(시 1:2-3), "이 율법책을 네 입에서 떠나지 말게 하여 주야로 그것을 묵상하여 그 안에 기록된 대로 다 지켜 행하라 그리하면 네

길이 평탄하게 되고 네가 형통하게 된다"고 하였습니다.(수 1:8)

성경을 암송하면 치매도 예방되고 뇌건강에도 유익합니다. 뿐만아니라 인격이 변화되고 믿음의 확신과 마음의 평안을 누리게 하며 모든 두려움도 사라지게 될 것입니다.

2. 성경암송의 이유

성경암송은 하나님의 말씀을 마음에 새기는 일입니다.
성경이 말씀하고 있지 않습니까?

"오늘 내가 네게 명하는 이 말씀을 너는 마음에 새기고 네 자녀에게 부지런히 가르치며 집에 앉았을 때에든지 길을 갈 때에든지 누워 있을 때에든지 일어날 때에든지 이 말씀을 강론할 것이며 너는 또 그것을 네 손목에 매어 기호를 삼으며 네 미간에 붙여 표로 삼고 또 네 집 문설주와 바깥문에 기록할지니라"(신 6:6-9)

창 2장 7절에 사람은 하나님의 영, 생기로 지음을 받았기에 사람은 영적인 존재입니다.
그래서 육적인 양식으로만 살아갈 수 없는 존재가 사람입니다. 사람은 매일 영혼의 양식을 먹어야 사는 것입니다.
영혼의 양식이 무엇입니까?
하나님의 말씀입니다.
이 말씀을 먹어야 인생의 의미가 있습니다.
신앙생활하면서 예수님을 구주로 믿으면 됐지 매주 혹은 매일 교회에 가야 하는 이유가 무엇입니까?

하나님을 만나기 위해서 더 나아가서 하나님의 말씀을 먹기 위해서입니다.

세상에 어느 기관도 성경을 가르치고 말씀을 들을 수 있는 곳이 없습니다.

성경을 배우고 가르치고 말씀을 들을 수 있는 곳은 바로 교회이기 때문이다.

성경말씀, 말씀암송은 어느 특정한 사람이나 목회자나 혹은 머리 좋은 사람들의 전유물이 아닙니다.

기독교인이면 누구나 말씀을 사모해야 하고 그 말씀을 마음에 새겨야 하며 그 말씀을 삶속에 잘 적용하여 승리하는 삶을 살아가야 합니다.

성경암송은 자신 뿐만 아니라 모든 사람에게 많은 유익을 줍니다.

문제는 성경암송의 중요성을 알면서도 대중화되지 않았다는 것입니다.

그러면 성경암송이 어려운 것입니까?

필자는 주장하기를 말씀암송은 전혀 어렵지 않다고 단언할 수 있습니다.

마음먹으면 누구나 할 수 있습니다. 단지 그 길과 방법을 모를 뿐입니다.

그럼 성경암송을 왜 해야만 하는 것입니까?

1) 말씀이 절대적이기 때문이다.

성경말씀이 사변적이고 변화하는 말씀이라면 굳이 외우지 않아도 됩니다.

그런데 말씀은 영원히 변하지 않습니다.

시대가 변하고 상황이 달라져도 성경말씀은 전에도 그랬듯 지금도, 앞으로도 변함없는 말씀이기 때문입니다.

"천지는 없어지겠으나 내 말은 없어지지 아니하리라"(막 13:31)
"천지는 없어질지언정 내 말은 없어지지 아니하리라"(마 24:35)

성경은 성령의 감동으로 기록된 말씀이기에 암송의 충분한 가치가 있습니다. 뿐만 아니라 말씀은 절대적이기에 한번 암송하면 평생 유용하고 유익하기 때문입니다.

2) 하나님을 알기 위해서이다.

"태초에 말씀이 계시니라 이 말씀이 하나님과 함께 계셨으니 이 말씀이 곧 하나님이시니라 그가 태초에 하나님과 함께 계셨고 만물이 그로 말미암아 지은 바 되었으니 지은 것이 그가 없이는 된 것이 없느니라"(요 1:1-3)

칼 바르트(K. Barth)는 말씀을 세 가지로 분류했습니다.

기록된 말씀이 성경이고 계시된 말씀이 예수그리스도이시며 선포된 말씀이 설교라고 했습니다.

하나님은 말씀으로 천지를 창조하셨고 말씀으로 이 세상에 육신을 입고 오셨습니다. 그 분이 예수그리스도이십니다.

성경은 하나님의 말씀입니다.

1600년 간에 걸쳐 믿음의 사람들이 하나님을 경험한 내용을 성령의 감동으로 기록된 것이 바로 성경말씀이기 때문입니다.

호세아서 4장 6절에도 말씀지식이 없으므로 하나님의 백성들이 망한다고 했습니다.

하나님을 인간의 이성으로 다 알 수 없지만 성경말씀을 통해서 하나님을 경험할 수 있기 때문입니다. 그래서 성경암송을 통해서 하나님을 알아가고 은혜를 경험할 수 있습니다.

"영생은 곧 유일하신 참 하나님과 그가 보내신 자 예수 그리스도를 아는 것이니이다"(요 17:3)

"너희가 성경에서 영생을 얻는 줄 생각하고 성경을 연구하거니와 이 성경이 곧 내게 대하여 증언하는 것이니라"(요 5:39)

따라서 성경암송을 통해서 하나님을 알아가고 은혜를 경험할 수 있습니다.

3) 성경암송을 통해 영적으로 성장하기 때문이다.

오랫동안 믿는 것보다 제대로 믿는 것이 중요하며 영적으로 성장해야 합니다. 영적으로 어린아이에 머물러서는 안된다는 것입니다.

성경암송은 영적으로 성숙하는 데 많은 유익을 줍니다.

성경암송은 많은 것들을 깨닫게 합니다.

때로는 은혜도 받고 감동하며 하나님을 만나는 경험을 할 수 있습니다. 이유는 성경이 하나님의 말씀이기 때문입니다.

장성한 사람은 아무 것이나 어떤 것이든 먹을 수 있습니다. 그러나 갓난아이는 단단한 식물을 먹을 수 없습니다. 소화불량이 될 수 있고 자칫 위험해 질 수 있기 때문입니다.

영적으로 성장하기를 기대하십니까?

성경암송에 결단해야 합니다. 그리고 도전해야 합니다.

성경암송은 인생과 신앙생활에 많은 유익을 줄 것이기 때문입니다.

4) 성경암송은 인생 승리와 축복을 깨닫게 해준다.

성경에는 믿음의 사람들의 승리 역사가 많이 나옵니다.

어떻게 해야 하나님의 축복을 받을 수 있는지 성경은 자세하게 기록해 놓았습니다.

그 내용들을 읽고 중요한 구절을 선택해서 외운다면 축복의 비결을 깨닫게 될 것입니다.

그 실례로 지혜가 부족한 사람이 있다 생각해 봅시다.

어떻게 하면 좋겠습니까?

성경에 답이 있습니다.

야고보서 1장 5-6절입니다.

"누구든지 지혜가 부족하거든 후히 주시고 꾸짖지 아니하시는 하나님께 구하라 그리하면 주시리니 오직 믿음으로 구하고 조금도 의심하지 말라"

성경에 답이 나와 있습니다.

하나님께 기도하고 간구하라는 말씀입니다.

이스라엘 지도자 모세가 별세한 후 하나님은 모세의 후계자 여호수아에게 약속의 말씀을 하십니다.

"이 율법 책을 네 입에서 떠나지 말게 하며 주야로 그것을 묵상하여 그 안에 기록된 대로 다 지켜 행하라 그리하면 네 길이 평탄하게 될 것이며 네가 형통하리라"(수 1:8)

5) 하나님께서 주신 사명을 감당하기 위해서이다.

인생은 저마다 세상에 태어날 때 사명이 있습니다. 이것을 알고 깨달을 때 철 있는 인생 즉 가치있는 인생으로 살아갈 수가 있습니다.

성경암송을 경험한 사람은 성경암송이 얼마나 많은 유익을 주는 지를 알게 됩니다.

성경암송은 어떤 특정인들의 전유물이 아닙니다.

조금 부족해도 결단하면 됩니다. 성경암송은 절대 어려운 것이 아니며 누구나 도전할 수 있습니다,

필자는 주장하기를 신자들은 성경암송 최소 300절은 암송하고 알고 있어야 한다는 생각합니다. 영적으로 매우 유익하기 때문입니다.

목회자는 최소 1000구절 암송해야 합니다. 성도들을 지도하거나 신앙생활, 목회생활에 유익하기 때문입니다.

성경암송은 인생의 사명을 알고 깨닫게 합니다.

하나님이 내가 이 세상에 왜 왔는지를 경험하게 될 것입니다. 더 나아가서 사명을 감당하기 위해서 성경암송은 더 큰 힘을 줍니다.

따라서 성경암송은 선택사항이 아니라 필수과정이라고 말할 수 있습니다.

3. 성경암송의 유익

개인적으로 성경암송을 하면서 많은 영감과 은혜를 받게 되었습니다. 특히 목회자로서 성경암송은 심방, 설교, 상담 등 모든 면에서 유익을 줍니다.

이 글을 쓰게 된 동기는 성경암송이 너무 귀하고 소중하기에 많은 기독교인이 관심을 갖고 말씀으로 무장되었으면 하는 바램에서 입니다.

특히 한국교회에 젊은이 즉 어린이, 청소년, 청년들이 점점 줄어들고 있는 상황 속에 말씀으로 무장되지 않으면 안되는 절박한 상황에 있습니다.

그래서 필자는 목회자와 일반성도를 대상으로 세미나, 성경암송전문가과정을

진행해 왔으며 어린이캠프, 청소년캠프 등을 통해 말씀무장할 수 있는 기회를 갖기를 기대하고 있습니다.

성경암송에는 많은 유익이 있는데 몇 가지를 고찰해 보고자 합니다.

1) 신앙생활에 만족감을 준다.

성경암송은 말씀과 함께 묵상하기 때문에 매일 은혜를 경험할 수 있습니다. 더 나아가서 장별로, 구절별로 성경읽기가 더욱 쉬워진다는 것입니다.

전도서 3:11에 하나님께서 사람에게 영원을 사모하는 마음을 주셨다고 했습니다. 이 영원은 세상의 어떤 것으로 살 수도 없고 경험할 수 없습니다. 오직 하나님의 말씀으로만 가능합니다.

2) 학습능력 증진과 집중력을 증가시킨다.

보통 사람은 30세 전후해서 두뇌의 기억에 서서히 쇠퇴해 간다고 합니다. 그런데 성경암송을 하면 기억력도 좋아지고 두뇌의 건강에도 매우 좋습니다.

유대인들이 왜 많은 천재들이 나왔는지 충분히 이해가 됩니다.

오늘날 스마트폰 시대에 젊은 사람들의 두뇌 퇴화현상이 일어나고 있습니다.

가까운 지인조차 전화번호를 잘 외우지 못합니다. 문명의 이기로 편리함도 주어졌지만 반면에 영적으로 정신적으로 퇴보하고 있는 것입니다.

그런 측면에서 성경암송은 영적 건강 뿐만 아니라 정신적 건강, 두뇌를 활성화시키는데 매우 유익하리라 하겠습니다.

특히 어린이나 청소년들이 꾸준히 성경암송을 하면 학습생활에도 큰 도움을 줍니다.

학습의 기본은 암기요 암송입니다.

물론 지금의 교육방식이 옛날과 다르게 암송, 암기가 다 아닙니다만 교육에서의 암기는 80-90% 이상 차지하는 것에 대해 어느 누구도 이의가 없을 것입니다.

성경암송은 노인들에게도 기억력, 두뇌의 건강에 좋고 어린이와 청소년, 청년들에게는 학습능력의 많은 효과를 가져다준다는 사실입니다.

3) 유혹과 미혹을 이길 수 있는 능력을 준다.

시편 119편 9, 11절에도 말씀해 줍니다.

"청년이 무엇으로 그의 행실을 깨끗하게 하리이까 주의 말씀만 지킬 따름이니이다"(시 119:9)

"내가 주께 범죄하지 아니하려 하여 주의 말씀을 내 마음에 두었나이다"(시 119:11)

오늘날 전세계적으로 이슬람의 팽창, 이단들의 혼란 등으로 복음의 사역이 어려움을 겪고 있습니다.

이제 하나님의 말씀으로 무장해야 합니다.

말씀무장의 가장 좋은 방법이 성경암송입니다.

인터넷의 보급으로 사람들이 많은 정보도 공유하지만 그에 못지않게 폐해도 너무 큽니다. 어린이, 청소년, 청년들이 세상 유혹, 음란의 유혹, 이단의 미혹으로 노출되어 있습니다.

성경암송을 통해 말씀으로 무장해야 합니다.

4) 성경통달의 기초가 된다.

외형적으로 성경은 방대합니다.

구절수로는 31, 173구절이고 책으로는 66권의 책입니다. 장수로는 구약성경이 929장, 신약성경이 260장 등 총 1189장입니다.

시편의 경우 150편이라는 분량이 방대합니다. 그러나 성경암송은 기본적으로 성경의 중요구절을 암송하기 때문에 어느 시점에 도달하게 되면 성경의 흐름을 꿰뚫을 수 있습니다.

꾸준히 몇 년만 암송해도 어느 정도 전문가가 되고 성경을 통달할 수 있습니다.

그래서 성경암송은 성경을 통달하는 데 기본이 되고 많은 유익을 주게 될 것입니다.

5) 성경적 가치관을 형성시켜 준다.

설교를 들을 때 우리는 외우지 않습니다.

선포된 하나님의 말씀으로 받아들이고 감동을 받기 위해 노력합니다. 반면 성경암송은 하나님의 말씀을 가슴에 새기고 마음에 새기는 것입니다.

기억나게 하는 것이 성경암송입니다. 그래서 설교는 듣고 잊어버려도 성경암송은 오랫동안 기억에 남습니다. 결국 마음에 새기고 마음에 남고 기억나는 것이 그 사람의 가치관을 형성하게 되는 것입니다.

어려서부터 하면 더욱 좋습니다.

유대인들은 어려서부터 하나님의 말씀을 듣고 자라나고 성경암송을 통해서 성장하게 됩니다. 그러니까 자연히 성경적 인격을 갖춘 하나님의 사람으로 자라

나게 된다는 것입니다.

　바울이 디모데에게 준 교훈이 바로 이것입니다.

　"또 어려서부터 성경을 알았나니 성경은 능히 너로 하여금 그리스도 예수 안에 있는 믿음으로 말미암아 구원에 이르는 지혜가 있게 하느니라"(딤후 3:15)

　6) 복음 증거할 때에 효과적으로 돕는다.

　말씀은 영적 무기라고 했습니다. 성령의 검 곧 하나님의 말씀을 가지라고 했습니다(엡 6:17).

　예수님께서도 공생애 시작 전 광야 40일 금식기도 마친 후에 사탄에게 시험을 받게 되었습니다. 예수님은 사탄의 유혹을 하나님의 말씀으로 물리친 것을 성경은 말씀하고 있습니다(신8:13, 신6:13. 신 6:16).

　성경암송은 복음증거할 때 전도할 때 매우 유용합니다. 왜 예수를 믿어야 하는지, 왜 교회에 나와야 하는지 성경이 그 해답을 말해 주기 때문입니다.

　7) 깊은 묵상을 통해 풍성한 열매를 맺는다.

　성경암송은 단순히 외우는 것으로 끝나서는 안됩니다.

　되새김이 필요합니다.

　되새김이 무엇입니까?

　묵상입니다.

　묵상은 은혜를 주고 영감을 주며 삶의 적용에서 깨달음을 줍니다. 뿐만아니라 어려움을 당했을 때 해결책을 제시해 주는 곳이 성경암송입니다.

시편 1편 2-3절은 다음과 같이 말씀해 줍니다.

"오직 여호와의 율법을 즐거워하여 그의 율법을 주야로 묵상하는 자로다. 그는 시냇가에 심은 나무가 철을 따라 열매를 맺으며 그 잎사귀가 마르지 아니함 같으니 그가 하는 모든 일이 다 형통하리로다"

8) 영적 전쟁에서 승리하게 된다.

그리스도인이 된다는 것은 영적인 삶의 시작입니다.
로마서 8장 9절에 누구든지 그리스도의 영이 없으면 그리스도의 사람이 아니라고 했습니다.
참된 신자는 하나님을 알아가야 하고 그분의 다스림과 통치를 받아야 합니다.
믿는 순간 하나님의 나라에 시작되는 것입니다.
세상적인 삶은 우리가 생각하는 것처럼 쉽지만은 않습니다.
기독교에 대한 공격도 만만치 않고 세상의 유혹도 만만치 않습니다
참된 경건으로 산다는 것이 쉽지 않습니다. 그렇기에 말씀무장을 해야 합니다.
말씀무장이 무엇입니까?
성경암송입니다.
성경암송을 통해서 성령충만의 비결도 깨닫게 되고 유혹과 시험을 이길 수 있는 은혜를 체험하게 될 것입니다.

9) 능력있는 기도생활을 할 수 있다.

성경암송이 주는 유익은 이루 헤아릴 수 없이 많습니다.

위에서 나열한 것 요소들은 그 중에 일부에 불과합니다.

성경암송은 기도생활에도 유익을 줍니다.

성경을 모르고 기도생활하는 것과 알고 하는 것과는 분명한 차이가 있습니다.

요즘 자동차에 길을 안내하는 내비게이션이 있습니다.

내비게이션이 있으면 길을 묻지 않아도 쉽게 찾을 수 있습니다. 몇 시에 도착하고 어디서 길이 막히고 어디로 가면 빠르게 갈 수 있는 지를 내비게이션이 알려 주기 때문입니다.

이와 마찬가지로 성경암송은 어떻게 기도해야 하는지 기도생활에 활력을 주고 영감을 주며 힘있게 기도생활 하는데 유익을 주게 될 것입니다.

이르시되 기도 외에 다른 것으로는 이런 종류가 나갈 수 없느니라 하시니라(막 9:29)

4. 성경암송방법들

우리 속담에 물고기 한 마리를 잡아 주기보다 물고기 잡는 방법을 알려주는 것이 더 효과적이라는 말이 있습니다.

성경을 암송함에 있어서도 마찬가지입니다. 무조건 암송하는 것보다 암송방법을 익히고 적용한다면 이보다 더 큰 유익이 아마도 없을 것입니다.

여기에 다양한 암송의 방법들을 기록해 놓았습니다. 사람마다 각기 암송하는 방법들이 다양합니다.

필자의 경우 손으로 쓰고 머리로 암송하고 반복하면 쉽게 외워지고 암송되어 집니다.

성경암송하는 필요한 방법들을 살펴보고 고찰해 보고자 합니다.

1) 무엇보다도 노트 활용을 하라

개인적으로 성경암송의 시작은 노트활용이었습니다.

참 평범한 것이지만 필자에게는 성경암송을 꾸준히 하게 된 비결이 되었습니다.

어떤 측면에서 진리란 단순하고 쉬운 것이며 가까운 곳에 있습니다.

기도하며 영감을 얻은 비결입니다.

성경암송을 하기 위해 이전에는 많은 시행착오를 겪었습니다.

성경을 정독하고 중요한 성경구절을 종이(paper)에 기록해서 암송하고 했지만 시간이 지나가면 결국 흐지부지 해졌습니다.

그런데 노트활용 이후로 지속적으로 암송되었고 실력도 늘어 갔습니다.

필자가 노트활용방법을 통해 꾸준히 성경암송의 기쁨을 누렸던 것처럼 이 책을 읽고 성경암송을 결단하는 독자들에게도 똑같은 기쁨이 일어나게 될 것입니다.

노트는 이왕이면 메모용 노트를 구입해서 활용해 보십시오.

2) 전 후 문맥을 살피며 의미를 이해하면서 암송하라

처음 성경암송을 시작할 때 성경에서 중요하다고 생각되는 성경구절을 엄선해서 암송하는 것이 좋습니다.

이 책에서는 2300구절 중요한 성경구절이 수록되어 있으니 많은 참고를 바랍니다.

성경암송을 할 때 성경구절을 찾아서 문맥 전후를 파악하고 암송하는 것이 유익합니다.

전 후 문맥을 읽지 않고 무조건 암송하는 것은 그 구절을 적용 시 전혀 엉뚱한 내용으로 해석될 소지가 있기 때문입니다.

반드시 성경구절을 엄선하여 암송하고 전 후 문맥 내용을 이해하고 난 후 정확히 암송해야 합니다.

3) 이미 알고 있는 성경구절을 정확하게 노트에 기록하라

신앙생활을 어느 정도 하게 되면 많은 성경말씀, 성경구절을 알게 됩니다.

내용은 대강 아는데 장, 절을 모르는 경우가 많습니다. 그럴 경우 다시 한 번 명확히 암송하고 기록해야 합니다.

성경암송은 장, 절이 분명해야 하며 한 글자 한 글자 정확한 것이 좋습니다.

필자의 경우 처음 성경암송을 시작했을 때 개역 성경을 사용했습니다. 그리고 2008년부터는 개역개정성경을 기준으로 성경암송하고 있습니다.

만약 개역성경인 맞는 분들은 그 기준을 정해서 사용하시면 됩니다.

현재 한국교회가 대체로 개역성경보다 개정개역 성경을 사용하고 있으니 참고하시고 바랍니다.

4) 짧은 성경구절부터 암송하라.

성경에는 짧은 성경구절도 있고 긴 성경구절도 있습니다.

닥치는 대로 암송하기보다 좀 더 쉽고 짧은 성경구절을 택해서 암송하는 것이 매우 유익합니다. 성경암송에 더욱 흥미를 가질 것입니다.

처음부터 무작정 긴 성경구절을 암송하려 하면 금새 지칠 수도 있습니다. 짧은 성경구절을 암송하다 보면 긴 구절 성경암송에도 자신감이 생기게 됩니다.

물론 짧다고 다 좋은 것만은 아닙니다.

성경구절 내용이 유익하고 중요해야 합니다.

성경 31, 173구절 다 중요하고 영감의 말씀이지만 짧은 성경구절을 선택해서 암송하게 될 때 암송의 부담감이 줄어들 것입니다. 그러면 성경암송에도 더욱 재미가 생겨나게 됩니다.

따라서 가능한 한 처음에 성경암송을 하게 될 때 긴 구절보다 짧은 구절을 암송하는 것도 좋습니다.

실례로 데살로니가 5장 17절에 "쉬지 말고 기도하라"라는 말씀이 있습니다.

짧으면서도 쉽고 중요한 구절의 말씀입니다.

이렇게 성경을 암송한다면 신앙생활에 매우 유익하게 될 것입니다.

5) 성경 장, 절과 함께 외우라

성경구절 내용은 대충 아는데 어디에 있는 말씀인지 어떤 말씀인지 모르는 경우가 허다합니다.

대부분의 신자들이 그렇습니다.

왜 그럴까요?

성경암송의 중요성을 아직 모르기 때문입니다.

성경말씀은 영적 무기입니다.

말씀을 성령의 검이라고 했고(엡5:17) 히브리서 4장 12절에는 말씀을 예리한 검이라고 했습니다.

검이 녹슬고 검이 어디 있는지 모르면 되겠습니까?

군인에게 칼과 총은 목숨과 같은 것입니다. 그래서 군인들은 취침 전 총검을 정비하고 점검합니다. 뿐만 아니라 총검은 매일 휴대하고 다닙니다. 이유는 군인의 무기는 생명과 같고 자기를 지키며 나라를 지키는데 유용하기 때문입니다.

이와마찬가지로 말씀은 영적 무기입니다.

그래서 명확해야 합니다.

성경암송시 분명하게 장, 절과 함께 암송해야 합니다.

6) 소리내어 반복해서 암송하라

공공장소에서는 어렵겠지만 그 외에 장소에는 가능합니다.

소리를 내며 암송하십시오.

소리 내면서 외울 때 효과가 있습니다.

오래 전 중학교 1학년 때에 들어갔을 때 국어시간에 선생님은 학생들을 지정해서 국어교과서를 읽게 했습니다. 수업시작부터 교과서를 소리내어 읽는 것입니다.

모두 다 귀로 듣고 눈으로 읽었습니다.

글을 읽고 내용 파악하는데 도움을 주었습니다.

성경암송도 마찬가지입니다.

소리 내며 외우고 암송하십시오. 소리를 내며 반복적으로 할 때 성경암송에 도움을 준다는 것입니다. 이것 또한 성경암송의 하나의 방법입니다.

암송하는데 다양한 방법들이 있습니다. 그 중에 본인에게 맞는 것을 활용하여 암송하면 되는 것입니다.

7) 작은 마디로 나누어 암송하라

이것은 저의 암송방법 중에 하나입니다.

긴 성경구절을 암송할 때 유용하게 사용되었습니다.

이 책을 읽는 독자들이 성경을 500구절, 1000구절 암송하다 보면 성경암송 노하우가 생기게 될 것입니다. 더 나아가서 하나님께서 각자에게 은혜를 주시고 각 개인마다 노하우를 주실 것입니다.

필자의 경우 짧은 구절은 통째로 외우지만 긴 구절의 경우 그 구절의 핵심을 이해하고 때에 따라서 작은 마디로 나누어 암송하기도 했습니다.

작은 마디로 나누어 암송하는 것은 긴 구절 성경암송에 매우 유익합니다.

8) 목표를 세우라

필자의 경우 처음에는 성경암송 1000구절 목표를 세웠습니다.

성경암송하면서 자신감도 생겼고 노하우도 생기고 은혜를 많이 받았습니다. 그 후 3000구절 목표를 정했고 지금은 6000구절 암송을 돌파했습니다. 이제는 1만 구절이 성경암송의 목표입니다.

그러면서 차츰 성경의 고수가 되어가고 있습니다.

목표가 세우십시오.

목표설정이 중요합니다.

한번 도전해 보십시오

성경암송의 좋은 은혜의 기회를 얻게 될 것입니다.

9) 종이나 메모지를 활용하라

이전에 성경암송을 할 때 많이 활용했습니다.

실례로 창세기를 읽고 중요한 구절을 종이에 적었습니다. 대략 50구절 전후였습니다. 종이에 적고 외울 때 어렵지 않게 암송되었습니다. 좋은 방법 중 하나입니다.

문제는 후속조치가 따르지 않았습니다. 후속조치가 따르지 않으니 암송되었던 말씀들은 바람에 흩어져 버렸습니다.

그런데 지금은 다릅니다. 하나님께서 주신 영감을 따라서 하니 그 말씀들이 누적되고 성경의 실력으로 계속 발전되어 가고 있습니다.

반드시 노트활용을 해야 합니다.

종이나 메모지를 통해 암송한 것은 반드시 노트에 날짜, 번호(넘버)를 기록해야 합니다.

종이나 메모지 활용에 대해서는 여러 서적들을 참고하기 바랍니다.

종이나 메모지를 활용하십시오.

성경암송에 좋은 방법 중 하나입니다.

10) 하나님께 지혜를 구하라

"누구든지 지혜가 부족하거든 후히 주시고 꾸짖지 아니하시는 하나님께 구하라 그리하면 주시리니"(약 1:5)

태어나면서 IQ가 좋은 사람들도 있습니다. 그러나 대부분 사람들은 평균 보통의 IQ를 가지고 태어납니다.

물론 후천적으로 노력해서 IQ가 좋아지는 경우도 많습니다.

성경암송의 효과는 기억력과 학습효과의 증대라고 앞에서 이미 언급했습니다.

성경암송을 하다보면 실제로 IQ도 높아지기도 하고 두뇌가 활성화되어서 우수한 두뇌를 가진 사람으로 성장할 수 있습니다.

이것이 성경암송이 주는 특별한 혜택이기도 합니다.

성경암송으로 유명한 나라는 이스라엘입니다.

유대인들은 어려서부터 성경암송을 합니다. 부모들이 직접 나서서 성경말씀을 가르치고 암송을 시키기도 하고 그런 정서를 가진 나라가 이스라엘입니다. 그런데 놀랍게도 노벨상 수상자 40% 이상이 유대인들입니다.

이것이 성경암송의 좋은 반증입니다.

신명기 6장 4-9절은 쉐마의 말씀들인데 이 말씀은 유대교나 기독교의 중요한 신앙고백이기도 합니다.

이 쉐마(들으라 이스라엘아)는 말씀을 마음에 새기고 성경암송의 중요성을 일깨워 주고 있습니다.

이스라엘아 들으라 우리 하나님 여호와는 오직 유일한 여호와이시니

너는 마음을 다하고 뜻을 다하고 힘을 다하여 네 하나님 여호와를 사랑하라

오늘 내가 네게 명하는 이 말씀을 너는 마음에 새기고

네 자녀에게 부지런히 가르치며 집에 앉았을 때에든지

길을 갈 때에든지 누워 있을 때에든지 일어날 때에든지 이 말씀을 강론할 것이며

너는 또 그것을 네 손목에 매어 기호를 삼으며 네 미간에 붙여 표로 삼고

또 네 집 문설주와 바깥 문에 기록할지니라(신 6:4-9)

성경을 암송하면 하나님께서 지혜와 명석함을 주십니다.

성경암송하면서 지혜를 구해야 합니다. 그러면 반드시 주실 것입니다.

하나님께 지혜를 구할 때 암송방법도 주시고 자기에 맞는 암송방법을 주실 것입니다.

11) 손으로 쓰면서 암송하라

평범한 사람들이 암송하는데 좋은 방법 중에 하나입니다.

소리 내며 암송하는 것도 좋고 중요성경구절을 손으로 쓰면서 외우는 것도 좋은 방법 중에 하나입니다.

제가 좋아하는 성경암송 방법 중 하나이기도 합니다.

암송방법은 무엇보다 효과가 있어야 합니다. 그리고 기억이 나야 하고 하루, 아니 일주일이 지나서도 기억난다면 좋은 암송방법일 것입니다.

필자의 경험에 의하면 손으로 쓰며 암송하는 방법이 성경암송 효과에 매우 좋았습니다.

손으로 쓰면서 암송하십시오.

세월이 흐르더라도 기억나며 생각나게 될 것입니다.

12) 암송카드를 만들어라

9번째 방법과 비슷한 방법입니다.

암송카드를 만드는 이유는 더 집중적으로 외우기 위해서 입니다.

한 구절이든 몇 구절이든 간에 암송카드를 만들어서 암송하십시오.

하루에 식사를 세 번 하듯이 하루에 세구절 씩 외우는 것도 좋을 것입니다. 만약 꾸준히 한다면 1년이면 1000구절 이상 암송하게 될 것입니다.

물론 노트활용을 반드시 해야 합니다.

노트에 기록해서 언제, 무슨 요일에 암송했는지 기록해야 합니다.

그렇게 암송했는데 정리를 하지 않게 되면 소용이 없기 때문입니다.

13) 틈나는 여가를 활용하라

성경암송이 매우 중요합니다. 이유는 성경이 하나님의 말씀이기 때문입니다.
성경암송은 목회자 뿐만아니라 성도들에게도 필수적으로 해야 할 일입니다.
이유는 하나님의 말씀이 영적 양식이며 영적 무기이기 때문입니다.
말씀 앞에서 목회자, 성도 따로 없기 때문입니다.
밥을 먹듯이 말씀도 먹어야 합니다. 그래야 세상에서 승리할 수 있습니다.
다윗은 왕으로 있으면서도 늘 주의 말씀을 사모했습니다.

"내가 주의 계명들을 사모하므로 내가 입을 열고 헐떡였나이다"(시 119:131)

취침 전이나 기상 후 묵상시간에 단 몇 구절이라도 암송할 수 있습니다.
성경암송은 꾸준히 하면 할수록 실력도 늘어나고 성경암송 노하우를 터득하게 될 것입니다.
제가 하나님의 영감 중에 얻은 성경암송의 비법은 결코 어렵지 않으며 신자들은 필자 이상으로 성경암송하는 사람들이 늘어나게 될 것입니다.
제가 염려하는 부분은 이제 목회자들이 성경실력이 계속 성장하지 않으면 곤란한 상황에 처할 수도 있습니다. 이유는 신자들이 성경암송을 통해서 성경말씀의 실력이 늘어나기 때문입니다.
또한 신자들도 성경암송을 통해서 성경실력이 늘어나게 되면 더욱 겸손히 주님과 교회를 섬기시기를 바랍니다.
목회자들은 더욱 정진해서 성경말씀의 고수가 되기 위해 성경을 암송하고 통달하시기 바랍니다.
틈나는 시간을 활용하여 성경을 암송하십시오

기억할 것은 암송한 내용은 반드시 노트활용하여 기록해 놓아야 합니다.

지속적으로 하루에 1구절만 암송해도 1년에 365개, 3년이면 1000구절이 암송하게 됩니다.

노트를 활용하여 통계수치가 올라가면 올라갈수록 성경말씀에 대한 자신감, 기쁨은 더해 갈 것입니다.

14) 영어성경구절로도 암송하라

영어가 세계공용어인 것은 어느 누구도 부인할 수 없습니다.

영어실력에 관심있는 분들은 영어성경암송이 매우 유익을 줄 것입니다.

영어성경구절로 암송하면 영어실력도 늘어나고 만일 1000구절 영어성경구절을 충분히 암송하고 구사할 수 있다면 영어 정복에도 큰 도움을 줄 것입니다.

과거에 노인 세대들 중에 어떤 분들은 학교를 제대로 다니지 못해 한글을 배우지 못했지만 성경을 읽으면서 한글을 깨우치는 분들이 종종 있었습니다.

이와 같은 원리입니다.

이 책에는 NIV성경에 기초해서 300구절 영어암송이 수록되어 있습니다.

한글로도 영어로도 성경구절을 암송하는 것도 매우 유익을 줄 것임니다.

15) 규칙적으로 반복하라

사람의 두뇌는 무한한 가능성이 있으면서도 기억의 한계성이 있습니다.

하나님이 우리를 그렇게 만드셨습니다.

그래서 집중적으로 암송하는 것도 중요하지만 때로는 반복도 필요합니다.

필자의 경우 성경암송은 과거에 이미 성경암송을 한 것도 확인하고 반복하면서 암송합니다. 그러면 확실하게 더욱 마음에 새기게 되는 것입니다.

아침에 암송한 성경구절을 취침 전 묵상하며 기억해 내는 것도 좋습니다. 주기적으로 일주일에 한 번씩 지난 주 외운 성경구절을 반복해서 기억하는 것도 좋은 방법입니다.

그러면 확실히 암송한 성경말씀이 생각나며 더욱 은혜를 경험하게 될 것입니다.

16) 꾸준히 암송하라

필자 나름대로 발견한 것은 노트활용법입니다.

기도중에 얻은 영감이기도 하고 이것이 성경암송을 계속하게 된 이유요 배경이기도 합니다.

필자의 성경암송방법은 아마도 기독교 2000년 역사 중에 하나님께서 영감으로 주신 방법 중에 최고라고 확신합니다. 이유는 성경암송이 어렵지 않고 누구든지 할 수 있으며 누구든지 평생동안 할 수 있기 때문입니다.

중요한 원리가 평범함 속에 숨어 있었습니다. 하나님께서 주신 영감이며 은혜이기도 합니다.

노트를 반드시 활용하십시오 그러면 지속적인 성경암송이 될 것입니다. 작심삼일에 끝나는 것이 아니라 평생 동안 암송할 수 있기 때문입니다. 개인적으로 이 방법은 내게 성경암송에 큰 유익을 주었습니다.

꾸준히 성경을 암송하십시오.

그리고 반드시 노트를 활용하십시오. 그러면 반드시 많은 열매를 맺게 될 것입니다.

5. 이렇게 암송하라

성공하는 사람들의 배후에는 그 나름대로 성공비결이 있습니다.

이것을 왕도라고 말하는 사람도 있고 비법이라고 말하는 사람도 있습니다.

그래서 정보가 중요하고 경험이 중요합니다.

오늘날 인터넷이라는 정보의 홍수 속에서 쉴 새 없이 쏟아져 나오는 정보를 잘 구분하는 것이 무엇보다 필요합니다.

필자는 20년 이상 성경암송에 대한 이론 뿐만 아니라 실제 성경을 6000구절 암송하면서 나름대로 성경을 이렇게 암송하면 좋겠다라는 생각을 갖게 되었습니다. 이것 또한 기도 중에 하나님의 영감을 받은 것입니다.

1) 노트를 활용하라

국민 누구나 스마트폰을 소유하는 시대가 되었습니다. 언제 어디에서나 필요한 정보를 검색하고 필요한 정보를 얼마든지 짧은 시간에 얻을 수 있습니다.

문제는 문명의 이기가 오히려 사람들의 뇌를 본의아니게 퇴화시키고 있다는 사실입니다. 그래서 심지어 20대, 30대 등 젊은 사람들에게조차 치매환자들이 증가하고 있습니다. 그런 측면에서 성경암송은 뇌를 활성화시키는 것 뿐만 아니라 정서적, 정신적 측면에서도 유익합니다.

노트를 활용해서 한 구절 한 구절 성경을 암송해 나간다면 은혜와 기쁨을 맛보게 될 것입니다.

노트기록과 정리는 성경암송에 새로운 도전을 줍니다.

노트활용으로 얼마든지 500구절, 1000구절 암송할 수 있기 때문입니다.

2) "하나님의 말씀은 절대적이다"라는 자세와 생각에서 출발해야만
한다.

커밍워크는 이렇게 말했습니다.
"태도가 사실보다 중요하다"
자세와 태도의 중요성을 말하고 있는 것입니다.
이와 마찬가지로 성경암송을 하고자 하는 자는 성경에 대해 절대적 가치, 절
대적 영감인 것을 확신하고 출발해야 합니다.
"성경은 하나님의 말씀이며 하나님의 말씀은 절대적이다. 그런고로 암송할 가
치가 있다."
이것이 성경암송을 대하는 기본적 자세라고 할 수 있습니다.
예수님께서 말씀하셨습니다.

"천지는 없어질지언정 내 말은 없어지지 아니하리라"(마 24:35)

하나님의 말씀의 절대성을 결코 의심해서는 안됩니다.

3) 현재 기억나고 생각나는 성경구절을 기억하여 정리해 보라

물론 노트를 활용하고 정리하면 됩니다.
성경의 장과 구절을 정확히 기억해서 정리한다면 이미 그 성경구절은 암송하
고 있는 것입니다.
그래서 첫째 방법에서 말씀한 바와 같이 노트활용과 정리가 필요합니다.
성경암송은 나름대로 분명한 기준을 정해야 합니다.

성경도 개역성경을 기준으로 하든지 아니면 개역개정성경을 기준으로 하든지 어느 하나를 분명히 정해야 합니다.

그 외 성경으로는 새번역, 공동번역 등 있지만 성경을 쉽게 이해하는데 새번역이나 공동번역이 도움이 되지만 경전으로서는 가치는 약하다는 것이 필자의 견해입니다.

독자들은 가능한 한 개역성경이나 개정개역성경을 기준으로 해서 성경암송을 시작하면 될 것입니다.

필자는 2008년 이전에는 개역성경을 기준으로 성경암송을 했지만 2008년 이후에는 개역개정성경을 기준으로 해서 성경암송을 하고 있습니다.

기준이 중요합니다. 성경암송은 성경의 장과 구절 혹은 글자 하나 하나까지 정확하게 암송하는 것이 좋습니다.

이미 알고 있는 성경구절은 신앙연수에 따라 다소 차이가 있지만 성경을 사랑하고 말씀을 사랑하는 사람이라면 최소한 수십 구절에서 수백 구절은 어느 정도 기억하고 있을 것입니다.

그 기억한 성경구절을 노트 정리해야 합니다.

이미 알고 있는 것은 굳이 암송할 필요가 없기 때문입니다.

필자의 경우 처음 성경암송을 시도했을 때 노트에 번호를 매겨가며 내가 얼마나 암송하고 있는지를 확인해 보았습니다.

정리해 보니 성경 400구절을 암송하고 있었습니다. 이는 실로 놀라운 일이었습니다.

그동안 실패했다고 생각했던 것들이 하나님께서 지혜를 주셔서 노트 활용과 정리를 할 수 있게 되니 실로 엄청난 성경구절을 암송하고 있는 것이었습니다.

다만 체계화시키고 정리방법을 잘 몰랐던 것입니다.

그런데 하나님께서 주신 영감의 방법대로 하니 성경암송의 무한한 가능성이 열려지게 된 것입니다.

세 번째 방법을 통해서 이미 성경암송의 가속도가 붙기 시작했습니다.

이미 알고 있는 성경구절을 기억하고 성경의 장과 절을 정확히 구분하여 정리해 보는 것이 성경암송의 좋은 방법이 될 수 있습니다.

4) 짧으면서도 중요한 성경구절부터 암송하라

이 책은 그런 측면에서 성경을 사랑하는 독자들에게 귀중한 자료를 제공하고 있습니다.

필자는 가능한 한 짧으면서도 중요한 성경구절을 발견하는데 힘썼습니다.

성경암송을 하려는 사람들이 성경구절이 너무 길어서 흥미를 느끼지 못한다면 장기적으로 아니 평생 동안 성경을 가까이 하고 성경암송에 어려움을 겪을 것입니다.

이 책에 수록된 짧으면서도 중요한 성경구절이 생각보다 의외로 많습니다. 이 책에는 짧고 중요한 성경구절로 400구절을 수록해 놓았습니다.

만약 처음부터 긴 성경구절부터 암송한다면 얼마가지 못해 흥미를 잃을 것입니다.

그런데 성경구절 중 짧고 중요한 구절을 암송한다면 얼마나 신이 나겠습니까?

실례로 이런 성경구절의 말씀이 있습니다.

에스더서 4장 14절 "죽으면 죽으리라"

이 얼마나 간단하며 중요한 구절입니까?

누구나 쉽게 접근할 수 있습니다.

에스더가 모르드개에게 페르시아제국에 있는 유대인 동족을 살리기 위해 3일 금식을 결단하면서 한 말입니다.

"죽으면 죽으리라"

얼마든지 그런 실례들이 있습니다.

데살로니가전서 5장 17절 "쉬지 말고 기도하라"

아주 쉽습니다.

외우기도 아주 쉽습니다.

데살로니가 5장 18절 "범사에 감사하라"

이 얼마나 짧으면서도 중요한 구절입니까?

이런 종류의 말씀을 암송하라는 말입니다.

처음부터 어렵고 긴 성경구절을 시도하면 오래가지 못하기 때문입니다.

아마도 필자 뿐만 아니라 많은 사람들이 경험을 했을 것입니다.

이런 작은 생각들, 시도들이 오랫동안 성경암송을 할 수 있도록 동기를 부여해 준다는 사실입니다.

5) 필수 성경구절이나 명언과 같은 성경구절을 암송하라

필수성경구절은 말 그대로 성경에서 보석과 같은 말씀들입니다.

물론 31, 173구절이 다 성령의 영감으로 기록된 보석과 같은 하나님의 말씀이지만 그 중에서 더 좋고 빛나는 말씀들입니다.

명언과 같은 말씀을 많이 암송하면 우리의 사고의 폭을 넓혀주며 정서적으로도 많은 유익을 줍니다.

비기독교인들도 성경의 말씀들을 많이 인용하는 것을 볼 수가 있습니다.

실례로 이런 성경구절들입니다.

마태복음 7장 12절 "무엇이든지 남에게 대접을 받고자 하는 대로 너희도 남을 대접하라"

이것을 황금률(Golden rule)이라고 부릅니다.

그런데 이 한 구절이 얼마나 많은 사람들에게 도움을 주고 있습니까?

인간관계 뿐만 아니라 신앙생활에도 자신을 돌아볼 수 있는 통찰력을 준다는 측면에서 매우 유익합니다.

6) 책별 성경구절 암송하라

때로는 책별로 중요한 성경구절 암송할 필요가 있습니다.

책별 성경구절 암송을 하다보면 그 책 이야기의 줄거리를 이해할 수 있습니다.

책별성경구절 암송이 주는 유익은 성경내용이 연결되므로 금방 잊어버리지 않고 오랫동안 성경암송의 효과를 준다는 사실입니다.

이렇게 한 구절 한 구절 묵상하고 성경암송을 도전한다면 큰 기쁨과 은혜, 자신감이 넘치리라 확신합니다.

4장 · 구약성경 책별 성경암송

4장

구약성경 책별 성경암송

1. 구약성경 책별 핵심개관

성경암송 마스터는 성경책별 성경암송이 중심을 이루고 있습니다.

성경은 신약성경과 구약성경 등 총 31,173구절을 가지고 있습니다.

31,173구절 모든 성경구절이 다 중요한 영감의 말씀이지만 그 중에서 비교적 중요하다고 생각되는 중요핵심구절을 성경책별로 수록해 놓았습니다.

이 장에서는 먼저 구약성경 책별 핵심내용들을 언급했습니다.

많은 내용들 보다 각 책의 중요 내용들을 요약, 핵심적인 내용들을 서술하고 있습니다. 구약성경 책별 암송구절들을 읽고 암송하기 전에, 먼저 각 책의 핵심개관들을 정독한다면 구약성경 책별 성경암송하는데 매우 도움을 주리라 생각합니다.

천천히 그리고 정독해서 읽기를 바랍니다.

필요에 따라서는 구약성경 책별 핵심개관들을 암송하십시오.

2. 구약성경 책별 성경암송

성경암송 마스터는 성경을 사랑하는 독자들이 효과적으로 성경암송을 하는데 동기를 부여하고 필자가 경험했던 노하우의 성경암송의 효과를 극대화시키는데 있습니다. 좀 더 체계적으로 성경을 암송하기 위해 책별성경암송을 기본으로 삼고 있습니다.

성경 책별 암송의 장점은 성경 각 권의 핵심적 중요 성경구절을 암송하는 것입니다. 성경을 어렵게 이해했던 사람들에게 보다 쉽게 접근할 수 있고 읽으면서 큰 기쁨이 있으리라 확신합니다.

여기에 수록된 성경 각 권의 책별 암송을 도전해 보시기 바랍니다.

1. 창세기

1. 창세기 핵심개관

1. 창세기는 히브리인은 누구인가? 라는 정체성의 문제를 다루고 있습니다.
2. 첫째날에서 셋째날에는 배경을 만드셨고 넷째날부터 여섯째날까지는 그 배경 안에 살 내용물들을 창조하셨습니다.
3. 에덴동산(창 2:8-14)은 전통적으로 티그리스(힛데겔)와 유브라테스 아래쪽이라는 견해가 주장되고 있으나 델리취라는 학자는 바벨론 북쪽을 주장하는 견해도 있습니다.
4. 창 1-11장은 네 번에 걸쳐 범죄-심판-은혜의 주제가 반복되어 다루어지고 있습니다.
   1) 아담(3장)
      범죄(6절)-심판(15-19절)-은혜(21절)
   2) 가인과 아벨(4-5장)
      범죄(4:8)-심판(4:12)-은혜(4:15)
   3) 노아의 홍수(6-8장)
      범죄(6:2)-심판(6:7)-은혜(6:8, 19)
   4) 바벨탑(11장)
      범죄(11:4)-심판(11:7, 9)-은혜(12:2, 수 24:14)
5. 노아의 홍수는 역사적 사건이라는 증거가 크게 두가지가 있습니다. 하나는 길가메쉬(Gilgamesh)의 서사시(주전 2700년경 기록)에 비슷한 내용이 나옵니다. 차이점이라면 하나님은 범죄한 인간에게 자비로우시며 관심을 갖는 반

면 길가메쉬에 나오는 신은 자기중심적이고 골칫거리라는 것입니다, 다른 하나는 고고학적 발굴입니다. 1974년에 인공위성으로 사진을 촬영한 결과 아라랏 산 북동쪽에서 방주를 만든 장소를 발견했습니다.

6. 아브라함이 할례를 받은 것은(17:10) 순종하고 헌신하겠다는 언약의 상징입니다. 유대인들에게 할례는 공동채의 일원이 되었다는 표시이기도 했습니다. 그러나 바울은 고린도전서 7:18-19에서 변화를 받아 새사람이 되는 것이 더 중요하다고 했습니다.

7. 아브라함의 이민사 중에 가장 중요한 것은 그가 막벨라 굴을 헷족속에게서 400세겔에 샀다는 것입니다.(창 23:4,10,15) 그것은 이방인 아브라함이 헷족속에게서 인정을 받았다는 것과 가나안이 아브라함의 자손의 기업이 될 것을 확실하게 밝혀 주고 있습니다. 또 그의 고향이 아닌 가나안땅에 장사지낸 것은 아브라함의 소망이 이 가나안땅에 있음을 보여주기 때문입니다. 막벨라굴(헤브론)에는 아브라함(25:9), 이삭과 리브가, 야곱과 레아(49:29-31; 50:13) 등이 묻혀 있습니다.

8. 야곱이 형에 대한 두려움은 그로 하여금 기도하게 했고(32:24) "마침내 벧엘로 올라가서 거기 거하매"(창 35:1)라는 명령에 따라 37:1에 보면 야곱이 그곳에 거하게 된 것을 알 수 있습니다.

9. 요셉(37-48장)의 기록은 이스라엘이 애굽에 오게 된 이유를 보여주고 출애굽기와 연결시켜 줍니다.

10. 넷째인 유다가 장자권을 가지게 된 이유는 르우벤은 계모인 빌하와 동침함으로(49:4) 스스로 장자권을 포기했고 둘째 시므온과 셋째 레위는 디나가 강간당했을 때에 복수함으로(34:30) 장자권을 상실했기 때문에 넷째 유다에게로 간 것입니다.

2. 창세기 중요성경구절

(창 1:1) 태초에 하나님이 천지를 창조하시니라

(창 1:2) 땅이 혼돈하고 공허하며 흑암이 깊음 위에 있고 하나님의 영은 수면 위에 운행
　　하시니라

(창 1:3) 하나님이 이르시되 빛이 있으라 하시니 빛이 있었고

(창 1:4) 빛이 하나님이 보시기에 좋았더라 하나님이 빛과 어둠을 나누사

(창 1:5) 하나님이 빛을 낮이라 부르시고 어둠을 밤이라 부르시니라 저녁이 되고 아침이
　　되니 이는 첫째 날이니라

(창 1:26) 하나님이 이르시되 우리의 형상을 따라 우리의 모양대로 우리가 사람을 만들
　　고 그들로 바다의 물고기와 하늘의 새와 가축과 온 땅과 땅에 기는 모든 것을 다
　　스리게 하자 하시고

(창 1:27) 하나님이 자기 형상 곧 하나님의 형상대로 사람을 창조하시되 남자와 여자를
　　창조하시고

(창 1:28) 하나님이 그들에게 복을 주시며 하나님이 그들에게 이르시되 생육하고 번성하
　　여 땅에 충만하라, 땅을 정복하라, 바다의 물고기와 하늘의 새와 땅에 움직이는
　　모든 생물을 다스리라 하시니라

(창 1:29) 하나님이 이르시되 내가 온 지면의 씨 맺는 모든 채소와 씨 가진 열매 맺는 모
　　든 나무를 너희에게 주노니 너희의 먹을 거리가 되리라

(창 2:7) 여호와 하나님이 땅의 흙으로 사람을 지으시고 생기를 그 코에 불어넣으시니 사
　　람이 생령이 되니라

(창 2:16) 여호와 하나님이 그 사람에게 명하여 이르시되 동산 각종 나무의 열매는 네가
　　임의로 먹되

(창 2:17) 선악을 알게 하는 나무의 열매는 먹지 말라 네가 먹는 날에는 반드시 죽으리

라 하시니라

(창 2:24) 이러므로 남자가 부모를 떠나 그의 아내와 합하여 둘이 한 몸을 이룰지로다

(창 3:15) 내가 너로 여자와 원수가 되게 하고 네 후손도 여자의 후손과 원수가 되게 하
리니 여자의 후손은 네 머리를 상하게 할 것이요 너는 그의 발꿈치를 상하게 할
것이니라 하시고

(창 3:21) 여호와 하나님이 아담과 그의 아내를 위하여 가죽옷을 지어 입히시니라

(창 3:24) 이같이 하나님이 그 사람을 쫓아내시고 에덴 동산 동쪽에 그룹들과 두루 도는
불 칼을 두어 생명 나무의 길을 지키게 하시니라

(창 4:9) 여호와께서 가인에게 이르시되 네 아우 아벨이 어디 있느냐 그가 이르되 내가 알
지 못하나이다 내가 내 아우를 지키는 자니이까

(창 4:26) 셋도 아들을 낳고 그의 이름을 에노스라 하였으며 그 때에 사람들이 비로소 여
호와의 이름을 불렀더라

(창 6:8) 그러나 노아는 여호와께 은혜를 입었더라

(창 6:9) 이것이 노아의 족보니라 노아는 의인이요 당대에 완전한 자라 그는 하나님과 동
행하였으며

(창 9:13) 내가 내 무지개를 구름 속에 두었나니 이것이 나와 세상 사이의 언약의 증거
니라

(창 11:9) 그러므로 그 이름을 바벨이라 하니 이는 여호와께서 거기서 온 땅의 언어를 혼
잡하게 하셨음이니라 여호와께서 거기서 그들을 온 지면에 흩으셨더라

(창 12:1) 여호와께서 아브람에게 이르시되 너는 너의 고향과 친척과 아버지의 집을 떠
나 내가 네게 보여 줄 땅으로 가라

(창 12:2) 내가 너로 큰 민족을 이루고 네게 복을 주어 네 이름을 창대하게 하리니 너는
복이 될지라

(창 12:3) 너를 축복하는 자에게는 내가 복을 내리고 너를 저주하는 자에게는 내가 저주
하리니 땅의 모든 족속이 너로 말미암아 복을 얻을 것이라 하신지라

(창 15:6) 아브람이 여호와를 믿으니 여호와께서 이를 그의 의로 여기시고

(창 18:14) 여호와께 능하지 못한 일이 있겠느냐 기한이 이를 때에 내가 네게로 돌아오리
　　　　　　니 사라에게 아들이 있으리라

(창 19:26) 롯의 아내는 뒤를 돌아보았으므로 소금 기둥이 되었더라

(창 22:2) 여호와께서 이르시되 네 아들 네 사랑하는 독자 이삭을 데리고 모리아 땅으로
　　　　　　가서 내가 네게 일러 준 한 산 거기서 그를 번제로 드리라

(창 22:14) 아브라함이 그 땅 이름을 여호와 이레라 하였으므로 오늘날까지 사람들이 이
　　　　　　르기를 여호와의 산에서 준비되리라 하더라

(창 25:26) 후에 나온 아우는 손으로 에서의 발꿈치를 잡았으므로 그 이름을 야곱이라 하
　　　　　　였으며 리브가가 그들을 낳을 때에 이삭이 육십 세였더라

(창 26:12) 이삭이 그 땅에서 농사하여 그 해에 백 배나 얻었고 여호와께서 복을 주시므로

(창 26:13) 그 사람이 창대하고 왕성하여 마침내 거부가 되어

(창 28:15) 내가 너와 함께 있어 네가 어디로 가든지 너를 지키며 너를 이끌어 이 땅으
　　　　　　로 돌아오게 할지라 내가 네게 허락한 것을 다 이루기까지 너를 떠나지 아니하
　　　　　　리라 하신지라

(창 28:20) 야곱이 서원하여 이르되 하나님이 나와 함께 계셔서 내가 가는 이 길에서 나
　　　　　　를 지키시고 먹을 떡과 입을 옷을 주시어

(창 28:21) 내가 평안히 아버지 집으로 돌아가게 하시오면 여호와께서 나의 하나님이 되
　　　　　　실 것이요

(창 28:22) 내가 기둥으로 세운 이 돌이 하나님의 집이 될 것이요 하나님께서 내게 주신
　　　　　　모든 것에서 십분의 일을 내가 반드시 하나님께 드리겠나이다 하였더라

(창 32:28) 그가 이르되 네 이름을 다시는 야곱이라 부를 것이 아니요 이스라엘이라 부를
　　　　　　것이니 이는 네가 하나님과 및 사람들과 겨루어 이겼음이니라

(창 33:10) 야곱이 이르되 그렇지 아니하니이다 내가 형님의 눈앞에서 은혜를 입었사오
　　　　　　면 청하건대 내 손에서 이 예물을 받으소서 내가 형님의 얼굴을 뵈온즉 하나님

의 얼굴을 본 것 같사오며 형님도 나를 기뻐하심이니이다

(창 35:11) 하나님이 그에게 이르시되 나는 전능한 하나님이라 생육하며 번성하라 한 백
　　　　성과 백성들의 총회가 네게서 나오고 왕들이 네 허리에서 나오리라

(창 37:19) 서로 이르되 꿈꾸는 자가 오는 도다

(창 39:3) 그의 주인이 여호와께서 그와 함께 하심을 보며 또 여호와께서 그의 범사에 형
　　　　통하게 하심을 보았더라

(창 41:41) 바로가 또 요셉에게 이르되 내가 너를 애굽 온 땅의 총리가 되게 하노라 하고

(창 45:8) 그런즉 나를 이리로 보낸 이는 당신들이 아니요 하나님이시라 하나님이 나를
　　　　바로에게 아버지로 삼으시고 그 온 집의 주로 삼으시며 애굽 온 땅의 통치자로
　　　　삼으셨나이다

(창 46:27) 애굽에서 요셉이 낳은 아들은 두 명이니 야곱의 집 사람으로 애굽에 이른 자
　　　　가 모두 칠십 명이었더라

(창 49:18) 여호와여 나는 주의 구원을 기다리나이다

(창 49:22) 요셉은 무성한 가지 곧 샘 곁의 무성한 가지라 그 가지가 담을 넘었도다

(창 49:25) 네 아버지의 하나님께로 말미암나니 그가 너를 도우실 것이요 전능자로 말미
　　　　암나니 그가 네게 복을 주실 것이라 위로 하늘의 복과 아래로 깊은 샘의 복과 젖
　　　　먹이는 복과 태의 복이리로다

(창 50:20) 당신들은 나를 해하려 하였으나 하나님은 그것을 선으로 바꾸사 오늘과 같이
　　　　많은 백성의 생명을 구원하게 하시려 하셨나니

2. 출애굽기

1. 출애굽기 핵심개관

1. 출애굽기는 하나님께서 이스라엘 백성을 다시 만드신 작업을 기록하고 있습니다. 430년이 지난 후 70명의 가족은 한 나라를 만들 만큼 성장합니다.
2. 핵심은 유월절(12:1-14)의 영원한 기념 의식에 있습니다. 도살할 양은 그리스도의 모형입니다.
3. 이스라엘 백성이 애굽의 노예로 있었던 시기는 18-20왕조 때(주전 1570-1150년)입니다. 모세를 양자로 맞은 시기는 투트모세 2세(1508-1504)와 핫셉수트여왕(1504-1482)때로 보입니다. 특히 투트모세 3세(1490-1445)는 위대한 건축가요 정복자였습니다. 출애굽의 시기는 아멘호렙 2세(1445-1425) 때 였을 것이라고 추정됩니다.
4. 출애굽의 구조는 다음과 같습니다.
   애굽에서의 이스라엘(1-12장), 광야에서의 이스라엘(13-18장), 시내산(호렙산)에서의 이스라엘(19-40장)입니다.
5. 당시 파라오는 세 가지 이민정책을 펼쳤습니다.
   1단계는 10명을 한 조로 매일 2000개의 벽돌을 만들게 한 것이고 2단계는 두 히브리 산파에게 아들을 낳으면 죽이라고 명령한 것입니다(1:16). 3단계는 아들을 낳으면 나일 강에 던져 죽게 한 것이었습니다(1:22).
6. 유월절은 출애굽기의 핵심이며 신약의 십자가 사건의 모형입니다. 이 날에는 해가 질 때 양을 도살해서 좌우 문설주와 인방에 발라 장자의 죽음을 넘어가게 했습니다. 이 유월절은 예수 그리스도의 십자가의 모형입니다.

7. 십계명에서는 인간은 관계적 존재이므로 바른 관계를 가질 때 성공과 행복을 누릴 수 있음을 가르쳐 줍니다. 십계명은 조건적 언약으로 율법을 지키면 보호해 주고 축복해 주고 인도해 주시겠다는 약속입니다.

2. 출애굽기 중요성경구절

(출 2:10) 그 아기가 자라매 바로의 딸에게로 데려가니 그가 그의 아들이 되니라 그가 그의 이름을 모세라 하여 이르되 이는 내가 그를 물에서 건져내었음이라 하였더라

(출 3:2) 여호와의 사자가 떨기나무 가운데로부터 나오는 불꽃 안에서 그에게 나타나시니라 그가 보니 떨기나무에 불이 붙었으나 그 떨기나무가 사라지지 아니하는지라

(출 3:5) 하나님이 이르시되 이리로 가까이 오지 말라 네가 선 곳은 거룩한 땅이니 네 발에서 신을 벗으라

(출 3:10) 이제 내가 너를 바로에게 보내어 너에게 내 백성 이스라엘 자손을 애굽에서 인도하여 내게 하리라

(출 3:14) 하나님이 모세에게 이르시되 나는 스스로 있는 자이니라 또 이르시되 너는 이스라엘 자손에게 이같이 이르기를 스스로 있는 자가 나를 너희에게 보내셨다 하라

(출 7:12) 각 사람이 지팡이를 던지매 뱀이 되었으나 아론의 지팡이가 그들의 지팡이를 삼키니라

(출 10:20) 그러나 여호와께서 바로의 마음을 완악하게 하셨으므로 이스라엘 자손을 보내지 아니하였더라

(출 12:8) 그 밤에 그 고기를 불에 구워 무교병과 쓴 나물과 아울러 먹되

(출 12:9) 날것으로나 물에 삶아서 먹지 말고 머리와 다리와 내장을 다 불에 구워 먹고

(출 12:10) 아침까지 남겨두지 말며 아침까지 남은 것은 곧 불사르라

(출 12:11) 너희는 그것을 이렇게 먹을지니 허리에 띠를 띠고 발에 신을 신고 손에 지팡

이를 잡고 급히 먹으라 이것이 여호와의 유월절이니라

(출 12:29) 밤중에 여호와께서 애굽 땅에서 모든 처음 난 것 곧 왕위에 앉은 바로의 장자
로부터 옥에 갇힌 사람의 장자까지와 가축의 처음 난 것을 다 치시매

(출 12:37) 이스라엘 자손이 라암셋을 떠나서 숙곳에 이르니 유아 외에 보행하는 장정
이 육십만 가량이요

(출 13:21) 여호와께서 그들 앞에서 가시며 낮에는 구름 기둥으로 그들의 길을 인도하시
고 밤에는 불기둥을 그들에게 비추사 낮이나 밤이나 진행하게 하시니

(출 13:22) 낮에는 구름 기둥, 밤에는 불기둥이 백성 앞에서 떠나지 아니하니라

(출 14:21) 모세가 바다 위로 손을 내밀매 여호와께서 큰 동풍이 밤새도록 바닷물을 물러
가게 하시니 물이 갈라져 바다가 마른 땅이 된지라

(출 15:2) 여호와는 나의 힘이요 노래시며 나의 구원이시로다 그는 나의 하나님이시니 내
가 그를 찬송할 것이요 내 아버지의 하나님이시니 내가 그를 높이리로다

(출 15:26) 이르시되 너희가 너희 하나님 나 여호와의 말을 들어 순종하고 내가 보기에
의를 행하며 내 계명에 귀를 기울이며 내 모든 규례를 지키면 내가 애굽 사람에
게 내린 모든 질병 중 하나도 너희에게 내리지 아니하리니 나는 너희를 치료하
는 여호와임이라

(출 17:6) 내가 호렙 산에 있는 그 반석 위 거기서 네 앞에 서리니 너는 그 반석을 치라
그것에서 물이 나오리니 백성이 마시리라 모세가 이스라엘 장로들의 목전에서
그대로 행하니라

(출 17:11) 모세가 손을 들면 이스라엘이 이기고 손을 내리면 아말렉이 이기더니

(출 17:15) 모세가 제단을 쌓고 그 이름을 여호와 닛시라 하고

(출 17:16) 이르되 여호와께서 맹세하시기를 여호와가 아말렉과 더불어 대대로 싸우리
라 하셨다 하였더라

(출 20:3) 너는 나 외에는 다른 신들을 네게 두지 말라

(출 20:4) 너를 위하여 새긴 우상을 만들지 말고 또 위로 하늘에 있는 것이나 아래로 땅에

있는 것이나 땅 아래 물 속에 있는 것의 어떤 형상도 만들지 말며

(출 20:5) 그것들에게 절하지 말며 그것들을 섬기지 말라 나 네 하나님 여호와는 질투하는 하나님인즉 나를 미워하는 자의 죄를 갚되 아버지로부터 아들에게로 삼사 대까지 이르게 하거니와

(출 20:6) 나를 사랑하고 내 계명을 지키는 자에게는 천 대까지 은혜를 베푸느니라

(출 20:7) 너는 네 하나님 여호와의 이름을 망령되게 부르지 말라 여호와는 그의 이름을 망령되게 부르는 자를 죄 없다 하지 아니하리라

(출 20:8) 안식일을 기억하여 거룩하게 지키라

(출 20:12) 네 부모를 공경하라 그리하면 네 하나님 여호와가 네게 준 땅에서 네 생명이 길리라

(출 20:13) 살인하지 말라

(출 20:14) 간음하지 말라

(출 20:15) 도둑질하지 말라

(출 20:16) 네 이웃에 대하여 거짓 증거하지 말라

(출 20:17) 네 이웃의 집을 탐내지 말라 네 이웃의 아내나 그의 남종이나 그의 여종이나 그의 소나 그의 나귀나 무릇 네 이웃의 소유를 탐내지 말라

(출 24:18) 모세는 구름 속으로 들어가서 산 위에 올랐으며 모세가 사십 일 사십 야를 산에 있으니라

(출 32:20) 모세가 그들이 만든 송아지를 가져다가 불살라 부수어 가루를 만들어 물에 뿌려 이스라엘 자손에게 마시게 하니라

(출 32:33) 여호와께서 모세에게 이르시되 누구든지 내게 범죄하면 내가 내 책에서 그를 지워 버리리라

(출 33:11) 사람이 자기의 친구와 이야기함 같이 여호와께서는 모세와 대면하여 말씀하시며 모세는 진으로 돌아오나 눈의 아들 젊은 수종자 여호수아는 회막을 떠나지 아니하니라

3. 레위기

1. 레위기 핵심개관

1. 레위기의 의미는 신약의 히브리서에 잘 요약되어 있습니다. 레위기는 출애굽
   기에서 완성된 성막을 중심으로 앞으로 우리가 어떻게 살아가야 할 지를 보여
   주는 규례요 법도입니다.

2. 레위기의 핵심은 5대 제사를 통해 하나님께 나아간다는 점입니다. 5대 제사
   는 번제(하나님께 대한 헌신), 소제(피흘림 없는 제사로 그리스도의 인성을 상
   징한다), 화목제(감사, 찬양, 교제, 교통의 의미), 속죄죄(대속물에 의한 속죄),
   속건제(속죄의 보상)을 말합니다.

3. 레위기 8:8에 나오는 우림과 둠빔은 '빛', '완전함'을 뜻하며 하나님의 뜻을
   묻기 위해 사용한 도구였습니다(출 28:30). 이것들은 제사장들이 흉패에 넣고
   다닌 것으로 보아 돌이나 보석의 일종으로 추측됩니다. 이것들은 하나님의 뜻
   을 Yes와 No로 묻는데 사용되었고 초기 왕정 때까지 사용했으며 다윗 이후
   에는 사용하지 않았습니다.

4. 하나님과 동행하는 길은 거룩한 삶을 사는 것입니다. 레 11:44-45에 그 목적
   이 나옵니다. "나는 여호와 너희의 하나님이라 내가 거룩하니 너희도 몸을 구
   별하여 거룩하게 하고 땅에 기는 길짐승으로 말미암아 스스로 더럽히지 말라
   나는 너희의 하나님이 되려고 너희를 애굽 땅에서 인도하여 낸 여호와라 내가
   거룩하니 너희도 거룩할지어다" 이 구절은 신약의 베드로전서 1:16, 고린도
   전서 6:19에서 반복해서 강조됩니다.

5. 레위기 27:26-34에 십일조에 대한 내용입니다. 하나님께서는 그의 백성들

에게 생산물의 1/10을 바치게 하셨습니다(신 14:22). 레위인들에게도 그들이 받은 십일조 중에 1/10을 바치게 하셨습니다(민 18:26). 십일조는 하나님의 백성들이 갖고 있는 모든 것이 다 하나님이 주신 것임을 인정하는 믿음의 청지기적 행위입니다. 십일조는 다음 세 가지에 쓰였습니다. 첫째 기업이 없는 레위인들의 생계 보장을 위해서 둘째 3년마다 드려지는 십일조로는 구제 사업에 셋째 성전이 완공되고 난 후에는 성전 유지와 보수를 위해서 십일조가 사용되었습니다.

2. 레위기 중요성경구절

(레 1:10) 만일 그 예물이 가축 떼의 양이나 염소의 번제이면 흠 없는 수컷으로 드릴지니

(레 1:14) 만일 여호와께 드리는 예물이 새의 번제이면 산비둘기나 집비둘기 새끼로 예물을 드릴 것이요

(레 2:11) 너희가 여호와께 드리는 모든 소제물에는 누룩을 넣지 말지니 너희가 누룩이나 꿀을 여호와께 화제로 드려 사르지 못할지니라

(레 2:13) 네 모든 소제물에 소금을 치라 네 하나님의 언약의 소금을 네 소제에 빼지 못할지니 네 모든 예물에 소금을 드릴지니라

(레 3:17) 너희는 기름과 피를 먹지 말라 이는 너희의 모든 처소에서 너희 대대로 지킬 영원한 규례니라

(레 4:3) 만일 기름 부음을 받은 제사장이 범죄하여 백성의 허물이 되었으면 그가 범한 죄로 말미암아 흠 없는 수송아지로 속죄제물을 삼아 여호와께 드릴지니

(레 8:29) 이에 모세가 그 가슴을 가져다가 여호와 앞에 흔들어 요제를 삼았으니 이는 위임식에서 잡은 숫양 중 모세의 몫이라 여호와께서 모세에게 명령하심과 같았더라

(레 8:33) 위임식은 이레 동안 행하나니 위임식이 끝나는 날까지 이레 동안은 회막 문에 나가지 말라

(레 10:1) 아론의 아들 나답과 아비후가 각기 향로를 가져다가 여호와께서 명령하시지 아니하신 다른 불을 담아 여호와 앞에 분향하였더니

(레 10:2) 불이 여호와 앞에서 나와 그들을 삼키매 그들이 여호와 앞에서 죽은지라

(레 11:3) 모든 짐승 중 굽이 갈라져 쪽발이 되고 새김질하는 것은 너희가 먹되

(레 11:45) 나는 너희의 하나님이 되려고 너희를 애굽 땅에서 인도하여 낸 여호와라 내가 거룩하니 너희도 거룩할지어다

(레 13:9) 사람에게 나병이 들었거든 그를 제사장에게로 데려갈 것이요

(레 16:8) 두 염소를 위하여 제비 뽑되 한 제비는 여호와를 위하고 한 제비는 속죄소 위 곧 아사셀을 위하여 할지며

(레 17:11) 육체의 생명은 피에 있음이라 내가 이 피를 너희에게 주어 제단에 뿌려 너희의 생명을 위하여 속죄하게 하였나니 생명이 피에 있으므로 피가 죄를 속하느니라

(레 19:18) 원수를 갚지 말며 동포를 원망하지 말며 네 이웃 사랑하기를 네 자신과 같이 사랑하라 나는 여호와이니라

(레 23:5) 첫째 달 열나흘날 저녁은 여호와의 유월절이요

(레 23:6) 이 달 열닷샛날은 여호와의 무교절이니 이레 동안 너희는 무교병을 먹을 것이요

(레 23:24) 이스라엘 자손에게 말하여 이르라 일곱째 달 곧 그 달 첫 날은 너희에게 쉬는 날이 될지니 이는 나팔을 불어 기념할 날이요 성회라

(레 23:27) 일곱째 달 열흘날은 속죄일이니 너희는 성회를 열고 스스로 괴롭게 하며 여호와께 화제를 드리고

(레 23:34) 이스라엘 자손에게 말하여 이르라 일곱째 달 열닷샛날은 초막절이니 여호와를 위하여 이레 동안 지킬 것이라

(레 25:10) 너희는 오십 년째 해를 거룩하게 하여 그 땅에 있는 모든 주민을 위하여 자유

를 공포하라 이 해는 너희에게 희년이니 너희는 각각 자기의 속죄소 위 곧 1)소
유지로 돌아가며 각각 자기의 가족에게로 돌아갈지며

(레 27:30) 그리고 그 땅의 십분의 일 곧 그 땅의 곡식이나 나무의 열매는 그 십분의 일은
여호와의 것이니 여호와의 성물이라

4. 민수기

1. 민수기 핵심개관

1. 민수기는 이스라엘 백성이 시내산을 떠나 38년간 바란광야, 신광야, 유대광야에서 방황했던 역사적 기록입니다. 이스라엘 백성의 특징은 불평과 원망이 있는데 하나님께서는 이들을 훈련시킬 필요를 느끼고 바로 가나안으로 가지 못하게 하셨습니다. 40년 광야생활은 가나안 백성이 되기 위한 훈련의 기간이었습니다.

2. 백성의 수를 세는 것은 가나안 정복에서 가장 중요한 군사적 목적을 위해서였습니다. 언제, 어디서 누가 싸움을 걸어올지 모르기 때문에 전쟁을 위한 출전 인원을 미리 조사하기 위해서였습니다.

3. 레위인들에게 병역의 의무가 제외된 것은 그들에게는 성막에서 봉사하는 임무가 주어졌기 때문입니다. 진을 칠 때도 레위인은 성막과 백성들 사이를 잘 구별해 놓은 위치에 거하면서 자신의 역할을 충실히 수행하도록 했습니다.

4. 레위인들이란 레위의 세아들 즉 고핫, 므라리, 게르손의 자손들을 말합니다. 하나님께서는 금송아지 사건때 충성을 보인 이들을 특별히 선택하여(출 32:26-29) 성막에서 봉사하게 하셨습니다(1:47-53)

5. 이스라엘 백성은 성막을 중심으로 각 지파가 천막을 쳤습니다. 이것은 이스라엘 백성이 하나님을 중심으로 모시고 하나님은 이스라엘 백성 가운데 임재하신다는 것을 나타낸 것입니다.

6. 진행할 때 유다지파가 맨앞에서 서서 기를 들고 온 백성들을 선도했습니다. 이것은 유다족속 가운데 예수님이 태어나 온 인류를 구원의 대열로 인도하실

것을 보여준 것입니다.

7. 고라의 죄는 하나님의 대변자로서의 모세의 권위를 거부한 것입니다. 그래서 그를 따른 250명이 지진으로 멸망합니다.(16:35절)

8. 불평이 터져 나와 뱀의 벌을 받았습니다(21:6-7절). 이 때 모세는 "불뱀을 만들어 장대 위에 달아 물린 자마다 그것을 보면 살리라"(21:8)고 했습니다. 모세가 장대 위에 단 구리 뱀은 "우리 죄를 대신 지신 그리스도"를 상징합니다(요 3:14-15). 따라서 십자가의 예수님이 나의 죄 때문에 죽으신 것을 믿기만 하면 구원을 받는다를 진리를 보여줍니다.

9. 레위지파에게 할당한 성읍은 모두 48개였습니다. 그 중에 여섯 개는 도피성이었습니다. 만일 누가 과실치사를 했을 경우 복수를 피해 도피하여 달아나서 구원의 판결을 받을 수 있도록 목숨을 보존하게 했습니다. 도피성은 요단강을 중심으로 동편(수 20:8)과 서편(수 20:7)에 각각 세 개씩 있었습니다. 그러나 고의로 사람을 죽인 경우는 도피성 제도가 해당되지 않았습니다(35:6). 이 도피성은 바로 예수 그리스도가 우리의 도피성이라는 점입니다

2. 민수기 중요성경구절

(민 1:3) 이스라엘 중 이십 세 이상으로 싸움에 나갈 만한 모든 자를 너와 아론은 그 진영별로 계수하되

(민 1:46) 계수된 자의 총계는 육십만 삼천오백오십 명이었더라

(민 1:47) 그러나 레위인은 그들의 조상의 지파대로 그 계수에 들지 아니하였으니

(민 6:2) 이스라엘 자손에게 전하여 그들에게 이르라 남자나 여자가 특별한 서원 곧 나실인의 서원을 하고 자기 몸을 구별하여 여호와께 드리려고 하면 구별

(민 6:3) 포도주와 독주를 멀리하며 포도주로 된 초나 독주로 된 초를 마시지 말며 포도

즙도 마시지 말며 생포도나 건포도도 먹지 말지니

(민 6:4) 자기 몸을 구별하는 모든 날 동안에는 포도나무 소산은 씨나 껍질이라도 먹지 말지며

(민 6:5) 그 서원을 하고 구별하는 모든 날 동안은 삭도를 절대로 그의 머리에 대지 말 것이라 자기 몸을 구별하여 여호와께 드리는 날이 차기까지 그는 거룩한즉 그의 머리털을 길게 자라게 할 것이며

(민 6:6) 자기의 몸을 구별하여 여호와께 드리는 모든 날 동안은 시체를 가까이 하지 말 것이요

(민 6:24) 여호와는 네게 복을 주시고 너를 지키시기를 원하며

(민 6:25) 여호와는 그의 얼굴을 네게 비추사 은혜 베푸시기를 원하며

(민 6:26) 여호와는 그 얼굴을 네게로 향하여 드사 평강 주시기를 원하노라 할지니라 하라

(민 10:35) 궤가 떠날 때에는 모세가 말하되 여호와여 일어나사 주의 대적들을 흩으시고 주를 미워하는 자가 주 앞에서 도망하게 하소서 하였고

(민 10:36) 궤가 쉴 때에는 말하되 여호와여 이스라엘 종족들에게로 돌아오소서 하였더라

(민 11:7) 만나는 깟씨와 같고 모양은 진주와 같은 것이라

(민 12:8) 그와는 내가 대면하여 명백히 말하고 은밀한 말로 하지 아니하며 그는 또 여호와의 형상을 보거늘 너희가 어찌하여 내 종 모세 비방하기를 두려워하지 아니하느냐

(민 12:9) 여호와께서 그들을 향하여 진노하시고 떠나시매

(민 12:10) 구름이 장막 위에서 떠나갔고 미리암은 나병에 걸려 눈과 같더라 아론이 미리암을 본즉 나병에 걸렸는지라

(민 13:23) 또 에스골 골짜기에 이르러 거기서 포도송이가 달린 가지를 베어 둘이 막대기에 꿰어 메고 또 석류와 무화과를 따니라

(민 14:8) 여호와께서 우리를 기뻐하시면 우리를 그 땅으로 인도하여 들이시고 그 땅을 우리에게 주시리라 이는 과연 젖과 꿀이 흐르는 땅이니라

(민 14:9) 다만 여호와를 거역하지는 말라 또 그 땅 백성을 두려워하지 말라 그들은 우리의 먹이라 그들의 보호자는 그들에게서 떠났고 여호와는 우리와 함께 하시느니라 그들을 두려워하지 말라 하나

(민 14:30) 여분네의 아들 갈렙과 눈의 아들 여호수아 외에는 내가 맹세하여 너희에게 살게 하리라 한 땅에 결단코 들어가지 못하리라

(민 16:49) 고라의 일로 죽은 자 외에 염병에 죽은 자가 만 사천칠백 명이었더라

(민 17:8) 이튿날 모세가 증거의 장막에 들어가 본즉 레위 집을 위하여 낸 아론의 지팡이에 움이 돋고 순이 나고 꽃이 피어서 살구 열매가 열렸더라

(민 20:10) 모세와 아론이 회중을 그 반석 앞에 모으고 모세가 그들에게 이르되 반역한 너희여 들으라 우리가 너희를 위하여 이 반석에서 물을 내랴 하고

(민 20:11) 모세가 그의 손을 들어 그의 지팡이로 반석을 두 번 치니 물이 많이 솟아나오므로 회중과 그들의 짐승이 마시니라

(민 20:12) 여호와께서 모세와 아론에게 이르시되 너희가 나를 믿지 아니하고 이스라엘 자손의 목전에서 내 거룩함을 나타내지 아니한 고로 너희는 이 회중을 내가 그들에게 준 땅으로 인도하여 들이지 못하리라 하시니라

(민 20:13) 이스라엘 자손이 여호와와 다투었으므로 이를 므리바 물이라 하니라 여호와께서 그들 중에서 그 거룩함을 나타내셨더라

(민 22:28) 여호와께서 나귀 입을 여시니 발람에게 이르되 내가 당신에게 무엇을 하였기에 나를 이같이 세 번을 때리느냐

(민 22:33) 나귀가 나를 보고 이같이 세 번을 돌이켜 내 앞에서 피하였느니라 나귀가 만일 돌이켜 나를 피하지 아니하였더면 내가 벌써 너를 죽이고 나귀는 살렸으리라

(민 23:19) 하나님은 사람이 아니시니 거짓말을 하지 않으시고 인생이 아니시니 후회가 없으시도다 어찌 그 말씀하신 바를 행하지 않으시며 하신 말씀을 실행하지 않

으시랴

(민 26:51) 이스라엘 자손의 계수된 자가 육십만 천칠백삼십 명이었더라

(민 27:18) 여호와께서 모세에게 이르시되 눈의 아들 여호수아는 그 안에 영이 머무는 자
니 너는 데려다가 그에게 안수하고

(민 30:2) 사람이 여호와께 서원하였거나 결심하고 서약하였으면 깨뜨리지 말고 그가 입
으로 말한 대로 다 이행할 것이니라

(민 31:23) 불에 견딜 만한 모든 물건은 불을 지나게 하라 그리하면 깨끗하려니와 다만
정결하게 하는 물로 그것을 깨끗하게 할 것이며 불에 견디지 못할 모든 것은 물
을 지나게 할 것이니라

(민 35:7) 너희가 레위인에게 모두 사십팔 성읍을 주고 그 초장도 함께 주되

(민 35:14) 세 성읍은 요단 이쪽에 두고 세 성읍은 가나안 땅에 두어 도피성이 되게 하라

5. 신명기

1. 신명기 핵심개관

1. 신명기는 모세의 유언서입니다. 광야에서 태어난 새 세대에게 전부터 있었던 율법을 설명하고 부분적으로 재언급을 한 것입니다.

2. 신명기 1:30에서 모세는 앞서 행하시는 하나님이심을 말하면서 왜 하나님께서 이스라엘을 징계하셨는지를 설명합니다. 첫째로 하나님을 믿지 않았기 때문이며(1:32) 둘째 불평과 원망의 결과이며(1:34) 셋째 악한 세대(불신의 세대)이므로 (1:35) 징계하신 것입니다.

3. 신명기 5장에서는 십계명의 반복이 나오는데 이는 출애굽기의 십계명과 차이가 있습니다. 출애굽기에서는 창조사역을 강조하고 있으나 신명기에서는 출애굽의 의미를 강조하고 있습니다.

4. 왜 이스라엘은 예루살렘을 중심으로 성전을 짓고 하나님을 경배하게 되었는가에 대해 신명기 12:5과 11절이 성경적 근거입니다. "오직 너희의 하나님 여호와께서 자기의 이름을 두시려고 너희 모든 지파 중에서 택하신 곳인 그 계실 곳으로 찾아 나아가서"(신 12:5) "너희는 너희의 하나님 여호와께서 자기 이름을 두시려고 택하실 그 곳으로 내가 명령하는 것을 모두 가지고 갈지니 곧 너희의 번제와 너희의 희생과 너희의 십일조와 너희 손의 거제와 너희가 여호와께서 원하시는 모든 아름다운 서원물을 가져가고"(신 12:11)

5. 모세가 가나안땅에 들어가지 못한 것은 므리바 물가에서 하나님의 거룩함을 가렸기 때문입니다(32:51) "이는 너희가 신 광야 가데스의 므리바 물 가에서 이스라엘 자손 중 내게 범죄하여 내 거룩함을 이스라엘 자손 중에서 나타내

지 아니한 까닭이라 네가 비록 내가 이스라엘 자손에게 주는 땅을 맞은편에서 바라보기는 하려니와 그리로 들어가지는 못하리라 하시니라"(신 32:51-52)

6. 신명기 34장은 모세의 예언이거나 아니면 여호수아의 첨가로 보입니다. 그것이 무엇이든 본문이 하나님의 말씀이라는 데는 변함이 없습니다.

2. 신명기 중요성경구절

(신 2:14) 가데스 바네아에서 떠나 세렛 시내를 건너기까지 삼십팔 년 동안이라 이 때에는 그 시대의 모든 군인들이 여호와께서 그들에게 맹세하신 대로 진영 중에서 다 멸망하였나니

(신 4:24) 네 하나님 여호와는 소멸하는 불이시요 질투하시는 하나님이시니라

(신 4:39) 그런즉 너는 오늘 위로 하늘에나 아래로 땅에 오직 여호와는 하나님이시요 다른 신이 없는 줄을 알아 명심하고

(신 5:10) 나를 사랑하고 내 계명을 지키는 자에게는 천 대까지 은혜를 베푸느니라

(신 6:4) 이스라엘아 들으라 우리 하나님 여호와는 오직 유일한 여호와이시니

(신 6:5) 너는 마음을 다하고 뜻을 다하고 힘을 다하여 네 하나님 여호와를 사랑하라

(신 6:6) 오늘 내가 네게 명하는 이 말씀을 너는 마음에 새기고

(신 6:7) 네 자녀에게 부지런히 가르치며 집에 앉았을 때에든지 길을 갈 때에든지 누워 있을 때에든지 일어날 때에든지 이 말씀을 강론할 것이며

(신 6:8) 너는 또 그것을 네 손목에 매어 기호를 삼으며 네 미간에 붙여 표로 삼고

(신 6:9) 또 네 집 문설주와 바깥 문에 기록할지니라

(신 6:16) 너희가 맛사에서 시험한 것 같이 너희의 하나님 여호와를 시험하지 말고

(신 8:3) 너를 낮추시며 너를 주리게 하시며 또 너도 알지 못하며 네 조상들도 알지 못하던 만나를 네게 먹이신 것은 사람이 떡으로만 사는 것이 아니요 여호와의 입에

서 나오는 모든 말씀으로 사는 줄을 네가 알게 하려 하심이니라

(신 8:4) 이 사십 년 동안에 네 의복이 해어지지 아니하였고 네 발이 부르트지 아니하였느니라

(신 10:16) 그러므로 너희는 마음에 할례를 행하고 다시는 목을 곧게 하지 말라

(신 11:14) 여호와께서 너희의 땅에 이른 비, 늦은 비를 적당한 때에 내리시리니 너희가 곡식과 포도주와 기름을 얻을 것이요

(신 11:29) 네 하나님 여호와께서 네가 가서 차지할 땅으로 너를 인도하여 들이실 때에 너는 그리심 산에서 축복을 선포하고 에발 산에서 저주를 선포하라

(신 14:22) 너는 마땅히 매 년 토지 소산의 십일조를 드릴 것이며

(신 14:23) 네 하나님 여호와 앞 곧 여호와께서 그의 이름을 두시려고 택하신 곳에서 네 곡식과 포도주와 기름의 십일조를 먹으며 또 네 소와 양의 처음 난 것을 먹고 네 하나님 여호와 경외하기를 항상 배울 것이니라

(신 15:4-5) 네가 만일 네 하나님 여호와의 말씀만 듣고 내가 오늘 네게 내리는 그 명령을 다 지켜 행하면 네 하나님 여호와께서 네게 기업으로 주신 땅에서 네가 반드시 복을 받으리니 너희 중에 가난한 자가 없으리라

(신 16:20) 너는 마땅히 공의만을 따르라 그리하면 네가 살겠고 네 하나님 여호와께서 네게 주시는 땅을 차지하리라

(신 16:21) 네 하나님 여호와를 위하여 쌓은 제단 곁에 어떤 나무로든지 아세라 상을 세우지 말며

(신 16:22) 자기를 위하여 주상을 세우지 말라 네 하나님 여호와께서 미워하시느니라

(신 23:18) 창기가 번 돈과 개 같은 자의 소득은 어떤 서원하는 일로든지 네 하나님 여호와의 전에 가져오지 말라 이 둘은 다 네 하나님 여호와께 가증한 것임이니라

(신 23:21) 네 하나님 여호와께 서원하거든 갚기를 더디하지 말라 네 하나님 여호와께서 반드시 그것을 네게 요구하시리니 더디면 그것이 네게 죄가 될 것이라

(신 25:4) 곡식 떠는 소에게 망을 씌우지 말지니라

(신 28:1) 네가 네 하나님 여호와의 말씀을 삼가 듣고 내가 오늘 네게 명령하는 그의 모든 명령을 지켜 행하면 네 하나님 여호와께서 너를 세계 모든 민족 위에 뛰어나게 하실 것이라

(신 28:2) 네가 네 하나님 여호와의 말씀을 청종하면 이 모든 복이 네게 임하며 네게 이르리니

(신 28:3) 성읍에서도 복을 받고 들에서도 복을 받을 것이며

(신 28:4) 네 몸의 자녀와 네 토지의 소산과 네 짐승의 새끼와 소와 양의 새끼가 복을 받을 것이며

(신 28:5) 네 광주리와 떡 반죽 그릇이 복을 받을 것이며

(신 28:6) 네가 들어와도 복을 받고 나가도 복을 받을 것이니라

(신 28:7) 여호와께서 너를 대적하기 위해 일어난 적군들을 네 앞에서 패하게 하시리라 그들이 한 길로 너를 치러 들어왔으나 네 앞에서 일곱 길로 도망하리라

(신 28:12) 여호와께서 너를 위하여 하늘의 아름다운 보고를 여시사 네 땅에 때를 따라 비를 내리시고 네 손으로 하는 모든 일에 복을 주시리니 네가 많은 민족에게 꾸어줄지라도 너는 꾸지 아니할 것이요

(신 28:13) 여호와께서 너를 머리가 되고 꼬리가 되지 않게 하시며 위에만 있고 아래에 있지 않게 하시리니 오직 너는 내가 오늘 네게 명령하는 네 하나님 여호와의 명령을 듣고 지켜 행하며

(신 28:15) 네가 만일 네 하나님 여호와의 말씀을 순종하지 아니하여 내가 오늘 네게 명령하는 그의 모든 명령과 규례를 지켜 행하지 아니하면 이 모든 저주가 네게 임하며 네게 이를 것이니

(신 30:11) 내가 오늘 네게 명령한 이 명령은 네게 어려운 것도 아니요 먼 것도 아니라

(신 30:15) 보라 내가 오늘 생명과 복과 사망과 화를 네 앞에 두었나니

(신 31:6) 너희는 강하고 담대하라 두려워하지 말라 그들 앞에서 떨지 말라 이는 네 하나님 여호와 그가 너와 함께 가시며 결코 너를 떠나지 아니하시며 버리지 아니하

실 것임이라 하고

(신 32:2) 내 교훈은 비처럼 내리고 내 말은 이슬처럼 맺히나니 연한 풀 위의 가는 비 같고 채소 위의 단비 같도다

(신 32:10) 여호와께서 그를 황무지에서, 짐승이 부르짖는 광야에서 만나시고 호위하시며 보호하시며 자기의 눈동자 같이 지키셨도다

(신 32:11) 마치 독수리가 자기의 보금자리를 어지럽게 하며 자기의 새끼 위에 너풀거리며 그의 날개를 펴서 새끼를 받으며 그의 날개 위에 그것을 업는 것 같이

(신 32:12) 여호와께서 홀로 그를 인도하셨고 그와 함께 한 다른 신이 없었도다

(신 33:29) 이스라엘이여 너는 행복한 사람이로다 여호와의 구원을 너 같이 얻은 백성이 누구냐 그는 너를 돕는 방패시요 네 영광의 칼이시로다 네 대적이 네게 복종하리니 네가 그들의 높은 곳을 밟으리로다

(신 34:7) 모세가 죽을 때 나이 백이십 세였으나 그의 눈이 흐리지 아니하였고 기력이 쇠하지 아니하였더라

6. 여호수아

1. 여호수아 핵심개관

1. 여호수아의 구조는 다음과 같습니다. 여호수아 1-12장은 가나안정복에 관한 내용이고 13-24장은 가나안 땅의 분할에 관한 내용입니다.
2. 여호수아는 순종의 종으로 출애굽을 이룩한 모세를 계승하여 가나안땅을 정복합니다.
3. 여호수아가 여리고성을 함락시킬 수 있었던 것은 그의 믿음 때문이었습니다. 여리고성의 멸망은 세상 끝날의 멸망을 상징적으로 보여줍니다.
4. 아간은 여리고에서 구별하라는 명령(수 7:17-18)에 불순종했습니다. 그 결과로 아이성에서 패배케 되는 원인이 되었습니다.
5. 갈렙은 정탐꾼으로 가나안땅에 갔을 때 여호수아와 함께 긍정적인 보고를 했기에 옛날의 공로를 내세워 유리한 요구를 할 수 있는 입장에도 불구하고 자신의 공로나 욕심을 내세우지 않고 85세의 고형임에도 불구하고 아직 정복하지 못한 땅 그것도 아낙자손이 차지하고 있는 정복하기 힘든 땅을 요청하였습니다. 그 결과로 헤브론을 차지하는 축복을 받았습니다.(수 14:13-15)
6. 여호수아의 유명한 설교 내용은 "오직 나와 내 집은 여호와를 섬기겠노라"(수 24:15)의 말씀입니다. 여기서 여호수아는 일곱가지의 내용을 선포했습니다. 첫째 하나님은 너희를 위하여 싸우셨다. 둘째 하나님께서는 너희로 하여금 가나안땅을 차지하게 하실 것이다. 셋째, 율법을 지켜 행하라 넷째, 우상숭배를 하지 말라 다섯째, 하나님을 사랑하라 여섯째, 이방인과 결혼하지 말라 일곱째, 하나님의 말씀을 지키면 복을 받고 불순종하며 망한다.

2. 여호수아 중요성경구절

(수 1:3) 내가 모세에게 말한 바와 같이 너희 발바닥으로 밟는 곳은 모두 내가 너희에게
주었노니

(수 1:4) 곧 광야와 이 레바논에서부터 큰 강 곧 유브라데 강까지 헷 족속의 온 땅과 또 해
지는 쪽 대해까지 너희의 영토가 되리라

(수 1:5) 네 평생에 너를 능히 대적할 자가 없으리니 내가 모세와 함께 있었던 것 같이 너
와 함께 있을 것임이라 내가 너를 떠나지 아니하며 버리지 아니하리니

(수 1:7) 오직 강하고 극히 담대하여 나의 종 모세가 네게 명령한 그 율법을 다 지켜 행하
고 우로나 좌로나 치우치지 말라 그리하면 어디로 가든지 형통하리니

(수 1:8) 이 율법책을 네 입에서 떠나지 말게 하며 주야로 그것을 묵상하여 그 안에 기록
된 대로 다 지켜 행하라 그리하면 네 길이 평탄하게 될 것이며 네가 형통하리라

(수 3:17) 여호와의 언약궤를 멘 제사장들은 요단 가운데 마른 땅에 굳게 섰고 그 모든 백
성이 요단을 건너기를 마칠 때까지 모든 이스라엘은 그 마른 땅으로 건너갔더라

(수 5:10) 또 이스라엘 자손들이 길갈에 진 쳤고 그 달 십사일 저녁에는 여리고 평지에
서 유월절을 지켰으며

(수 5:15) 여호와의 군대 대장이 여호수아에게 이르되 네 발에서 신을 벗으라 네가 선 곳
은 거룩하니라 하니 여호수아가 그대로 행하니라

(수 6:3) 너희 모든 군사는 그 성을 둘러 성 주위를 매일 한 번씩 돌되 엿새 동안을 그리
하라

(수 6:4) 제사장 일곱은 일곱 양각 나팔을 잡고 언약궤 앞에서 나아갈 것이요 일곱째 날
에는 그 성을 일곱 번 돌며 그 제사장들은 나팔을 불 것이며

(수 10:12) 여호와께서 아모리 사람을 이스라엘 자손에게 넘겨 주시던 날에 여호수아가
여호와께 아뢰어 이스라엘의 목전에서 이르되 태양아 너는 기브온 위에 머무르

라 달아 너도 아얄론 골짜기에서 그리할지어다 하매

(수 10:13) 태양이 머물고 달이 멈추기를 백성이 그 대적에게 원수를 갚기까지 하였느니라 야살의 책에 태양이 중천에 머물러서 거의 종일토록 속히 내려가지 아니하였다고 기록되지 아니하였느냐

(수 11:23) 이와 같이 여호수아가 여호와께서 모세에게 말씀하신 대로 그 온 땅을 점령하여 이스라엘 지파의 구분에 따라 기업으로 주매 그 땅에 전쟁이 그쳤더라

(수 12:1) 이스라엘 자손이 요단 저편 해 돋는 쪽 곧 아르논 골짜기에서 헤르몬 산까지의 동쪽 온 아라바를 차지하고 그 땅에서 쳐죽인 왕들은 이러하니라

(수 12:24) 하나는 디르사 왕이라 모두 서른한 왕이었더라

(수 21:45) 여호와께서 이스라엘 족속에게 말씀하신 선한 말씀이 하나도 남음이 없이 다 응하였더라

(수 23:10) 너희 중 한 사람이 천 명을 쫓으리니 이는 너희의 하나님 여호와 그가 너희에게 말씀하신 것 같이 너희를 위하여 싸우심이라

(수 24:15) 만일 여호와를 섬기는 것이 너희에게 좋지 않게 보이거든 너희 조상들이 강 저쪽에서 섬기던 신들이든지 또는 너희가 거주하는 땅에 있는 아모리 족속의 신들이든지 너희가 섬길 자를 오늘 택하라 오직 나와 내 집은 여호와를 섬기겠노라 하니

(수 24:32) 또 이스라엘 자손이 애굽에서 가져 온 요셉의 뼈를 세겜에 장사하였으니 이곳은 야곱이 백 크시타를 주고 세겜의 아버지 하몰의 자손들에게서 산 밭이라 그것이 요셉 자손의 기업이 되었더라

7. 사사기

1. 사사기 핵심개관

1. 사사기는 이스라엘이 가나안인을 내어 쫓는데 실패한 결과의 역사(주전 1401-1100)를 기록하고 있습니다.

2. 사사란 '재판관'이란 뜻으로 하나님의 말씀을 전달하는 사람입니다. 이들은 평화의 시기에는 여러 가지 문제들을 해결하고 전쟁 시에는 앞서 싸우는 장군의 역할을 감당했습니다.

3. 사사시대는 범죄-심판-회개-구원(1-16장) 네 가지 주제가 일곱 번이나 반복되었던 죄의 순환시대였습니다.

4. 이스라엘이 7부족으로부터 압제의 고통을 당하게 되는데 세 가지의 이유가 있었습니다. 첫째 가나안 족속들을 진멸하고 내어 쫓으라고 한 명령에 불순종했고 둘째 주변의 이방족속들의 우상숭배를 본받았으며 세째 가나안 정복 때의 믿음의 사람들이 전부 죽었기 때문에 조상 때의 믿음을 다 잃어 버렸기 때문입니다.

5. 사사들의 이름은 다음과 같습니다. 옷니엘(유다지파), 에훗(베냐민지파), 삼갈(기록이 없음), 드보라(에브라임지파), 바락(납달리지파), 기드온(므낫세지파), 돌라(잇사갈지파), 야일(므낫쎄지파), 입다(므낫세지파), 입산(유다지파), 엘론(스불론지파), 압돈(에브라임지파), 삼손(단지파), 엘리(레위지파), 사무엘(레위지파)

6. 사사기 17-21장은 사사시대가 얼마나 영적 암흑시대였는지를 보여주고 있습니다. 17장에 미가는 훔친 200세겔을 가지고 그의 어머니가 우상들을 만

드는데 충당을 하고(17:2-3) 미가도 신당을 가지고 있어서 에봇과 드라빔(길흉을 점치는 우상)을 만들었습니다. 어머니는 아들 미가에게 에봇과 드라빔을 입혀서 제사장으로 삼고 있습니다.(17:5-6) 18장에서는 단 지파를 이주시켜 그곳을 '단'이라 칭하는데 이곳이 우상숭배의 본거지였습니다. 19장은 도망간 레위인 첩의 이야기가 나오고 20-21장에서는 동족상잔의 죄를 기록하고 있습니다.

2. 사사기 중요성경구절

(삿 3:31) 에훗 후에는 아낫의 아들 삼갈이 있어 소 모는 막대기로 블레셋 사람 육백 명을 죽였고 그도 이스라엘을 구원하였더라

(삿 5:31) 여호와여 주의 원수들은 다 이와 같이 망하게 하시고 주를 사랑하는 자들은 해가 힘 있게 돋음 같게 하시옵소서 하니라 그 땅이 사십 년 동안 평온하였더라

(삿 6:15) 그러나 기드온이 그에게 대답하되 오 주여 내가 무엇으로 이스라엘을 구원하리이까 보소서 나의 집은 므낫세 중에 극히 약하고 나는 내 아버지 집에서 가장 작은 자니이다 하니

(삿 6:24) 기드온이 여호와를 위하여 거기서 제단을 쌓고 그것을 여호와 살롬이라 하였더라 그것이 오늘까지 아비에셀 사람에게 속한 오브라에 있더라

(삿 7:3) 이제 너는 백성의 귀에 외쳐 이르기를 누구든지 두려워 떠는 자는 길르앗 산을 떠나 돌아가라 하라 하시니 이에 돌아간 백성이 이만 이천 명이요 남은 자가 만 명이었더라

(삿 7:6) 손으로 움켜 입에 대고 핥는 자의 수는 삼백 명이요 그 외의 백성은 다 무릎을 꿇고 물을 마신지라

(삿 7:16) 삼백 명을 세 대로 나누어 각 손에 나팔과 빈 항아리를 들리고 항아리 안에는

횃불을 감추게 하고

(삿 7:17) 그들에게 이르되 너희는 나만 보고 내가 하는 대로 하되 내가 그 진영 근처에
이르러서 내가 하는 대로 너희도 그리하여

(삿 7:18) 나와 나를 따르는 자가 다 나팔을 불거든 너희도 모든 진영 주위에서 나팔을 불
며 이르기를 여호와를 위하라, 기드온을 위하라 하라 하니라

(삿 9:5) 오브라에 있는 그의 아버지의 집으로 가서 여룹바알의 아들 곧 자기 형제 칠십
명을 한 바위 위에서 죽였으되 다만 여룹바알의 막내 아들 요담은 스스로 숨었
으므로 남으니라

(삿 9:9) 감람나무가 그들에게 이르되 내게 있는 나의 기름은 하나님과 사람을 영화롭
게 하나니 내가 어찌 그것을 버리고 가서 나무들 위에 우쭐대리요 한지라 시
104:15

(삿 9:10) 나무들이 또 무화과나무에게 이르되 너는 와서 우리 위에 왕이 되라 하매

(삿 9:11) 무화과나무가 그들에게 이르되 나의 단 것과 나의 아름다운 열매를 내가 어찌
버리고 가서 나무들 위에 우쭐대리요 한지라

(삿 9:12) 나무들이 또 포도나무에게 이르되 너는 와서 우리 위에 왕이 되라 하매

(삿 9:13) 포도나무가 그들에게 이르되 하나님과 사람을 기쁘게 하는 내 포도주를 내가
어찌 버리고 가서 나무들 위에 우쭐대리요 한지라

(삿 9:15) 가시나무가 나무들에게 이르되 만일 너희가 참으로 내게 기름을 부어 너희 위
에 왕으로 삼겠거든 와서 내 그늘에 피하라 그리하지 아니하면 불이 가시나무에
서 나와서 레바논의 백향목을 사를 것이니라 하였느니라

(삿 11:31) 내가 암몬 자손에게서 평안히 돌아올 때에 누구든지 내 집 문에서 나와서 나를
영접하는 그는 여호와께 돌릴 것이니 내가 그를 번제물로 드리겠나이다 하니라

(삿 11:34) 입다가 미스바에 있는 자기 집에 이를 때에 보라 그의 딸이 소고를 잡고 춤추
며 나와서 영접하니 이는 그의 무남독녀라

(삿 14:6) 여호와의 영이 삼손에게 강하게 임하니 그가 손에 아무것도 없이 그 사자를 염

소 새끼를 찢는 것 같이 찢었으나 그는 자기가 행한 일을 부모에게 알리지 아니하였더라

(삿 15:15) 삼손이 나귀의 새 턱뼈를 보고 손을 내밀어 집어들고 그것으로 천 명을 죽이고

(삿 15:16) 이르되 나귀의 턱뼈로 한 더미, 두 더미를 쌓았음이여 나귀의 턱뼈로 내가 천 명을 죽였도다 하니라

(삿 15:19) 하나님이 레히에서 한 우묵한 곳을 터뜨리시니 거기서 물이 솟아나오는지라 삼손이 그것을 마시고 정신이 회복되어 소생하니 그러므로 그 샘 이름을 엔학고레라 불렀으며 그 샘이 오늘까지 레히에 있더라

(삿 17:6) 그 때에는 이스라엘에 왕이 없었으므로 사람마다 자기 소견에 옳은 대로 행하였더라

(삿 20:35) 여호와께서 이스라엘 앞에서 베냐민을 치시매 당일에 이스라엘 자손이 베냐민 사람 이만 오천백 명을 죽였으니 다 칼을 빼는 자였더라

8. 룻기

1. 룻기 핵심개관

1. 룻기는 구약성경에서 짧은 책 가운데 하나이지만 훗날 성경역사에 큰 영향을 미친 책입니다. 그 이유는 다윗의 할아버지인 오벳이 태어나기 때문입니다. 이것은 마태복음과 누가복음에 메시아의 족보에 나옵니다.
2. 룻기는 사사기와 달리 전쟁의 이야기가 아닌 평화의 이야기입니다.
3. 룻기 2장에서는 나오미의 친족인 보아스에 대한 소개로 시작합니다. 여기서 놀라운 것은 20절에 나오는 고엘제도입니다. 고엘은 되찾다, 무르다라는 뜻으로 고엘제도는 이스라엘이 분배받은 기업(땅)을 영구히 보존하려는 데 목적이 있었습니다. 고엘된 자(무를 자)는 가난한 친척의 땅을 다시 사 주어야 했습니다.(레 25:25, 룻 4:1-8). 자녀가 없이 죽은 경우에는 그 미망인과 결혼해야 할 의무가 있었습니다. 고엘의 자격은 혈연관계가 있어야 하며(신 25:5, 7) 기업을 무를 능력도 있어야 했습니다.
4. 룻기는 룻의 헌신적인 믿음과 사랑(1-2장), 룻에 대한 하나님의 보상(3-4장)에 대한 내용입니다.

2. 룻기 중요성경구절

(룻 1:16) 룻이 이르되 내게 어머니를 떠나며 어머니를 따르지 말고 돌아가라 강권하지 마옵소서 어머니께서 가시는 곳에 나도 가고 어머니께서 머무시는 곳에서 나도 머물겠나이다 어머니의 백성이 나의 백성이 되고 어머니의 하나님이 나의 하나

님이 되시리니

(룻 1:17) 어머니께서 죽으시는 곳에서 나도 죽어 거기 묻힐 것이라 만일 내가 죽는 일
외에 어머니를 떠나면 여호와께서 내게 벌을 내리시고 더 내리시기를 원하나이
다 하는지라

(룻 1:20) 나오미가 그들에게 이르되 나를 나오미라 부르지 말고 나를 2)마라라 부르라
이는 전능자가 나를 심히 괴롭게 하셨음이니라

(룻 4:21) 살몬은 보아스를 낳았고 보아스는 오벳을 낳았고

(룻 4:22) 오벳은 이새를 낳고 이새는 다윗을 낳았더라

9. 사무엘상

1. 사무엘상 핵심개관

1. 히브리성경에는 사무엘서가 상과 하로 나뉘어 있지 않습니다. 그러나 두루마리에 쓰기에는 내용이 방대해서 후에 70인역 때 자연스럽게 나뉘어졌습니다.
2. 사무엘이라는 이름의 뜻은 '하나님께 구하여 얻었다'는 뜻으로 마지막 사사로서 사울과 다윗에게 기름을 부어 통일왕국의 기초를 세운 사람입니다.
3. 사무엘서는 단순한 역사적 전기가 아니라 이스라엘에 국가적 정체성을 갖게된 배경과 인물들을 통해 영적 교훈을 주는 책입니다.
4. 사무엘상은 네 인물을 중심으로 기록되어 있습니다.
   · 엘리(1-4장) · 사무엘(5-8장) · 사울(9-15장) · 다윗(16-31장)
5. 사울은 초창기에는 겸손했습니다. 그래서 왕으로 추대되었고 전쟁에서도 승리했습니다. 그러나 그는 연달아 큰 실수를 하게 되는 먼저 제사장직을 수행했습니다.(13:1-10) 사무엘은 사울의 월군 행위를 책망했습니다. 두 번째 큰 실수는 사무엘상 15장에 나오는 아말렉을 진멸하라는 명령에 불순종한 일입니다. 이것 또한 책임을 전가했고 결국 사울의 왕국이 유지되지 못하고 사울의 종말로 끝나게 된 것입니다.

2. 사무엘상 중요성경구절

(삼상 1:11) 서원하여 이르되 만군의 여호와여 만일 주의 여종의 고통을 돌보시고 나를 기억하사 주의 여종을 잊지 아니하시고 주의 여종에게 아들을 주시면 내가 그의

평생에 그를 여호와께 드리고 삭도를 그의 머리에 대지 아니하겠나이다

(삼상 1:20) 한나가 임신하고 때가 이르매 아들을 낳아 사무엘이라 이름하였으니 이는 내가 여호와께 그를 구하였다 함이더라

(삼상 2:6) 여호와는 죽이기도 하시고 살리기도 하시며 스올에 내리게도 하시고 거기에서 올리기도 하시는도다

(삼상 2:7) 여호와는 가난하게도 하시고 부하게도 하시며 낮추기도 하시고 높이기도 하시는도다

(삼상 7:2) 궤가 기럇여아림에 들어간 날부터 이십 년 동안 오래 있은지라 이스라엘 온 족속이 여호와를 사모하니라

(삼상 7:10) 사무엘이 번제를 드릴 때에 블레셋 사람이 이스라엘과 싸우려고 가까이 오매 그 날에 여호와께서 블레셋 사람에게 큰 우레를 발하여 그들을 어지럽게 하시니 그들이 이스라엘 앞에 패한지라

(삼상 7:12) 사무엘이 돌을 취하여 미스바와 센 사이에 세워 이르되 여호와께서 여기까지 우리를 도우셨다 하고 그 이름을 에벤에셀이라 하니라

(삼상 8:7) 여호와께서 사무엘에게 이르시되 백성이 네게 한 말을 다 들으라 이는 그들이 너를 버림이 아니요 나를 버려 자기들의 왕이 되지 못하게 함이니라

(삼상 12:23) 나는 너희를 위하여 기도하기를 쉬는 죄를 여호와 앞에 결단코 범하지 아니하고 선하고 의로운 길을 너희에게 가르칠 것인즉

(삼상 14:6) 요나단이 자기의 무기를 든 소년에게 이르되 우리가 이 할례 받지 않은 자들에게로 건너가자 여호와께서 우리를 위하여 일하실까 하노라 여호와의 구원은 사람이 많고 적음에 달리지 아니하였느니라

(삼상 15:22) 사무엘이 이르되 여호와께서 번제와 다른 제사를 그의 목소리를 청종하는 것을 좋아하심 같이 좋아하시겠나이까 순종이 제사보다 낫고 듣는 것이 숫양의 기름보다 나으니

(삼상 15:23) 이는 거역하는 것은 점치는 죄와 같고 완고한 것은 사신 우상에게 절하는

죄와 같음이라 왕이 여호와의 말씀을 버렸으므로 여호와께서도 왕을 버려 왕이 되지 못하게 하셨나이다 하니

(삼상 15:29) 이스라엘의 지존자는 거짓이나 변개함이 없으시니 그는 사람이 아니시므로 결코 변개하지 않으심이니이다 하니

(삼상 16:23) 하나님께서 부리시는 악령이 사울에게 이를 때에 다윗이 수금을 들고 와서 손으로 탄즉 사울이 상쾌하여 낫고 악령이 그에게서 떠나더라

(삼상 17:45) 다윗이 블레셋 사람에게 이르되 너는 칼과 창과 단창으로 내게 나아 오거니와 나는 만군의 여호와의 이름 곧 네가 모욕하는 이스라엘 군대의 하나님의 이름으로 네게 나아가노라

(삼상 17:46) 오늘 여호와께서 너를 내 손에 넘기시리니 내가 너를 쳐서 네 목을 베고 블레셋 군대의 시체를 오늘 공중의 새와 땅의 들짐승에게 주어 온 땅으로 이스라엘에 하나님이 계신 줄 알게 하겠고

(삼상 17:47) 또 여호와의 구원하심이 칼과 창에 있지 아니함을 이 무리에게 알게 하리라 전쟁은 여호와께 속한 것인즉 그가 너희를 우리 손에 넘기시리라

(삼상 23:14) 다윗이 광야의 요새에도 있었고 또 십 광야 산골에도 머물렀으므로 사울이 매일 찾되 하나님이 그를 그의 손에 넘기지 아니하시니라

(삼상 24:6) 자기 사람들에게 이르되 내가 손을 들어 여호와의 기름 부음을 받은 내 주를 치는 것은 여호와께서 금하시는 것이니 그는 여호와의 기름 부음을 받은 자가 됨이니라 하고

(삼상 24:17) 다윗에게 이르되 나는 너를 학대하되 너는 나를 선대하니 너는 나보다 의롭도다

(삼상 26:25) 사울이 다윗에게 이르되 내 아들 다윗아 네게 복이 있을지로다 네가 큰 일을 행하겠고 반드시 승리를 얻으리라 하니라 다윗은 자기 길로 가고 사울은 자기 곳으로 돌아가니라

10. 사무엘하

1. 사무엘하 핵심개관

1. 사무엘하는 다윗의 왕권이 어떻게 확립되었는지를 기록하고 있습니다.
2. 다윗왕국의 확장과 범죄로 인한 시련을 기록하고 있고 솔로몬의 시대로 이양 되기까지 과정을 기록하고 있습니다.
3. 다윗은 헤브론에서 7년 반 동안 유다를 통치했고 예루살렘에서 33년 간 이스라엘을 통치하였습니다.
4. 다윗의 전쟁 기록을 보면 크게 일곱 차례나 됩니다.

블레셋(삼하 5:17-25), 모압(삼하 8:2), 소바(삼하 8:3-4), 다메섹(삼하 8:5-6), 하맛(삼하 8:9-10), 에돔(삼하 8:13-14), 암몬(삼하 10:1-14) 등이며 그 중에서 가장 중요한 것은 블레셋과의 전쟁입니다. 대부분 블레셋이 승리했고 그 이유로는 그들에게는 철로 된 무기들이 있었고 한 덩어리(아스글론, 아스돗, 가드, 가사, 에그론)로 싸울 수 있었기 때문입니다. 그래서 사울왕도 전사했으나 다윗이 블레셋을 물리친 것은 중요한 사건입니다.

5. 다윗이 범죄했으나(사무엘하 10-11장) 12장에서 회개하고 있습니다.(삼하 12:13) "내가 여호와께 죄를 범하였노라" 이것이 다윗의 위대한 점이었습니다. 그래서 사무엘상 13:14에서 "여호와께서 그의 마음에 맞는 사람"으로 다윗을 지목했던 것입니다.
6. 다윗이 지은 죄의 결과(삼하 12-15장)로 불륜의 관계에서 얻은 자녀의 죽음 (12:14), 장자인 암논이 다말을 강간한 사건과 압살롬의 복수(13장), 압살롬의 반역(15장) 등 이런 사건들이 나타났습니다.

7. 다윗의 인구조사(24장)로 하나님께 징계를 받게 됩니다. 하나님께서는 세가지 징계 중 하나를 택하라고 합니다. 칠년 기근, 석달동안 쫓겨 다님, 삼일 간 전염병 등입니다. 다윗은 세 번째 징계를 택하여 이스라엘 백성 7만명 죽게 됩니다.

2. 사무엘하 중요성경구절

(삼하 1:18) 명령하여 그것을 유다 족속에게 가르치라 하였으니 곧 활 노래라 야살의 책에 기록되었으되

(삼하 1:21) 길보아 산들아 너희 위에 이슬과 비가 내리지 아니하며 제물 낼 밭도 없을지어다 거기서 두 용사의 방패가 버린 바 됨이니라 곧 사울의 방패가 기름 부음을 받지 아니함 같이 됨이로다

(삼하 1:26) 내 형 요나단이여 내가 그대를 애통함은 그대는 내게 심히 아름다움이라 그대가 나를 사랑함이 기이하여 여인의 사랑보다 더하였도다

(삼하 2:5) 다윗이 길르앗 야베스 사람들에게 전령들을 보내 그들에게 이르되 너희가 너희 주 사울에게 이처럼 은혜를 베풀어 그를 장사하였으니 여호와께 복을 받을지어다

(삼하 3:1) 사울의 집과 다윗의 집 사이에 전쟁이 오래매 다윗은 점점 강하여 가고 사울의 집은 점점 약하여 가니라

(삼하 5:4) 다윗이 나이가 삼십 세에 왕위에 올라 사십 년 동안 다스렸으되

(삼하 5:5) 헤브론에서 칠 년 육 개월 동안 유다를 다스렸고 예루살렘에서 삼십삼 년 동안 온 이스라엘과 유다를 다스렸더라

(삼하 6:6) 그들이 나곤의 타작 마당에 이르러서는 소들이 뛰므로 웃사가 손을 들어 하나님의 궤를 붙들었더니

(삼하 6:7) 여호와 하나님이 웃사가 잘못함으로 말미암아 진노하사 그를 그 곳에서 치시니 그가 거기 하나님의 궤 곁에서 죽으니라

(삼하 6:16) 여호와의 궤가 다윗 성으로 들어올 때에 사울의 딸 미갈이 창으로 내다보다가 다윗 왕이 여호와 앞에서 뛰놀며 춤추는 것을 보고 심중에 그를 업신여기니라

(삼하 6:21) 다윗이 미갈에게 이르되 이는 여호와 앞에서 한 것이니라 그가 네 아버지와 그의 온 집을 버리고 나를 택하사 나를 여호와의 백성 이스라엘의 주권자로 삼으셨으니 내가 여호와 앞에서 뛰놀리라

(삼하 7:2) 왕이 선지자 나단에게 이르되 볼지어다 나는 백향목 궁에 살거늘 하나님의 궤는 휘장 가운데에 있도다

(삼하 7:13) 그는 내 이름을 위하여 집을 건축할 것이요 나는 그의 나라 왕위를 영원히 견고하게 하리라

(삼하 7:14) 나는 그에게 아버지가 되고 그는 내게 아들이 되리니 그가 만일 죄를 범하면 내가 사람의 매와 인생의 채찍으로 징계하려니와

(삼하 7:22) 그런즉 주 여호와여 이러므로 주는 위대하시니 이는 우리 귀로 들은 대로는 주와 같은 이가 없고 주 외에는 신이 없음이니이다

(삼하 7:29) 이제 청하건대 종의 집에 복을 주사 주 앞에 영원히 있게 하옵소서 주 여호와께서 말씀하셨사오니 주의 종의 집이 영원히 복을 받게 하옵소서 하니라

(삼하 11:2) 저녁 때에 다윗이 그의 침상에서 일어나 왕궁 옥상에서 거닐다가 그 곳에서 보니 한 여인이 목욕을 하는데 심히 아름다워 보이는지라

(삼하 12:7) 나단이 다윗에게 이르되 당신이 그 사람이라 이스라엘의 하나님 여호와께서 이와 같이 이르시기를 내가 너를 이스라엘 왕으로 기름 붓기 위하여 너를 사울의 손에서 구원하고

(삼하 12:23) 지금은 죽었으니 내가 어찌 금식하랴 내가 다시 돌아오게 할 수 있느냐 나는 그에게로 가려니와 그는 내게로 돌아오지 아니하리라 하니라

(삼하 12:24) 다윗이 그의 아내 밧세바를 위로하고 그에게 들어가 그와 동침하였더니 그

가 아들을 낳으매 그의 이름을 솔로몬이라 하니라 여호와께서 그를 사랑하사

(삼하 13:30) 그들이 길에 있을 때에 압살롬이 왕의 모든 아들들을 죽이고 하나도 남기지 아니하였다는 소문이 다윗에게 이르매

(삼하 15:23) 온 땅 사람이 큰 소리로 울며 모든 백성이 앞서 건너가매 왕도 기드론 시내를 건너가니 건너간 모든 백성이 광야 길로 향하니라

(삼하 18:9) 압살롬이 다윗의 부하들과 마주치니라 압살롬이 노새를 탔는데 그 노새가 큰 상수리나무 번성한 가지 아래로 지날 때에 압살롬의 머리가 그 상수리나무에 걸리매 그가 공중과 그 땅 사이에 달리고 달리고 그가 탔던 노새는 그 아래로 빠져나간지라

(삼하 19:32) 바르실래는 매우 늙어 나이가 팔십 세라 그는 큰 부자이므로 왕이 마하나임에 머물 때에 그가 왕을 공궤하였더라

(삼하 22:1) 여호와께서 다윗을 모든 원수의 손과 사울의 손에서 구원하신 그 날에 다윗이 이 노래의 말씀으로 여호와께 아뢰어

(삼하 22:2) 이르되 여호와는 나의 반석이시요 나의 요새시요 나를 위하여 나를 건지시는 자시요

(삼하 22:3) 내가 피할 나의 반석의 하나님이시요 나의 방패시요 나의 구원의 뿔이시요 나의 높은 망대시요 그에게 피할 나의 피난처시요 나의 구원자시라 나를 폭력에서 구원하셨도다

(삼하 22:19) 그들이 나의 재앙의 날에 내게 이르렀으나 여호와께서 나의 의지가 되셨도다

(삼하 22:29) 여호와여 주는 나의 등불이시니 여호와께서 나의 어둠을 밝히시리이다

(삼하 22:31) 하나님의 도는 완전하고 여호와의 말씀은 진실하니 그는 자기에게 피하는 모든 자에게 방패시로다

(삼하 23:17) 이르되 여호와여 내가 나를 위하여 결단코 이런 일을 하지 아니하리이다 이는 목숨을 걸고 갔던 사람들의 피가 아니니이까 하고 마시기를 즐겨하지 아니하

니라 세 용사가 이런 일을 행하였더라

(삼하 24:9) 요압이 백성의 수를 왕께 보고하니 곧 이스라엘에서 칼을 빼는 담대한 자가
팔십만 명이요 유다 사람이 오십만 명이었더라

(삼하 24:15) 이에 여호와께서 그 아침부터 정하신 때까지 전염병을 이스라엘에게 내리
시니 단에서부터 브엘세바까지 백성의 죽은 자가 칠만 명이라

11. 열왕기상

1. 열왕기상 핵심개관

1. 선지자 예레미야의 저작으로 알려진 열왕기상, 하는 본래 한 권이었으나 부피가 커서 70인역 때 둘로 분리되었습니다.

2. 열왕기상의 구조는 다음과 같습니다. 솔로몬의 통치(1-10장), 왕국의 분열(11-16장), 엘리야의 사역(17-22장)입니다.

3. 열왕기상은 솔로몬의 왕위 계승과 왕권 확립에서 시작되고 있습니다. 아도니야는 왕이 되는 것이 하나님의 주권에 속한 것임을 깨닫지 못하고 스스로 왕이 되려 했으나 나단과 밧세바는 솔로몬을 왕으로 선포하는데 성공하게 됩니다.(1:28-53).

4. 열왕기상 3장에는 솔로몬이 지혜를 구하는 유명한 기도가 나옵니다. 솔로몬은 기브온에서 일천번제를 드리는 것은 번제의 횟수를 말하는 것이 아니라 번제의 규모를 언급한 것입니다. 솔로몬은 지혜를 구했고 하나님께서는 지혜 뿐만아니라 보너스로 부와 영광까지 더해 주셨습니다(3:13절).

5. 5-7장에서는 성전건축의 계획과 계획과정을, 8장에서는 성전의 봉헌을 기록하고 있습니다. 성전건축은 중요한 의미를 가집니다. 성전은 하나님과 만나는 장소이기 때문입니다. 성전의 규모는 길이가 27.9m, 폭이 9.3m, 높이가 13.9m였습니다. 오늘날의 규모로는 별로 큰 것이 아니지만 당시에는 엄청나게 큰 건물이었습니다.

6. 솔로몬은 지혜롭게 시작했으나 슬프게 끝난 왕이었습니다. 열왕기상 9:6-7에서 하나님께서는 솔로몬에게 배교행위를 할 때 임할 심판을 경고하셨습니

다. 불행하게도 솔로몬은 배교행위와 우상숭배를 했습니다다. 솔로몬은 정략 결혼을 통해 우상숭배의 문을 열어 놓았던 것입니다.

7. 왕상 17-22장은 엘리야의 사역이 나옵니다. 엘리야의 사역은 아합왕과 대 조를 이룹니다. 아합왕은 예민하고 영특한 왕이었으나 사악하고 이교도적이 었습니다. 그는 오므리왕조의 새 수도인 사마리아에서 22년간을 통치했습니 다. 그는 풍요의 신 바알의 제단과 아세라의 목상을 사마리아에 세웠습니다 (16:32-33). 열왕기상 17:1-7에 엘리야는 아합에 대해 메시지를 전하고 18 장에서는 갈멜산에서 정면으로 대결하고 있습니다.

20장에서는 아합왕에 대한 하나님의 심판을 볼 수 있고(18절) 아람(수리아)왕 벤하닷이 두차례에 걸쳐 북왕국을 공격하였습니다. 마지막 22장은 아합의 죽 음으로 끝나고 있습니다.

2. 열왕기상 중요성경구절

(왕상 2:2) 내가 이제 세상 모든 사람이 가는 길로 가게 되었노니 너는 힘써 대장부가 되고

(왕상 2:3) 네 하나님 여호와의 명령을 지켜 그 길로 행하여 그 법률과 계명과 율례와 증 거를 모세의 율법에 기록된 대로 지키라 그리하면 네가 무엇을 하든지 어디로 가든지 형통할지라

(왕상 2:4) 여호와께서 내 일에 대하여 말씀하시기를 만일 네 자손들이 그들의 길을 삼 가 마음을 다하고 성품을 다하여 진실히 내 앞에서 행하면 이스라엘 왕위에 오 를 사람이 네게서 끊어지지 아니하리라 하신 말씀을 확실히 이루게 하시리라

(왕상 3:9) 누가 주의 이 많은 백성을 재판할 수 있사오리이까 듣는 마음을 종에게 주사 주의 백성을 재판하여 선악을 분별하게 하옵소서

(왕상 3:13) 내가 또 네가 구하지 아니한 부귀와 영광도 네게 주노니 네 평생에 왕들 중

에 너와 같은 자가 없을 것이라

(왕상 4:30) 솔로몬의 지혜가 동쪽 모든 사람의 지혜와 애굽의 모든 지혜보다 뛰어난지라

(왕상 4:32) 그가 잠언 삼천 가지를 말하였고 그의 노래는 천다섯 편이며

(왕상 6:1) 이스라엘 자손이 애굽 땅에서 나온 지 사백팔십 년이요 솔로몬이 이스라엘 왕
　　　이 된 지 사 년 시브월 곧 둘째 달에 솔로몬이 여호와를 위하여 성전 건축하기
　　　를 시작하였더라

(왕상 6:38) 열한째 해 불월 곧 여덟째 달에 그 설계와 식양대로 성전 건축이 다 끝났으니
　　　솔로몬이 칠 년 동안 성전을 건축하였더라

(왕상 7:1) 솔로몬이 자기의 왕궁을 십삼 년 동안 건축하여 그 전부를 준공하니라

(왕상 7:21) 이 두 기둥을 성전의 주랑 앞에 세우되 오른쪽 기둥을 세우고 그 이름을 야긴
　　　이라 하고 왼쪽의 기둥을 세우고 그 이름을 보아스라 하였으며

(왕상 8:9) 그 궤 안에는 두 돌판 외에 아무것도 없으니 이것은 이스라엘 자손이 애굽 땅
　　　에서 나온 후 여호와께서 저희와 언약을 맺으실 때에 모세가 호렙에서 그 안에
　　　넣은 것이더라

(왕상 10:14) 솔로몬의 세입금의 무게가 금 육백육십육 달란트요

(왕상 11:3) 왕은 후궁이 칠백 명이요 첩이 삼백 명이라 그의 여인들이 왕의 마음을 돌
　　　아서게 하였더라

(왕상 11:9) 솔로몬이 마음을 돌려 이스라엘의 하나님 여호와를 떠나므로 여호와께서 그
　　　에게 진노하시니라 여호와께서 일찍이 두 번이나 그에게 나타나시고

(왕상 11:31) 여로보암에게 이르되 너는 열 조각을 가지라 이스라엘의 하나님 여호와의
　　　말씀이 내가 이 나라를 솔로몬의 손에서 찢어 빼앗아 열 지파를 네게 주고

(왕상 11:32) 오직 내 종 다윗을 위하고 이스라엘 모든 지파 중에서 택한 성읍 예루살렘
　　　을 위하여 한 지파를 솔로몬에게 주리니

(왕상 16:24) 그가 은 두 달란트로 세멜에게서 사마리아 산을 사고 그 산 위에 성읍을 건
　　　축하고 그 건축한 성읍 이름을 그 산 주인이었던 세멜의 이름을 따라 사마리아

라 일컬었더라

(왕상 16:30) 오므리의 아들 아합이 그의 이전의 모든 사람보다 여호와 보시기에 악을 더욱 행하여

(왕상 16:31) 느밧의 아들 여로보암의 죄를 따라 행하는 것을 오히려 가볍게 여기며 시돈 사람의 왕 엣바알의 딸 이세벨을 아내로 삼고 가서 바알을 섬겨 예배하고

(왕상 16:34) 그 시대에 벧엘 사람 히엘이 여리고를 건축하였는데 그가 그 터를 쌓을 때에 맏아들 아비람을 잃었고 그 성문을 세울 때에 막내 아들 스굽을 잃었으니 여호와께서 눈의 아들 여호수아를 통하여 하신 말씀과 같이 되었더라

(왕상 17:1) 길르앗에 우거하는 자 중에 디셉 사람 엘리야가 아합에게 말하되 내가 섬기는 이스라엘의 하나님 여호와께서 살아 계심을 두고 맹세하노니 내 말이 없으면 수 년 동안 비도 이슬도 있지 아니하리라 하니라

(왕상 17:13) 엘리야가 그에게 이르되 두려워하지 말고 가서 네 말대로 하려니와 먼저 그것으로 나를 위하여 작은 떡 한 개를 만들어 내게로 가져오고 그 후에 너와 네 아들을 위하여 만들라

(왕상 17:14) 이스라엘의 하나님 여호와의 말씀이 나 여호와가 비를 지면에 내리는 날까지 그 통의 가루가 떨어지지 아니하고 그 병의 기름이 없어지지 아니하리라 하셨느니라

(왕상 18:4) 이세벨이 여호와의 선지자들을 멸할 때에 오바댜가 선지자 백 명을 가지고 오십 명씩 굴에 숨기고 떡과 물을 먹였더라

(왕상 18:19) 그런즉 사람을 보내 온 이스라엘과 이세벨의 상에서 먹는 바알의 선지자 사백오십 명과 아세라의 선지자 사백 명을 갈멜 산으로 모아 내게로 나아오게 하소서

(왕상 18:36) 저녁 소제 드릴 때에 이르러 선지자 엘리야가 나아가서 말하되 아브라함과 이삭과 이스라엘의 하나님 여호와여 주께서 이스라엘 중에서 하나님이신 것과 내가 주의 종인 것과 내가 주의 말씀대로 이 모든 일을 행하는 것을 오늘 알

게 하옵소서

(왕상 18:37) 여호와여 내게 응답하옵소서 내게 응답하옵소서 이 백성에게 주 여호와는
하나님이신 것과 주는 그들의 마음을 되돌이키심을 알게 하옵소서 하매

(왕상 18:38) 이에 여호와의 불이 내려서 번제물과 나무와 돌과 흙을 태우고 또 도랑의
물을 핥은지라

(왕상 18:39) 모든 백성이 보고 엎드려 말하되 여호와 그는 하나님이시로다 여호와 그는
하나님이시로다 하니

(왕상 18:40) 엘리야가 그들에게 이르되 바알의 선지자를 잡되 그들 중 하나도 도망하
지 못하게 하라 하매 곧 잡은지라 엘리야가 그들을 기손 시내로 내려다가 거기
서 죽이니라

(왕상 18:42) 아합이 먹고 마시러 올라가니라 엘리야가 갈멜 산 꼭대기로 올라가서 땅에
꿇어 엎드려 그의 얼굴을 무릎 사이에 넣고

(왕상 18:44) 일곱 번째 이르러서는 그가 말하되 바다에서 사람의 손 만한 작은 구름이
일어나나이다 이르되 올라가 아합에게 말하기를 비에 막히지 아니하도록 마차
를 갖추고 내려가소서 하라 하니라

(왕상 18:45) 조금 후에 구름과 바람이 일어나서 하늘이 캄캄해지며 큰 비가 내리는지라
아합이 마차를 타고 이스르엘로 가니

(왕상 18:46) 여호와의 능력이 엘리야에게 임하매 그가 허리를 동이고 이스르엘로 들어
가는 곳까지 아합 앞에서 달려갔더라

(왕상 19:4) 자기 자신은 광야로 들어가 하룻길쯤 가서 한 로뎀 나무 아래에 앉아서 자기
가 죽기를 원하여 이르되 여호와여 넉넉하오니 지금 내 생명을 거두시옵소서 나
는 내 조상들보다 낫지 못하니이다 하고

(왕상 19:11) 여호와께서 이르시되 너는 나가서 여호와 앞에서 산에 서라 하시더니 여호
와께서 지나가시는데 여호와 앞에 크고 강한 바람이 산을 가르고 바위를 부수나
바람 가운데에 여호와께서 계시지 아니하며 바람 후에 지진이 있으나 지진 가운

데에도 여호와께서 계시지 아니하며

(왕상 19:12) 또 지진 후에 불이 있으나 불 가운데에도 여호와께서 계시지 아니하더니 불 후에 세미한 소리가 있는지라

(왕상 19:13) 엘리야가 듣고 겉옷으로 얼굴을 가리고 나가 굴 어귀에 서매 소리가 그에게 임하여 이르시되 엘리야야 네가 어찌하여 여기 있느냐

(왕상 19:14) 그가 대답하되 내가 만군의 하나님 여호와께 열심이 유별하오니 이는 이스라엘 자손이 주의 언약을 버리고 주의 제단을 헐며 칼로 주의 선지자들을 죽였음이오며 오직 나만 남았거늘 그들이 내 생명을 찾아 빼앗으려 하나이다

(왕상 19:18) 그러나 내가 이스라엘 가운데에 칠천 명을 남기리니 다 바알에게 무릎을 꿇지 아니하고 다 바알에게 입맞추지 아니한 자니라

(왕상 19:19) 엘리야가 거기서 떠나 사밧의 아들 엘리사를 만나니 그가 열두 겨릿소를 앞세우고 밭을 가는데 자기는 열두째 겨릿소와 함께 있더라 엘리야가 그리로 건너가서 겉옷을 그의 위에 던졌더니

(왕상 21:19) 너는 그에게 말하여 이르기를 여호와의 말씀이 네가 죽이고 또 빼앗았느냐고 하셨다 하고 또 그에게 이르기를 여호와의 말씀이 개들이 나봇의 피를 핥은 곳에서 개들이 네 피 곧 네 몸의 피도 핥으리라 하였다 하라

(왕상 22:38) 그 병거를 사마리아 못에서 씻으매 개들이 그의 피를 핥았으니 여호와께서 하신 말씀과 같이 되었더라 거기는 창기들이 목욕하는 곳이었더라

12. 열왕기하

1. 열왕기하 핵심개관

1. 열왕기하의 구조는 다음과 같습니다. 엘리사의 사역(1-9장), 이스라엘의 부패(10-17장), 유다의 포로생활(18-25장)입니다.

2. 열왕기하의 시기는 이사야에서 말라기까지 대부분의 중요한 선지자들이 활동했던 시기였습니다.

3. 엘리사의 수많은 기적 중에서 기름병에 기름이 마르지 않는 사건(4:1-7)은 엘리사가 진정한 선지자이며 엘리야의 후계자임을 확증한 사건이었습니다.

4. 열왕기하 5장에 나오는 나아만 장군이 문둥병에서 치유된 이야기는 모든 것을 깨끗케 하시는 하나님의 권능을 보여줍니다.

5. 이스라엘이 멸망하게 된 원인은 여섯 가지로 요약할 수 있습니다. 첫째 이스라엘이 목을 곧게 하고 하나님을 믿지 않았고 하나님의 말씀을 듣지 않았습니다(17:14). 둘째 하나님의 율례, 언약, 말씀을 버렸습니다(17:15). 셋째 허무한 것과 이방사람들의 풍속을 본받았습니다(17:15). 넷째 우상을 만들었습니다. 두 송아지의 형상, 아세라 목상, 해와 달과 별을 숭배했고 바알신을 섬겼습니다(17:16). 다섯째 자녀를 불 가운데로 지나게 해서 제사를 드렸습니다(17:17). 여섯째 복술, 사술을 행하고 악행을 저질렀습니다(왕하 17:17).

6. 남왕국 유다가 북왕국 이스라엘보다 더 오래 존재할 수 있었던 이유는 남 유다가 계속해서 종교개혁을 시도했기 때문입니다.

7. 남왕국 유다에는 여덟 번의 종교개혁이 있었는데 문제는 그 종교개혁이 철저하지 못했다는 것입니다.

놀라운 것은 북왕국 이스라엘에는 단 한번의 종교개혁도 없었다는 것입니다.

유다에서 행한 종교개혁은 첫째 아사의 종교개혁(왕상 15:9-24) 둘째 여호사밧의 종교개혁(왕상 22:41-50) 셋째 요아스의 종교개혁(왕하 11:21-12:21) 넷째 아마샤의 종교개혁(왕하 14:1-14) 다섯째 웃시야의 종교개혁(왕하 15:1-7) 여섯째 요담의 종교개혁(왕하 15:32-34) 일곱째 히스기야의 종교개혁(왕하 18:1-8) 여덟째 요시야의 종교개혁(왕하 23:4-20)입니다.

8. 유다는 히스기야왕 당시에 산헤립의 침입을 받으면서(18:13-37) 서서히 무너지기 시작했습니다. 25장을 보면 예루살렘은 멸망하고 결국 바벨론에 포로로 잡혀갑니다. 마지막은 시드기야의 반역에서 비롯되었습니다. 그는 동맹의 맹세를 했음에도 불구하고 애굽과 다른 나라들과 음모를 하여 바벨론에 대항하려고 했습니다. 그러나 그의 인간적인 꾀는 결국 자충수를 두게 되고 나라는 멸망하고 말았습니다.

2. 열왕기하 중요성경구절

(왕하 1:10) 엘리야가 오십부장에게 대답하여 이르되 내가 만일 하나님의 사람이면 불이 하늘에서 내려와 너와 너의 오십 명을 사를지로다 하매 불이 곧 하늘에서 내려와 그와 그의 군사 오십 명을 살랐더라

(왕하 2:9) 건너매 엘리야가 엘리사에게 이르되 나를 네게서 데려감을 당하기 전에 내가 네게 어떻게 할지를 구하라 엘리사가 이르되 당신의 성령이 하시는 역사가 갑절이나 내게 있게 하소서 하는지라

(왕하 2:11) 두 사람이 길을 가며 말하더니 불수레와 불말들이 두 사람을 갈라놓고 엘리야가 회오리 바람으로 하늘로 올라가더라

(왕하 2:14) 엘리야의 몸에서 떨어진 그의 겉옷을 가지고 물을 치며 이르되 엘리야의 하

나님 여호와는 어디 계시니이까 하고 그도 물을 치매 물이 이리 저리 갈라지고 엘리사가 건너니라

(왕하 4:35) 엘리사가 내려서 집 안에서 한 번 이리 저리 다니고 다시 아이 위에 올라 엎드리니 아이가 일곱 번 재채기 하고 눈을 뜨는지라

(왕하 5:10) 엘리사가 사자를 그에게 보내 이르되 너는 가서 요단 강에 몸을 일곱 번 씻으라 네 살이 회복되어 깨끗하리라 하는지라

(왕하 6:6) 하나님의 사람이 이르되 어디 빠졌느냐 하매 그 곳을 보이는지라 엘리사가 나뭇가지를 베어 물에 던져 쇠도끼를 떠오르게 하고

(왕하 6:16) 대답하되 두려워하지 말라 우리와 함께 한 자가 그들과 함께 한 자보다 많으니라 하고

(왕하 6:17) 기도하여 이르되 여호와여 원하건대 그의 눈을 열어서 보게 하옵소서 하니 여호와께서 그 청년의 눈을 여시매 그가 보니 불말과 불병거가 산에 가득하여 엘리사를 둘렀더라

(왕하 12:2) 요아스는 제사장 여호야다가 그를 교훈하는 모든 날 동안에는 여호와 보시기에 정직히 행하였으되

(왕하 13:14) 엘리사가 죽을 병이 들매 이스라엘의 왕 요아스가 그에게로 내려와 자기의 얼굴에 눈물을 흘리며 이르되 내 아버지여 내 아버지여 이스라엘의 병거와 마병이여 하매

(왕하 13:21) 마침 사람을 장사하는 자들이 그 도적 떼를 보고 그의 시체를 엘리사의 묘실에 들이던지매 시체가 엘리사의 뼈에 닿자 곧 회생하여 일어섰더라

(왕하 15:5) 여호와께서 왕을 치셨으므로 그가 죽는 날까지 나병환자가 되어 별궁에 거하고 왕자 요담이 왕궁을 다스리며 그 땅의 백성을 치리하였더라

(왕하 17:18) 여호와께서 이스라엘에게 심히 노하사 그들을 그의 앞에서 제거하시니 오직 유다 지파 외에는 남은 자가 없으니라

(왕하 18:3) 히스기야가 그의 조상 다윗의 모든 행위와 같이 여호와께서 보시기에 정직

하게 행하여

(왕하 19:21) 여호와께서 앗수르 왕에게 대하여 이같이 말씀하시기를 처녀 딸 시온이 너를 멸시하며 너를 비웃었으며 딸 예루살렘이 너를 향하여 머리를 흔들었느니라

(왕하 19:35) 이 밤에 여호와의 사자가 나와서 앗수르 진영에서 군사 십팔만 오천 명을 친지라 아침에 일찍이 일어나 보니 다 송장이 되었더라

(왕하 20:2) 히스기야가 낯을 벽으로 향하고 여호와께 기도하여 이르되

(왕하 20:3) 여호와여 구하오니 내가 진실과 전심으로 주 앞에 행하며 주께서 보시기에 선하게 행한 것을 기억하옵소서 하고 히스기야가 심히 통곡하더라

(왕하 20:4) 이사야가 성읍 가운데까지도 이르기 전에 여호와의 말씀이 그에게 임하여 이르시되

(왕하 20:5) 너는 돌아가서 내 백성의 주권자 히스기야에게 이르기를 왕의 조상 다윗의 하나님 여호와의 말씀이 내가 네 기도를 들었고 네 눈물을 보았노라 내가 너를 낫게 하리니 네가 삼 일 만에 여호와의 성전에 올라가겠고

(왕하 20:6) 내가 네 날에 십오 년을 더할 것이며 내가 너와 이 성을 앗수르 왕의 손에서 구원하고 내가 나를 위하고 또 내 종 다윗을 위하므로 이 성을 보호하리라 하셨다 하라 하셨더라

(왕하 20:7) 이사야가 이르되 무화과 반죽을 가져오라 하매 무리가 가져다가 그 상처에 놓으니 나으니라

(왕하 20:11) 선지자 이사야가 여호와께 간구하매 아하스의 해시계 위에 나아갔던 해 그림자를 십도 뒤로 물러가게 하셨더라

(왕하 22:2) 요시야가 여호와 보시기에 정직히 행하여 그의 조상 다윗의 모든 길로 행하고 좌우로 치우치지 아니하였더라

(왕하 22:8) 대제사장 힐기야가 서기관 사반에게 이르되 내가 여호와의 성전에서 율법책을 발견하였노라 하고 힐기야가 그 책을 사반에게 주니 사반이 읽으니라

(왕하 25:7) 그들이 시드기야의 아들들을 그의 눈앞에서 죽이고 시드기야의 두 눈을 빼

고 놋 사슬로 그를 결박하여 바벨론으로 끌고 갔더라

13. 역대상

1. 역대상 핵심개관

1. 본래 역대기란 말은 라틴어 번역인 벌게이트에서 비롯되었습니다. 열왕기서
   와 같은 시대의 내용을 기록하고 있습니다.
2. 역대기는 열왕기보다 더 광범위하게 다루고 있는데 즉 아담으로부터 사울까
   지의 족보를 소개하고(역대상 1-9장) 느부갓네살에 의한 두 번째 포로사건(주
   전 586)까지의 이스라엘 역사를 다루고 있습니다.(대하 10-36장)
3. 역대상은 아담으로부터의 사울까지 족보(1-9장), 다윗의 통치사(10-29장)의
   내용을 다루고 있습니다.
4. 열왕기는 포로 이전에 예레미야에 의해 기록되었고 역대기는 바벨론 포로 이
   후에 에스라에 의해 기록되었습니다.

2. 역대상 중요성경구절

(대상 10:13) 사울이 죽은 것은 여호와께 범죄하였기 때문이라 그가 여호와의 말씀을 지
키지 아니하고 또 신접한 자에게 가르치기를 청하고
(대상 10:14) 여호와께 묻지 아니하였으므로 여호와께서 그를 죽이시고 그 나라를 이새
의 아들 다윗에게 넘겨 주셨더라
(대상 11:5) 여부스 원주민이 다윗에게 이르기를 네가 이리로 들어오지 못하리라 하나 다
윗이 시온 산 성을 빼앗았으니 이는 다윗 성이더라
(대상 13:11) 여호와께서 웃사의 몸을 찢으셨으므로 다윗이 노하여 그 곳을 베레스 웃사

라 부르니 그 이름이 오늘까지 이르니라

(대상 14:1) 두로 왕 히람이 다윗에게 사신들과 백향목과 석수와 목수를 보내 그의 궁전을 건축하게 하였더라

(대상 16:29) 여호와의 이름에 합당한 영광을 그에게 돌릴지어다 제물을 들고 그 앞에 들어갈지어다 아름답고 거룩한 것으로 여호와께 경배할지어다

(대상 16:34) 여호와께 감사하라 그는 선하시며 그의 인자하심이 영원함이로다

(대상 17:20) 여호와여 우리 귀로 들은 대로는 주와 같은 이가 없고 주 외에는 하나님이 없나이다

(대상 17:27) 이제 주께서 종의 왕조에 복을 주사 주 앞에 영원히 두시기를 기뻐하시나이다 여호와여 주께서 복을 주셨사오니 이 복을 영원히 누리리이다 하니라

(대상 21:5) 요압이 백성의 수효를 다윗에게 보고하니 이스라엘 중에 칼을 뺄 만한 자가 백십만 명이요 유다 중에 칼을 뺄 만한 자가 사십칠만 명이라

(대상 21:6) 요압이 왕의 명령을 마땅치 않게 여겨 레위와 베냐민 사람은 계수하지 아니하였더라

(대상 21:14) 이에 여호와께서 이스라엘 백성에게 전염병을 내리시매 이스라엘 백성 중에서 죽은 자가 칠만 명이었더라

(대상 21:25) 그리하여 다윗은 그 터 값으로 금 육백 세겔을 달아 오르난에게 주고

(대상 22:1) 다윗이 이르되 이는 여호와 하나님의 성전이요 이는 이스라엘의 번제단이라 하였더라

(대상 22:8) 여호와의 말씀이 내게 임하여 이르시되 너는 피를 심히 많이 흘렸고 크게 전쟁하였느니라 네가 내 앞에서 땅에 피를 많이 흘렸은즉 내 이름을 위하여 성전을 건축하지 못하리라

(대상 28:9) 내 아들 솔로몬아 너는 네 아버지의 하나님을 알고 온전한 마음과 기쁜 뜻으로 섬길지어다 여호와께서는 모든 마음을 감찰하사 모든 의도를 아시나니 네가 만일 그를 찾으면 만날 것이요 만일 네가 그를 버리면 그가 너를 영원히 버

리시리라

(대상 29:11) 여호와여 위대하심과 권능과 영광과 승리와 위엄이 다 주께 속하였사오니
천지에 있는 것이 다 주의 것이로소이다 여호와여 주권도 주께 속하였사오니 주
는 높으사 만물의 머리이심이니이다

14. 역대하

1. 역대하 핵심개관

1. 본래 역대기란 말은 라틴어 번역인 벌게이트에서 비롯되었다. 열왕기서와 같은 시대의 내용을 기록하고 있습니다.
2. 역대기는 열왕기보다 더 광범위하게 다루고 있는데 즉 아담으로부터 사울까지의 족보를 소개하고(역대상 1-9장) 느부갓네살에 의한 두 번째 포로사건(주전 586)까지의 이스라엘 역사를 다루고 있습니다.(대하 10-36장)
3. 열왕기는 포로 이전에 예레미야에 의해 기록되었고 역대기는 바벨론 포로 이후에 에스라에 의해 기록되었습니다.
4. 역대하는 솔로몬의 성전건축(1-9장), 분열왕국과 외침에 의한 멸망(10-30장)의 내용을 다루고 있습니다.
5. 솔로몬의 부를 보여주는 가장 대표적인 기록은 그의 요새지에 관한 기록입니다. 솔로몬은 갈릴리 바다 북족에서부터 사해 남쪽애 여섯 개의 요새지(므깃도, 하솔, 게셀, 벧호른, 바알랏, 다말)를 두었는데 거기에 있는 말이 4200필, 경주말 둘이 끄는 마차가 1400개, 기병대가 12000명 정도였다고 합니다.
6. 역대하 36:22-23은 에스라서의 기록 목적을 밝혀 주고 있습니다. 첫째 비록 유다왕국이 바벨론에 의해 일시적으로 포로로 잡혀갔지만 궁극적으로는 하나님의 자비와 은총으로 다시 예루살렘에 귀환하게 되므로 신앙의 용기를 주고 둘째 성전 재건의 꿈을 주며 셋째 다윗에게 약속한 언약은 궁극적으로 이루어질 것임을 보여주기 위해서 입니다.

2. 역대하 중요성경구절

(대하 1:11) 하나님이 솔로몬에게 이르시되 이런 마음이 네게 있어서 부나 재물이나 영광이나 원수의 생명 멸하기를 구하지 아니하며 장수도 구하지 아니하고 오직 내가 네게 다스리게 한 내 백성을 재판하기 위하여 지혜와 지식을 구하였으니

(대하 2:1) 솔로몬이 여호와의 이름을 위하여 성전을 건축하고 자기 왕위를 위하여 궁궐 건축하기를 결심하니라

(대하 2:17) 전에 솔로몬의 아버지 다윗이 이스라엘 땅에 사는 이방 사람들을 조사하였더니 이제 솔로몬이 다시 조사하매 모두 십오만 삼천 육백 명이라

(대하 3:1) 솔로몬이 예루살렘 모리아 산에 여호와의 전 건축하기를 시작하니 그 곳은 전에 여호와께서 그의 아버지 다윗에게 나타나신 곳이요 여부스 사람 오르난의 타작 마당에 다윗이 정한 곳이라   (대하 6:27) 주께서는 하늘에서 들으사 주의 종들과 주의 백성 이스라엘의 죄를 사하시고 그 마땅히 행할 선한 길을 가르쳐 주시오며 주의 백성에게 기업으로 주신 주의 땅에 비를 내리시옵소서

(대하 7:14) 내 이름으로 일컫는 내 백성이 그들의 악한 길에서 떠나 스스로 낮추고 기도하여 내 얼굴을 찾으면 내가 하늘에서 듣고 그들의 죄를 사하고 그들의 땅을 고칠지라

(대하 7:15) 이제 이 곳에서 하는 기도에 내가 눈을 들고 귀를 기울이리니

(대하 7:16) 이는 내가 이미 이 성전을 택하고 거룩하게 하여 내 이름을 여기에 영원히 있게 하였음이라 내 눈과 내 마음이 항상 여기에 있으리라

(대하 12:7) 여호와께서 그들이 스스로 겸비함을 보신지라 여호와의 말씀이 스마야에게 임하여 이르시되 그들이 스스로 겸비하였으니 내가 멸하지 아니하고 저희를 조금 구원하여 나의 노를 시삭의 손을 통하여 예루살렘에 쏟지 아니하리라

(대하 14:6) 여호와께서 아사에게 평안을 주셨으므로 그 땅이 평안하여 여러 해 싸움이

없은지라 그가 견고한 성읍들을 유다에 건축하니라

(대하 14:11) 아사가 그의 하나님 여호와께 부르짖어 이르되 여호와여 힘이 강한 자와 약한 자 사이에는 주밖에 도와 줄 이가 없사오니 우리 하나님 여호와여 우리를 도우소서 우리가 주를 의지하오며 주의 이름을 의탁하옵고 이 많은 무리를 치러 왔나이다 여호와여 주는 우리 하나님이시오니 원하건대 사람이 주를 이기지 못하게 하옵소서 하였더니

(대하 20:3) 여호사밧이 두려워하여 여호와께로 낯을 향하여 간구하고 온 유다 백성에게 금식하라 공포하매

(대하 20:23) 곧 암몬과 모압 자손이 일어나 세일 산 주민들을 쳐서 진멸하고 세일 주민들을 멸한 후에는 그들이 서로 쳐죽였더라

(대하 24:25) 요아스가 크게 부상하매 적군이 그를 버리고 간 후에 그의 신하들이 제사장 여호야다의 아들들의 피로 말미암아 반역하여 그를 그의 침상에서 쳐죽인지라 다윗 성에 장사하였으나 왕들의 묘실에는 장사하지 아니하였더라

(대하 26:5) 하나님의 묵시를 밝히 아는 스가랴가 사는 날에 하나님을 찾았고 그가 여호와를 찾을 동안에는 하나님이 형통하게 하셨더라

(대하 26:19) 웃시야가 손으로 향로를 잡고 분향하려 하다가 화를 내니 그가 제사장에게 화를 낼 때에 여호와의 전 안 향단 곁 제사장들 앞에서 그의 이마에 나병이 생긴지라

(대하 32:21) 여호와께서 한 천사를 보내어 앗수르 왕의 진영에서 모든 큰 용사와 대장과 지휘관들을 멸하신지라 앗수르 왕이 낯이 뜨거워 그의 고국으로 돌아갔더니 그의 신의 전에 들어갔을 때에 그의 몸에서 난 자들이 거기서 칼로 죽였더라

(대하 32:25) 히스기야가 마음이 교만하여 그 받은 은혜를 보답하지 아니하므로 진노가 그와 유다와 예루살렘에 내리게 되었더니

(대하 32:26) 히스기야가 마음의 교만함을 뉘우치고 예루살렘 주민들도 그와 같이 하였으므로 여호와의 진노가 히스기야의 생전에는 그들에게 내리지 아니하니라

(대하 32:30) 이 히스기야가 또 기혼의 윗샘물을 막아 그 아래로부터 다윗 성 서쪽으로

곧게 끌어들였으니 히스기야가 그의 모든 일에 형통하였더라

15. 에스라

1. 에스라 핵심개관

1. 포로후의 역사서는 이스라엘이 포로로 잡혀간 후에 하나님께서 그들을 어떻게 하셨으며 포로에서 돌아온 사람들이 한 일이 무엇인지를 기록하고 있습니다.

2. 이스라엘의 3대 랍비라고 하면 에스라, 힐렐, 가말리엘을 꼽습니다. 에스라는 제2의 모세라 꼽힐 만큼 유대교의 실질적인 창설자입니다. 에스라서는 역대기 끝에서부터 고레스의 칙령이 예레미야의 예언의 성취임을 강조하면서 시작하고 있습니다.

3. 에스라는 고레스(주전 559-530)의 칙령을 하나님의 섭리로 보았습니다. 포로귀환 주전 538년의 의미는 1:1절에 기록되어 있습니다. "바사 왕 고레스 원년에 여호와께서 예레미야의 입을 통하여 하신 말씀을 이루게 하시려고 바사 왕 고레스의 마음을 감동시키시매 그가 온 나라에 공포도 하고 조서도 내려 이르되" 즉 바벨론에서의 귀환은 예레미야의 예언(렘 25:11, 29:10)의 성취를 말하고 있습니다.

4. 에스라의 귀환은 아닥사스다 왕 즉 주전 458년에 있었는데 그는 약 2천명 (1754명)과 그 가족들을 인도했습니다. 이는 숫자상으로는 많지 않으나 중요한 것은 그가 개혁운동에 역점을 두었다는 점입니다(9-10장). 여기서 율법 연구가 본격화되고 오늘의 유대교가 싹트기 시작했습니다.

2. 에스라 중요성경구절

(스 1:3) 이스라엘의 하나님은 참 신이시라 너희 중에 그의 백성 된 자는 다 유다 예루살렘으로 올라가서 이스라엘의 하나님 여호와의 성전을 건축하라 그는 예루살렘에 계신 하나님이시라

(스 3:12) 제사장들과 레위 사람들과 나이 많은 족장들은 첫 성전을 보았으므로 이제 이 성전의 기초가 놓임을 보고 대성통곡하였으나 여러 사람은 기쁨으로 크게 함성을 지르니

(스 4:3) 스룹바벨과 예수아와 기타 이스라엘 족장들이 이르되 우리 하나님의 성전을 건축하는 데 너희는 우리와 상관이 없느니라 바사 왕 고레스가 우리에게 명령하신 대로 우리가 이스라엘의 하나님 여호와를 위하여 홀로 건축하리라 하였더니

(스 4:4) 이로부터 그 땅 백성이 유다 백성의 손을 약하게 하여 그 건축을 방해하되

(스 4:24) 이에 예루살렘에서 하나님의 성전 공사가 바사 왕 다리오 제이년까지 중단되니라

(스 7:6) 이 에스라가 바벨론에서 올라왔으니 그는 이스라엘의 하나님 여호와께서 주신 모세의 율법에 익숙한 학자로서 그의 하나님 여호와의 도우심을 입음으로 왕에게 구하는 것은 다 받는 자이더니

(스 7:25) 에스라여 너는 네 손에 있는 네 하나님의 지혜를 따라 네 하나님의 율법을 아는 자를 법관과 재판관을 삼아 강 건너편 모든 백성을 재판하게 하고 그 중 알지 못하는 자는 너희가 가르치라

(스 8:21) 그 때에 내가 아하와 강 가에서 금식을 선포하고 우리 하나님 앞에서 스스로 겸비하여 우리와 우리 어린 아이와 모든 소유를 위하여 평탄한 길을 그에게 간구하였으니

16. 느헤미야

1. 느헤미야 핵심개관

1. 본래 느헤미야서는 에스라와 함께 한 권의 책이었습니다. 그런데 느헤미야가 느헤미야 자신의 일인칭으로 기록되었기 때문에 분리되었습니다.
2. 이 책의 역사적 배경은 파사의 고레스왕이 메디아와 페르시아를 통일(주전 549년)하고 바벨론까지 정복한 후에(주전 539년) 그의 칙령으로 유대인들은 귀환할 수 있게 한 데서 비롯되었습니다.
3. 느헤미야는 본래 파사의 아닥사스다 1세의 술잔을 받드는 왕의 측근으로 있다가 총독의 자격으로 귀환하여 성벽 복구 작업에 임했으나 백성들의 이기심에 의한 방해가 있었습니다(5:1-5).
4. 느헤미야는 성벽 복구를 할 때 한 손에는 무기를 들고 다른 한 손에는 건축 도구를 가지고 임해 52일만에 완공했습니다(6:15). 이것은 앞으로 있게 될 사회적, 종교적 개혁의 기초라는 점에서 큰 의미를 가집니다.
5. 에스라와 느헤미야는 단순히 성벽을 복구하는 것으로 그치지 않았습니다. 9장을 보면 영적 부흥운동을 일으켰습니다. 이들의 영적 부흥운동은 먼저 금식기도운동에서 시작되어 회개운동으로 이어졌고(9:2) 말씀운동이 일어났습니다(9:3).

2. 느헤미야 중요성경구절

(느 2:5) 왕에게 아뢰되 왕이 만일 좋게 여기시고 종이 왕의 목전에서 은혜를 얻었사오

면 나를 유다 땅 나의 조상들의 묘실이 있는 성읍에 보내어 그 성을 건축하게 하
옵소서 하였는데

(느 5:19) 내 하나님이여 내가 이 백성을 위하여 행한 모든 일을 기억하사 내게 은혜를
베푸시옵소서

(느 8:6) 에스라가 위대하신 하나님 여호와를 송축하매 모든 백성이 손을 들고 아멘 아멘
하고 응답하고 몸을 굽혀 얼굴을 땅에 대고 여호와께 경배하니라

(느 12:47) 스룹바벨 때와 느헤미야 때에는 온 이스라엘이 노래하는 자들과 문지기들에
게 날마다 쓸 몫을 주되 그들이 성별한 것을 레위 사람들에게 주고 레위 사람들
은 그것을 또 성별하여 아론 자손에게 주었느니라

(느 13:14) 내 하나님이여 이 일로 말미암아 나를 기억하옵소서 내 하나님의 전과 그 모
든 직무를 위하여 내가 행한 선한 일을 도말하지 마옵소서

17. 에스더

1. 에스더 핵심개관

1. 에스더서는 히브리 성경의 다섯 개의 두루마리의 마지막 책입니다. 요세푸스
   는 이 책의 저자를 모르드개라고 추정했습니다.
2. 랍비들은 이 책에 보다 많은 주석을 달아 탈무드에 보존했으며 유대 학자들
   은 에스더서를 아주 소중히 여겼습니다.
3. 하만의 개인적 음모는 선민의 위기를 가져왔습니다. 문제는 왕이 반지를 빼
   어 "너는 소견에 좋을 대로 행하라" 허락한 점입니다. 그래서 마침내 유대인
   학살조서가 반포되었습니다(3:12-15).
4. 이로 인해 모르드개의 금식과 유대인들의 금식이 이어졌습니다. 이 때 모르드
   개는 에스더의 결단을 촉구합니다(4:14). 마침내 에스더의 결단이 이루어지고
   에스더 4:16에는 "죽으면 죽으리이다"라는 유명한 신앙의 결단이 나옵니다.
5. 5장에는 에스더의 신앙과 용기가 나옵니다. 여기서 중요한 것은 에스더의 역
   할이 유대인들을 학살 음모로부터 구원했다는 점입니다.
6. 9장에는 부림절의 기원이 나옵니다 에스더서는 부림절의 기원을 설명하는데
   목적을 두고 있습니다.

2. 에스더 중요성경구절

(에 1:1) 이 일은 아하수에로 왕 때에 있었던 일이니 아하수에로는 인도로부터 구스까지
백이십칠 지방을 다스리는 왕이라

(에 2:7) 그의 삼촌의 딸 하닷사 곧 에스더는 부모가 없었으나 용모가 곱고 아리따운 처녀
　　　라 그의 부모가 죽은 후에 모르드개가 자기 딸 같이 양육하더라

(에 2:17) 왕이 모든 여자보다 에스더를 더 사랑하므로 그가 모든 처녀보다 왕 앞에 더
　　　은총을 얻은지라 왕이 그의 머리에 관을 씌우고 와스디를 대신하여 왕후로 삼
　　　은 후에

(에 3:2) 대궐 문에 있는 왕의 모든 신하들이 다 왕의 명령대로 하만에게 꿇어 절하되 모
　　　르드개는 꿇지도 아니하고 절하지도 아니하니

(에 4:14) 이 때에 네가 만일 잠잠하여 말이 없으면 유다인은 다른 데로 말미암아 놓임과
　　　구원을 얻으려니와 너와 네 아버지 집은 멸망하리라 네가 왕후의 자리를 얻은
　　　것이 이 때를 위함이 아닌지 누가 알겠느냐 하니

(에 4:16) 당신은 가서 수산에 있는 유다인을 다 모으고 나를 위하여 금식하되 밤낮 삼 일
　　　을 먹지도 말고 마시지도 마소서 나도 나의 시녀와 더불어 이렇게 금식한 후에
　　　규례를 어기고 왕에게 나아가리니 죽으면 죽으리이다 하니라

(에 6:11) 하만이 왕복과 말을 가져다가 모르드개에게 옷을 입히고 말을 태워 성 중 거리
　　　로 다니며 그 앞에서 반포하되 왕이 존귀하게 하시기를 원하시는 사람에게는 이
　　　같이 할 것이라 하니라

(에 7:10) 모르드개를 매달려고 한 나무에 하만을 다니 왕의 노가 그치니라

(에 9:22) 이 달 이 날에 유다인들이 대적에게서 벗어나서 평안함을 얻어 슬픔이 변하여
　　　기쁨이 되고 애통이 변하여 길한 날이 되었으니 이 두 날을 지켜 잔치를 베풀고
　　　즐기며 서로 예물을 주며 가난한 자를 구제하라 하매

(에 9:26) 무리가 부르의 이름을 따라 이 두 날을 부림이라 하고 유다인이 이 글의 모든
　　　말과 이 일에 보고 당한 것으로 말미암아

18. 욥기

1. 욥기 핵심개관

1. 이 책은 아마도 주전 6세기 경에 기록된 것으로 보입니다. 주제의 장엄함은 물론 사상의 웅대함은 일반 문학에서도 인정하고 있습니다.

2. 욥기의 구조는 다음과 같은 내용을 보여주고 있습니다. 1-2장에서는 욥의 딜레마를 보여주고 있고 3-37장은 욥의 논쟁을 시로 표현하고 있습니다. 38-42장은 결론으로 욥의 구원을 기록하고 있습니다.

3. 욥기서의 교훈은 욥처럼 어떤 경우에든지 겸손하게 하나님을 의지하라는 것입니다. 하나님은 선하시고 공의로우시며 모든 것을 취급할 때 공평하시다는 것입니다.

4. 욥의 세친구는 욥을 위로하러 왔으나 오히려 위로는 커녕 철학적 논쟁을 벌입니다. 그들의 견해는 당시의 일반적인 통념으로 고난이란 하나님의 형벌로서 범죄한 자들에게 주어진다는 것입니다. 그러나 욥은 끝까지 자신은 그런 고난을 받을 만큼 범죄하지 않았다고 변명합니다. 세 친구와의 논쟁은 아무런 결론도 내릴 수 없었습니다.

5. 욥기 42:3에서 욥이 티끌과 재 가운데서 회개하고 있습니다. "무지한 말로 이치를 가리는 자가 누구니이까 나는 깨닫지도 못한 일을 말하였고 스스로 알 수도 없고 헤아리기 어려운 일을 말하였나이다" 따라서 우리는 예기치 못한 재난이나 고난이 닥쳐 와도 하나님을 원망치 말아야 하고 때가 되면 하나님께서 고난의 이유를 밝히실 것이기 때문입니다.

2. 욥기 중요성경구절

(욥 1:1) 우스 땅에 욥이라 불리는 사람이 있었는데 그 사람은 온전하고 정직하여 하나님
    을 경외하며 악에서 떠난 자더라

(욥 1:21) 이르되 내가 모태에서 알몸으로 나왔사온즉 또한 알몸이 그리로 돌아가올지
    라 주신 이도 여호와시요 거두신 이도 여호와시오니 여호와의 이름이 찬송을 받
    으실지니이다 하고

(욥 1:22) 이 모든 일에 욥이 범죄하지 아니하고 하나님을 향하여 원망하지 아니하니라

(욥 2:9) 그의 아내가 그에게 이르되 당신이 그래도 자기의 온전함을 굳게 지키느냐 하나
    님을 욕하고 죽으라

(욥 2:10) 그가 이르되 그대의 말이 한 어리석은 여자의 말 같도다 우리가 하나님께 복
    을 받았은즉 화도 받지 아니하겠느냐 하고 이 모든 일에 욥이 입술로 범죄하지
    아니하니라

(욥 2:11) 그 때에 욥의 친구 세 사람이 이 모든 재앙이 그에게 내렸다 함을 듣고 각각 자
    기 지역에서부터 이르렀으니 곧 데만 사람 엘리바스와 수아 사람 빌닷과 나아
    마 사람 소발이라 그들이 욥을 위문하고 위로하려 하여 서로 약속하고 오더니

(욥 3:1) 그 후에 욥이 입을 열어 자기의 생일을 저주하니라

(욥 5:7) 사람은 고생을 위하여 났으니 불꽃이 위로 날아 가는 것 같으니라

(욥 5:17) 볼지어다 하나님께 징계 받는 자에게는 복이 있나니 그런즉 너는 전능자의 징
    계를 업신여기지 말지니라

(욥 5:18) 하나님은 아프게 하시다가 싸매시며 상하게 하시다가 그의 손으로 고치시나니

(욥 7:6) 나의 날은 베틀의 북보다 빠르니 희망 없이 보내는구나

(욥 8:5) 네가 만일 하나님을 찾으며 전능하신 이에게 간구하고

(욥 8:6) 또 청결하고 정직하면 반드시 너를 돌보시고 네 의로운 처소를 평안하게 하실

것이라

(욥 8:7) 네 시작은 미약하였으나 네 나중은 심히 창대하리라

(욥 19:25) 내가 알기에는 나의 대속자가 살아 계시니 마침내 그가 땅 위에 서실 것이라

(욥 19:26) 내 가죽이 벗김을 당한 뒤에도 내가 육체 밖에서 하나님을 보리라

(욥 23:10) 그러나 내가 가는 길을 그가 아시나니 그가 나를 단련하신 후에는 내가 순금
같이 되어 나오리라

(욥 40:6) 그 때에 여호와께서 폭풍우 가운데에서 욥에게 일러 말씀하시되

(욥 40:7) 너는 대장부처럼 허리를 묶고 내가 네게 묻겠으니 내게 대답할지니라

(욥 40:8) 네가 내 공의를 부인하려느냐 네 의를 세우려고 나를 악하다 하겠느냐

(욥 42:5) 내가 주께 대하여 귀로 듣기만 하였사오나 이제는 눈으로 주를 뵈옵나이다

(욥 42:6) 그러므로 내가 스스로 거두어들이고 티끌과 재 가운데에서 회개하나이다

(욥 42:10) 욥이 그의 친구들을 위하여 기도할 때 여호와께서 욥의 곤경을 돌이키시고 여
호와께서 욥에게 이전 모든 소유보다 갑절이나 주신지라

19. 시편

1. 시편 핵심개관

1. 시편의 히브리어 제목은 찬양의 책이라고 되어 있습니다. 시편은 유대인의 찬송가였으며 마틴 루터는 시편을 '작은 성경'이라고 불렀습니다.

2. 시편은 다윗의 시편(73개)이 주류를 이룹니다.(1권의 37개, 제2권의 18개, 제3권의 1개, 제4권의 2개, 제5권의 15개) 그 밖에 아삽(50편, 73-83편, 고라의 자손(42-44편, 84-85편, 87-88편) 솔로몬(72편, 127편) 모세(90편), 에단(89편) 등이 저자로 되어 있습니다. 시편 137편 같은 시는 다윗이 죽은 후약 400년경 바벨론 포로때 기록되었습니다.

3. "복 있는 사람은 악인들의 꾀를 따르지 아니하며 죄인들의 길에 서지 아니하며 오만한 자들의 자리에 앉지 아니하고"(1:1) 이는 시편 전체의 요약이라고 할 수 있습니다. 시편 1편은 지혜의 시(Maskil)에 속합니다.

4. 시편 8편은 9절 밖에 안되는 시이지만 하늘과 땅을 창조하신 하나님의 사역을 찬양하고 있습니다.

5. 시편 23편은 많은 위로를 주는 시입니다. 이 시에서는 하나님을 목자로 묘사하고 있습니다. 하나님과 우리의 관계를 목자와 양의 관계로 말한 것입니다. 4절은 시편의 핵심주제를 포함하고 있습니다. "내가 사망의 음침한 골짜기로 다닐지라도 해를 두려워하지 않을 것은 주께서 나와 함께 하심이라 주의 지팡이와 막대기가 나를 안위하시나이다"

6. 시편 120-134편은 예루살렘에 올라가는 순례자의 노래로 알려져 있습니다.

2. 시편 중요성경구절

(시 1:1) 복 있는 사람은 악인들의 꾀를 따르지 아니하며 죄인들의 길에 서지 아니하며 오
　　　　만한 자들의 자리에 앉지 아니하고

(시 1:2) 오직 여호와의 율법을 즐거워하여 그의 율법을 주야로 묵상하는도다

(시 1:3) 그는 시냇가에 심은 나무가 철을 따라 열매를 맺으며 그 잎사귀가 마르지 아니
　　　　함 같으니 그가 하는 모든 일이 다 형통하리로다

(시 1:4) 악인들은 그렇지 아니함이여 오직 바람에 나는 겨와 같도다

(시 1:5) 그러므로 악인들은 심판을 견디지 못하며 죄인들이 의인들의 모임에 들지 못하
　　　　리로다

(시 1:6) 무릇 의인들의 길은 여호와께서 인정하시나 악인들의 길은 망하리로다

(시 8:1) 여호와 우리 주여 주의 이름이 온 땅에 어찌 그리 아름다운지요 주의 영광이 하
　　　　늘을 덮었나이다

(시 8:5) 그를 하나님보다 조금 못하게 하시고 영화와 존귀로 관을 씌우셨나이다

(시 12:6) 여호와의 말씀은 순결함이여 흙 도가니에 일곱 번 단련한 은 같도다

(시 14:1) 어리석은 자는 그의 마음에 이르기를 하나님이 없다 하는도다 그들은 부패하
　　　　고 그 행실이 가증하니 선을 행하는 자가 없도다

(시 15:1) 여호와여 주의 장막에 머무를 자 누구오며 주의 성산에 사는 자 누구오니이까

(시 15:2) 정직하게 행하며 공의를 실천하며 그의 마음에 진실을 말하며

(시 18:1) 나의 힘이신 여호와여 내가 주를 사랑하나이다

(시 18:2) 여호와는 나의 반석이시요 나의 요새시요 나를 건지시는 이시요 나의 하나님
　　　　이시요 내가 그 안에 피할 나의 바위시요 나의 방패시요 나의 구원의 뿔이시요
　　　　나의 산성이시로다

(시 19:7) 여호와의 율법은 완전하여 영혼을 소성시키며 여호와의 증거는 확실하여 우둔

한 자를 지혜롭게 하며

(시 19:8) 여호와의 교훈은 정직하여 마음을 기쁘게 하고 여호와의 계명은 순결하여 눈을 밝게 하시도다

(시 19:14) 나의 반석이시요 나의 구속자이신 여호와여 내 입의 말과 마음의 묵상이 주님 앞에 열납되기를 원하나이다

(시 23:1) 여호와는 나의 목자시니 내게 부족함이 없으리로다

(시 23:2) 그가 나를 푸른 풀밭에 누이시며 쉴 만한 물 가로 인도하시는도다

(시 23:3) 내 영혼을 소생시키시고 자기 이름을 위하여 의의 길로 인도하시는도다

(시 23:4) 내가 사망의 음침한 골짜기로 다닐지라도 해를 두려워하지 않을 것은 주께서 나와 함께 하심이라 주의 지팡이와 막대기가 나를 안위하시나이다

(시 23:5) 주께서 내 원수의 목전에서 내게 상을 차려 주시고 기름을 내 머리에 부으셨으니 내 잔이 넘치나이다

(시 23:6) 내 평생에 선하심과 인자하심이 반드시 나를 따르리니 내가 여호와의 집에 영원히 살리로다

(시 30:11) 주께서 나의 슬픔이 변하여 내게 춤이 되게 하시며 나의 베옷을 벗기고 기쁨으로 띠 띠우셨나이다

(시 33:1) 너희 의인들아 여호와를 즐거워하라 찬송은 정직한 자들이 마땅히 할 바로다

(시 34:18) 여호와는 마음이 상한 자를 가까이 하시고 충심으로 통회하는 자를 구원하시는도다

(시 37:1) 악을 행하는 자들 때문에 불평하지 말며 불의를 행하는 자들을 시기하지 말지어다

(시 37:5) 네 길을 여호와께 맡기라 그를 의지하면 그가 이루시고

(시 37:6) 네 의를 빛 같이 나타내시며 네 공의를 정오의 빛 같이 하시리로다

(시 37:7) 여호와 앞에 잠잠하고 참고 기다리라 자기 길이 형통하며 악한 꾀를 이루는 자때문에 불평하지 말지어다

(시 37:23) 여호와께서 사람의 걸음을 정하시고 그의 길을 기뻐하시나니

(시 37:24) 그는 넘어지나 아주 엎드러지지 아니함은 여호와께서 그의 손으로 붙드심이로다

(시 42:1) 하나님이여 사슴이 시냇물을 찾기에 갈급함 같이 내 영혼이 주를 찾기에 갈급하니이다

(시 42:5) 내 영혼아 네가 어찌하여 낙심하며 어찌하여 내 속에서 불안해 하는가 너는 하나님께 소망을 두라 그가 나타나 도우심으로 말미암아 내가 여전히 찬송하리로다

(시 47:1) 너희 만민들아 손바닥을 치고 즐거운 소리로 하나님께 외칠지어다

(시 49:20) 존귀하나 깨닫지 못하는 사람은 멸망하는 짐승 같도다

(시 50:23) 감사로 제사를 드리는 자가 나를 영화롭게 하나니 그의 행위를 옳게 하는 자에게 내가 하나님의 구원을 보이리라

(시 51:16) 주께서는 제사를 기뻐하지 아니하시나니 그렇지 아니하면 내가 드렸을 것이라 주는 번제를 기뻐하지 아니하시나이다

(시 51:17) 하나님께서 구하시는 제사는 상한 심령이라 하나님이여 상하고 통회하는 마음을 주께서 멸시하지 아니하시리이다

(시 59:16) 나는 주의 힘을 노래하며 아침에 주의 인자하심을 높이 부르오리니 주는 나의 요새이시며 나의 환난 날에 피난처심이니이다

(시 59:17) 나의 힘이시여 내가 주께 찬송하오리니 하나님은 나의 요새이시며 나를 긍휼히 여기시는 하나님이심이니이다

(시 81:10) 나는 너를 애굽 땅에서 인도하여 낸 여호와 네 하나님이니 네 입을 크게 열라 내가 채우리라 하였으나

(시 84:1) 만군의 여호와여 주의 장막이 어찌 그리 사랑스러운지요

(시 84:2) 내 영혼이 여호와의 궁정을 사모하여 쇠약함이여 내 마음과 육체가 살아 계시는 하나님께 부르짖나이다

(시 84:5) 주께 힘을 얻고 그 마음에 시온의 대로가 있는 자는 복이 있나이다

(시 84:6) 그들이 눈물 골짜기로 지나갈 때에 그 곳에 많은 샘이 있을 것이며 이른 비가
　　　　복을 채워 주나이다

(시 84:7) 그들은 힘을 얻고 더 얻어 나아가 시온에서 하나님 앞에 각기 나타나리이다

(시 90:4) 주의 목전에는 천 년이 지나간 어제 같으며 밤의 한 순간 같을 뿐임이니이다

(시 90:10) 우리의 연수가 칠십이요 강건하면 팔십이라도 그 연수의 자랑은 수고와 슬픔
　　　　뿐이요 신속히 가니 우리가 날아가나이다

(시 91:14) 하나님이 이르시되 그가 나를 사랑한즉 내가 그를 건지리라 그가 내 이름을
　　　　안즉 내가 그를 높이리라

(시 100:1) 온 땅이여 여호와께 즐거이 부를지어다

(시 100:2) 기쁨으로 여호와를 섬기며 노래하면서 그 앞에 나아갈지어다

(시 100:3) 여호와가 우리 하나님이신 줄 너희는 알지어다 그는 우리를 지으신 자시요 우
　　　　리는 그의 것이니 그의 백성이요 그의 기르시는 양이로다

(시 100:4) 감사함으로 그 문에 들어가며 찬송함으로 그 궁정에 들어가서 그에게 감사하
　　　　며 그 이름을 송축할지어다

(시 100:5) 대저 여호와는 선하시니 그 인자하심이 영원하고 그 성실하심이 대대에 미
　　　　치리로다

(시 103:1) 내 영혼아 여호와를 송축하라 내 속에 있는 것들아 다 그의 거룩한 이름을 송
　　　　축하라

(시 103:2) 내 영혼아 여호와를 송축하며 그의 모든 은택을 잊지 말지어다

(시 103:3) 그가 네 모든 죄악을 사하시며 네 모든 병을 고치시며

(시 103:4) 네 생명을 파멸에서 속량하시고 인자와 긍휼로 관을 씌우시며

(시 103:5) 좋은 것으로 네 소원을 만족하게 하사 네 청춘을 독수리 같이 새롭게 하시
　　　　는도다

(시 103:8) 여호와는 긍휼이 많으시고 은혜로우시며 노하기를 더디 하시고 인자하심이

풍부하시도다

(시 103:15) 인생은 그 날이 풀과 같으며 그 영화가 들의 꽃과 같도다

(시 113:3) 해 돋는 데에서부터 해 지는 데에까지 여호와의 이름이 찬양을 받으시리로다

(시 116:15) 그의 경건한 자들의 죽음은 여호와께서 보시기에 귀중한 것이로다

(시 118:22) 건축자가 버린 돌이 집 모퉁이의 머릿돌이 되었나니

(시 118:23) 이는 여호와께서 행하신 것이요 우리 눈에 기이한 바로다

(시 118:24) 이 날은 여호와께서 정하신 것이라 이 날에 우리가 즐거워하고 기뻐하리로다

(시 119:18) 내 눈을 열어서 주의 율법에서 놀라운 것을 보게 하소서

(시 119:71) 고난 당한 것이 내게 유익이라 이로 말미암아 내가 주의 율례들을 배우게 되었나이다

(시 126:1) 여호와께서 시온의 포로를 돌려 보내실 때에 우리는 꿈꾸는 것 같았도다

(시 126:2) 그 때에 우리 입에는 웃음이 가득하고 우리 혀에는 찬양이 찼었도다 그 때에 뭇 나라 가운데에서 말하기를 여호와께서 그들을 위하여 큰 일을 행하셨다 하였도다

(시 126:3) 여호와께서 우리를 위하여 큰 일을 행하셨으니 우리는 기쁘도다

(시 126:4) 여호와여 우리의 포로를 남방 시내들 같이 돌려 보내소서

(시 126:5) 눈물을 흘리며 씨를 뿌리는 자는 기쁨으로 거두리로다

(시 126:6) 울며 씨를 뿌리러 나가는 자는 반드시 기쁨으로 그 곡식 단을 가지고 돌아오리로다

(시 127:1) 여호와께서 집을 세우지 아니하시면 세우는 자의 수고가 헛되며 여호와께서 성을 지키지 아니하시면 파수꾼의 깨어 있음이 헛되도다

(시 127:2) 너희가 일찍이 일어나고 늦게 누우며 수고의 떡을 먹음이 헛되도다 그러므로 여호와께서 그의 사랑하시는 자에게는 잠을 주시는도다

(시 127:3) 보라 자식들은 여호와의 기업이요 태의 열매는 그의 상급이로다

(시 133:1) 보라 형제가 연합하여 동거함이 어찌 그리 선하고 아름다운고

(시 133:2) 머리에 있는 보배로운 기름이 수염 곧 아론의 수염에 흘러서 그의 옷깃까지 내림 같고

(시 133:3) 헐몬의 이슬이 시온의 산들에 내림 같도다 거기서 여호와께서 복을 명령하셨나니 곧 영생이로다

(시 150:1) 할렐루야 그의 성소에서 하나님을 찬양하며 그의 권능의 궁창에서 그를 찬양할지어다

(시 150:2) 그의 능하신 행동을 찬양하며 그의 지극히 위대하심을 따라 찬양할지어다

(시 150:3) 나팔 소리로 찬양하며 비파와 수금으로 찬양할지어다

(시 150:4) 소고 치며 춤 추어 찬양하며 현악과 통소로 찬양할지어다

(시 150:5) 큰 소리 나는 제금으로 찬양하며 높은 소리 나는 제금으로 찬양할지어다

(시 150:6) 호흡이 있는 자마다 여호와를 찬양할지어다 할렐루야

20. 잠언

1. 잠언 핵심개관

1. 잠언은 히브리어로 '마샬'인데 이는 '비슷하다' 혹은 '비유'라는 뜻을 가진 마로 많은 격언들이 비유로 응축되어 있습니다.

2. 잠언의 핵심은 잠언서 1:7에 잘 요약되어 있습니다. "여호와를 경외하는 것이 지식의 근본이거늘" 이 구절은 여러 곳에서 계속 반복되고 있습니다. 잠언은 31장으로 되어 있으며 신자들이 하나님과 이웃과 조화를 이루는 삶의 비결과 축복을 가르쳐 주고 있습니다.

3. 잠언은 솔로몬 이후 250년이 지난 히스기야왕 때(잠 25:1) 편집된 것으로 보고 있습니다.

4. 잠언은 다음과 같은 구조를 가지고 있습니다. 1부 지혜에 대한 일반적 교훈(1-9장) 2부 여섯 개의 잠언집(12장-31:9) 3부 완전한 여자에 대한 시(31:10-31장)입니다.

5. 지혜의 근본이 '여호와를 경외하는 것'(1:7)이란 말은 하나님께 대한 바른 자세와 즉 하나님께 예배하는 것을 말합니다.

6. 잠언은 여호와를 경외하는 것이 지혜의 근본이라는 말로 시작하여 지혜있고 칭찬받을만한 여자가 누구인지를 요약하면서 끝나고 있습니다.(잠 31:30)

2. 잠언 중요성경구절

(잠 1:7) 여호와를 경외하는 것이 지식의 근본이거늘 미련한 자는 지혜와 훈계를 멸시하느니라

(잠 1:8) 내 아들아 네 아비의 훈계를 들으며 네 어미의 법을 떠나지 말라

(잠 3:5) 너는 마음을 다하여 여호와를 신뢰하고 네 명철을 의지하지 말라

(잠 3:6) 너는 범사에 그를 인정하라 그리하면 네 길을 지도하시리라

(잠 3:9) 네 재물과 네 소산물의 처음 익은 열매로 여호와를 공경하라

(잠 3:10) 그리하면 네 창고가 가득히 차고 네 포도즙 틀에 새 포도즙이 넘치리라

(잠 4:23) 모든 지킬 만한 것 중에 더욱 네 마음을 지키라 생명의 근원이 이에서 남이니라

(잠 6:6) 게으른 자여 개미에게 가서 그가 하는 것을 보고 지혜를 얻으라

(잠 6:7) 개미는 두령도 없고 감독자도 없고 통치자도 없으되

(잠 6:8) 먹을 것을 여름 동안에 예비하며 추수 때에 양식을 모으느니라

(잠 6:9) 게으른 자여 네가 어느 때까지 누워 있겠느냐 네가 어느 때에 잠이 깨어 일어나겠느냐

(잠 6:10) 좀더 자자, 좀더 졸자, 손을 모으고 좀더 누워 있자 하면

(잠 6:11) 네 빈궁이 강도 같이 오며 네 곤핍이 군사 같이 이르리라

(잠 8:17) 나를 사랑하는 자들이 나의 사랑을 입으며 나를 간절히 찾는 자가 나를 만날 것이니라

(잠 9:10) 여호와를 경외하는 것이 지혜의 근본이요 거룩하신 자를 아는 것이 명철이니라

(잠 15:13) 마음의 즐거움은 얼굴을 빛나게 하여도 마음의 근심은 심령을 상하게 하느니라

(잠 16:1) 마음의 경영은 사람에게 있어도 말의 응답은 여호와께로부터 나오느니라

(잠 16:2) 사람의 행위가 자기 보기에는 모두 깨끗하여도 여호와는 심령을 감찰하시느

니라

(잠 16:3) 너의 행사를 여호와께 맡기라 그리하면 네가 경영하는 것이 이루어지리라

(잠 16:8) 적은 소득이 공의를 겸하면 많은 소득이 불의를 겸한 것보다 나으니라

(잠 16:9) 사람이 마음으로 자기의 길을 계획할지라도 그의 걸음을 인도하시는 이는 여
　　　　호와시니라

(잠 16:18) 교만은 패망의 선봉이요 거만한 마음은 넘어짐의 앞잡이니라

(잠 16:32) 노하기를 더디하는 자는 용사보다 낫고 자기의 마음을 다스리는 자는 성을 빼
　　　　앗는 자보다 나으니라

(잠 17:1) 마른 떡 한 조각만 있고도 화목하는 것이 제육이 집에 가득하고도 다투는 것
　　　　보다 나으니라

(잠 17:3) 도가니는 은을, 풀무는 금을 연단하거니와 여호와는 마음을 연단하시느니라

(잠 17:22) 마음의 즐거움은 양약이라도 심령의 근심은 뼈를 마르게 하느니라

(잠 18:21) 죽고 사는 것이 혀의 힘에 달렸나니 혀를 쓰기 좋아하는 자는 혀의 열매를
　　　　먹으리라

(잠 22:6) 마땅히 행할 길을 아이에게 가르치라 그리하면 늙어도 그것을 떠나지 아니하
　　　　리라

(잠 25:11) 경우에 합당한 말은 아로새긴 은 쟁반에 금 사과니라

(잠 31:10) 누가 현숙한 여인을 찾아 얻겠느냐 그의 값은 진주보다 더 하니라

21. 전도서

1. 전도서 핵심개관

1. 전도서는 하나님을 떠난 공허함을 보여 위해서 기록된 것이기 때문에 전도적 맥락에서 읽을 때 그 핵심을 이해할 수 있습니다.

2. 전도서에는 '해 아래서'란 말이 29번이나 반복되고 있습니다. 따라서 전도서는 고린도전서 2:14의 말씀의 맥락 속에서 보아야 합니다.

3. 전도서의 주제는 1장 1-3절에 요약되어 있습니다. 하나님을 떠난 인생은 살 가치가 없고 모든 것은 다 헛되고 공허하다는 것입니다. 솔로몬에게 가치있는 일에 2장 24절에 이렇게 고백합니다. "사람이 먹고 마시며 수고하는 것보다 그의 마음을 더 기쁘게 하는 것은 없나니 내가 이것도 본즉 하나님의 손에서 나오는 것이로다" 12장 13-14절에 "일의 결국을 다 들었으니 하나님을 경외하고 그의 명령들을 지킬지어다 이것이 모든 사람의 본분이니라 하나님은 모든 행위와 모든 은밀한 일을 선악 간에 심판하시리라"고 결론을 내리고 있습니다.

4. 성경 가운데 가장 감동적인 구절 중 하나가 3장 1-8절에 때에 대한 교훈입니다. "범사에 기한이 있고 천하 만사가 다 때가 있나니"(3:1) 30번이나 때가 있다고 말하고 있습니다. 따라서 우리에게 가장 중요한 것은 때를 아는 지혜입니다.

5. 전도서의 결론은 믿음으로 살라(11:1-6), 인생이 어느 날인가 끝날 것을 기억하라(11:7-12:7), 하나님의 말씀을 순종하고 그를 경외하라(12:8-14)는 것입니다. 그리고 전체의 결론은 12:1에 나옵니다. "너는 청년의 때에 너의 창조주를 기억하라 곧 곤고한 날이 이르기 전에, 나는 아무 낙이 없다고 할 해들이 가깝기 전에"

2. 전도서 중요성경구절

(전 1:2) 전도자가 이르되 헛되고 헛되며 헛되고 헛되니 모든 것이 헛되도다

(전 1:14) 내가 해 아래에서 행하는 모든 일을 보았노라 보라 모두 다 헛되어 바람을 잡
으려는 것이로다

(전 3:1) 범사에 기한이 있고 천하 만사가 다 때가 있나니

(전 3:21) 인생들의 혼은 위로 올라가고 짐승의 혼은 아래 곧 땅으로 내려가는 줄을 누
가 알랴

(전 5:4) 네가 하나님께 서원하였거든 갚기를 더디게 하지 말라 하나님은 우매한 자들을
기뻐하지 아니하시나니 서원한 것을 갚으라

(전 5:7) 꿈이 많으면 헛된 일들이 많아지고 말이 많아도 그러하니 오직 너는 하나님을
경외할지니라

(전 7:4) 지혜자의 마음은 초상집에 있으되 우매한 자의 마음은 혼인집에 있느니라

(전 7:28) 내 마음이 계속 찾아 보았으나 아직도 찾지 못한 것이 이것이라 천 사람 가운
데서 한 사람을 내가 찾았으나 이 모든 사람들 중에서 여자는 한 사람도 찾지 못
하였느니라

(전 12:1) 너는 청년의 때에 너의 창조주를 기억하라 곧 곤고한 날이 이르기 전에, 나는
아무 낙이 없다고 할 해들이 가깝기 전에

(전 12:2) 해와 빛과 달과 별들이 어둡기 전에, 비 뒤에 구름이 다시 일어나기 전에 그리
하라

(전 12:13) 일의 결국을 다 들었으니 하나님을 경외하고 그의 명령들을 지킬지어다 이것
이 모든 사람의 본분이니라

22. 아가서

1. 아가서 핵심개관

1. 아가서는 하나님이란 말이 전혀 나오는 않는 것이 특징입니다. 그래서 정경 과정에서 문제가 되었으나 알레고리적 방법으로 해석함으로써 해결되었습니다. 솔로몬의 술람미 여인에 대한 사랑을 하나님의 이스라엘에 대한 사랑의 은유로 해석한 것입니다.
2. 아가서는 세가지 목적이 있습니다. 첫째 결혼에서의 사랑의 즐거움을 노래한 것으로 보고 있습니다. 둘째 이스라엘의 '남은 자들'에 대한 하나님의 사랑으로 해석합니다. 셋째 교회애 대한 그리스도의 사랑으로 해석합니다.
3. "나는 내 사랑하는 자에게 속하였고 내 사랑하는 자는 내게 속하였으며"(6:3) 이것은 아가서 가운데 가장 유명한 구절 중 하나입니다. 참 사랑은 서로에게 속하는 것이고. 결코 둘이 아닌 하나인 것입니다. 하나님과 이스라엘의 관계, 그리스도와 교회의 관계를 표현한 것입니다.
4. 술람미 여인은 자기에게 대한 사랑의 보증하기를 원하고 있습니다. 도장은 사인과 같은 것이다. 소유주가 누구인지를 말해 준다. 술람미 여인은 사랑의 성격과 능력을 말하고 있는 것입니다(8:6-7).

2. 아가서 중요성경구절

(아 1:15) 내 사랑아 너는 어여쁘고 어여쁘다 네 눈이 비둘기 같구나
(아 2:1) 나는 사론의 수선화요 골짜기의 백합화로다

(아 2:2) 여자들 중에 내 사랑은 가시나무 가운데 백합화 같도다

(아 2:3) 남자들 중에 나의 사랑하는 자는 수풀 가운데 사과나무 같구나 내가 그 그늘에 앉아서 심히 기뻐하였고 그 열매는 내 입에 달았도다

(아 2:15) 우리를 위하여 여우 곧 포도원을 허는 작은 여우를 잡으라 우리의 포도원에 꽃이 피었음이라

(아 5:3) 내가 옷을 벗었으니 어찌 다시 입겠으며 내가 발을 씻었으니 어찌 다시 더럽히랴마는

(아 8:6) 너는 나를 도장 같이 마음에 품고 도장 같이 팔에 두라 사랑은 죽음 같이 강하고 질투는 스올 같이 잔인하며 불길 같이 일어나니 그 기세가 여호와의 불과 같으니라

(아 8:7) 많은 물도 이 사랑을 끄지 못하겠고 홍수라도 삼키지 못하나니 사람이 그의 온 가산을 다 주고 사랑과 바꾸려 할지라도 오히려 멸시를 받으리라

23. 이사야

1. 이사야 핵심개관

1. 이사야서는 성경에서 가장 긴 예언서이고 이사야는 '여호와는 구원이시다' 라는 뜻입니다.
2. 이사야선지자가 예언의 책들을 기록한 목적은 기울어져 가는 유다왕국의 장래를 보면서 백성이 경성하고 회개하도록 하고 구원이란 하나님의 은혜로 말미암아 이루어진다는 것을 가르치기 위해서였습니다.
3. 이사야서는 전체적으로 네 가지의 죄악을 지적합니다. 첫째 우상숭배(2:8-9) 둘째 교만(5:13) 셋째 술취함(5:1-12, 22:2) 넷째 탐욕과 압제(3:12, 5:7-8, 23)입니다.
4. 이사야는 두아들의 이름을 예언적으로 지었습니다. '마할살랄하스바스'는 '노략이 속히 오리라'는 뜻이며(8:1) '스알야숩'은 '남은 자는 돌아온다'는 뜻입니다.
5. 히스기야왕의 위대한 것은 이사야 37장을 보면 옷을 찢고 굵은 베옷을 입고 위하여 기도했다는 점입니다. 38장에서는 히스기야가 병 고침을 받고 수명이 15년 연장되자 9절 이하에서는 하나님을 찬양하는 장면이 나오고 있습니다.

2. 이사야 중요성경구절

(사 1:18) 여호와께서 말씀하시되 오라 우리가 서로 변론하자 너희의 죄가 주홍 같을지라도 눈과 같이 희어질 것이요 진홍 같이 붉을지라도 양털 같이 희게 되리라

(사 2:3) 많은 백성이 가며 이르기를 오라 우리가 여호와의 산에 오르며 야곱의 하나님의
　　　전에 이르자 그가 그의 길을 우리에게 가르치실 것이라 우리가 그 길로 행하리
　　　라 하리니 이는 율법이 시온에서부터 나올 것이요 여호와의 말씀이 예루살렘에
　　　서부터 나올 것임이니라

(사 2:22) 너희는 인생을 의지하지 말라 그의 호흡은 코에 있나니 셈할 가치가 어디 있
　　　느냐

(사 6:2) 스랍들이 모시고 섰는데 각기 여섯 날개가 있어 그 둘로는 자기의 얼굴을 가리
　　　었고 그 둘로는 자기의 발을 가리었고 그 둘로는 날며

(사 6:3) 서로 불러 이르되 거룩하다 거룩하다 거룩하다 만군의 여호와여 그의 영광이 온
　　　땅에 충만하도다 하더라

(사 6:6) 그 때에 그 스랍 중의 하나가 부젓가락으로 제단에서 집은 바 핀 숯을 손에 가지
　　　고 내게로 날아와서

(사 6:7) 그것을 내 입술에 대며 이르되 보라 이것이 네 입에 닿았으니 네 악이 제하여졌
　　　고 네 죄가 사하여졌느니라 하더라

(사 6:8) 내가 또 주의 목소리를 들으니 주께서 이르시되 내가 누구를 보내며 누가 우리
　　　를 위하여 갈꼬 하시니 그 때에 내가 이르되 내가 여기 있나이다 나를 보내소
　　　서 하였더니

(사 7:14) 그러므로 주께서 친히 징조를 너희에게 주실 것이라 보라 처녀가 잉태하여 아
　　　들을 낳을 것이요 그의 이름을 2)임마누엘이라 하리라

(사 9:6) 이는 한 아기가 우리에게 났고 한 아들을 우리에게 주신 바 되었는데 그의 어깨
　　　에는 정사를 메었고 그의 이름은 기묘자라, 모사라, 전능하신 하나님이라, 영존
　　　하시는 아버지라, 평강의 왕이라 할 것임이라

(사 9:7) 그 정사와 평강의 더함이 무궁하며 또 다윗의 왕좌와 그의 나라에 군림하여 그
　　　나라를 굳게 세우고 지금 이후로 영원히 정의와 공의로 그것을 보존하실 것이라
　　　만군의 여호와의 열심이 이를 이루시리라

(사 11:1) 이새의 줄기에서 한 싹이 나며 그 뿌리에서 한 가지가 나서 결실할 것이요

(사 11:2) 그의 위에 여호와의 영 곧 지혜와 총명의 영이요 모략과 재능의 영이요 지식과
여호와를 경외하는 영이 강림하시리니

(사 11:9) 내 거룩한 산 모든 곳에서 해 됨도 없고 상함도 없을 것이니 이는 물이 바다를
덮음 같이 여호와를 아는 지식이 세상에 충만할 것임이니라

(사 12:2) 보라 하나님은 나의 구원이시라 내가 신뢰하고 두려움이 없으리니 주 여호와
는 나의 힘이시며 나의 노래시며 나의 구원이심이라

(사 12:3) 그러므로 너희가 기쁨으로 구원의 우물들에서 물을 길으리로다

(사 14:24) 만군의 여호와께서 맹세하여 이르시되 내가 생각한 것이 반드시 되며 내가 경
영한 것을 반드시 이루리라

(사 22:22) 내가 또 다윗의 집의 열쇠를 그의 어깨에 두리니 그가 열면 닫을 자가 없겠고
닫으면 열 자가 없으리라

(사 26:3) 주께서 심지가 견고한 자를 평강하고 평강하도록 지키시리니 이는 그가 주를
신뢰함이니이다

(사 29:13) 주께서 이르시되 이 백성이 입으로는 나를 가까이 하며 입술로는 나를 공경
하나 그들의 마음은 내게서 멀리 떠났나니 그들이 나를 경외함은 사람의 계명으
로 가르침을 받았을 뿐이라

(사 30:18) 그러나 여호와께서 기다리시나니 이는 너희에게 은혜를 베풀려 하심이요 일
어나시리니 이는 너희를 긍휼히 여기려 하심이라 대저 여호와는 정의의 하나님
이심이라 그를 기다리는 자마다 복이 있도다

(사 33:6) 네 시대에 평안함이 있으며 구원과 지혜와 지식이 풍성할 것이니 여호와를 경
외함이 네 보배니라

(사 34:16) 너희는 여호와의 책에서 찾아 읽어보라 이것들 가운데서 빠진 것이 하나도 없
고 제 짝이 없는 것이 없으리니 이는 여호와의 입이 이를 명령하셨고 그의 영이
이것들을 모으셨음이라

(사 35:10) 여호와의 속량함을 받은 자들이 돌아오되 노래하며 시온에 이르러 그들의 머리 위에 영영한 희락을 띠고 기쁨과 즐거움을 얻으리니 슬픔과 탄식이 사라지리로다

(사 38:3) 이르되 여호와여 구하오니 내가 주 앞에서 진실과 전심으로 행하며 주의 목전에서 선하게 행한 것을 기억하옵소서 하고 히스기야가 심히 통곡하니

(사 40:3) 외치는 자의 소리여 이르되 너희는 광야에서 여호와의 길을 예비하라 사막에서 우리 하나님의 대로를 평탄하게 하라

(사 40:4) 골짜기마다 돋우어지며 산마다, 언덕마다 낮아지며 고르지 아니한 곳이 평탄하게 되며 험한 곳이 평지가 될 것이요

(사 40:5) 여호와의 영광이 나타나고 모든 육체가 그것을 함께 보리라 이는 여호와의 입이 말씀하셨느니라

(사 40:29) 피곤한 자에게는 능력을 주시며 무능한 자에게는 힘을 더하시나니

(사 40:30) 소년이라도 피곤하며 곤비하며 장정이라도 넘어지며 쓰러지되

(사 40:31) 오직 여호와를 앙망하는 자는 새 힘을 얻으리니 독수리가 날개치며 올라감 같을 것이요 달음박질하여도 곤비하지 아니하겠고 걸어가도 피곤하지 아니하리로다

(사 41:10) 두려워하지 말라 내가 너와 함께 함이라 놀라지 말라 나는 네 하나님이 됨이라 내가 너를 굳세게 하리라 참으로 너를 도와 주리라 참으로 나의 의로운 오른손으로 너를 붙들리라

(사 41:15) 보라 내가 너를 이가 날카로운 새 타작기로 삼으리니 네가 산들을 쳐서 부스러기를 만들 것이며 작은 산들을 겨 같이 만들 것이라

(사 42:3) 상한 갈대를 꺾지 아니하며 꺼져가는 등불을 끄지 아니하고 진실로 정의를 시행할 것이며

(사 43:1) 야곱아 너를 창조하신 여호와께서 지금 말씀하시느니라 이스라엘아 너를 지으신 이가 말씀하시느니라 너는 두려워하지 말라 내가 너를 구속하였고 내가 너를

지명하여 불렀나니 너는 내 것이라

(사 43:2) 네가 물 가운데로 지날 때에 내가 너와 함께 할 것이라 강을 건널 때에 물이 너를 침몰하지 못할 것이며 네가 불 가운데로 지날 때에 타지도 아니할 것이요 불꽃이 너를 사르지도 못하리니

(사 43:11) 나 곧 나는 여호와라 나 외에 구원자가 없느니라

(사 43:18) 너희는 이전 일을 기억하지 말며 옛날 일을 생각하지 말라

(사 43:19) 보라 내가 새 일을 행하리니 이제 나타낼 것이라 너희가 그것을 알지 못하겠느냐 반드시 내가 광야에 길을 사막에 강을 내리니

(사 43:20) 장차 들짐승 곧 승냥이와 타조도 나를 존경할 것은 내가 광야에 물을, 사막에 강들을 내어 내 백성, 내가 택한 자에게 마시게 할 것임이라

(사 43:21) 이 백성은 내가 나를 위하여 지었나니 나를 찬송하게 하려 함이니라

(사 44:3) 나는 목마른 자에게 물을 주며 마른 땅에 시내가 흐르게 하며 나의 영을 네 자손에게, 나의 복을 네 후손에게 부어 주리니

(사 48:22) 여호와께서 말씀하시되 악인에게는 평강이 없다 하셨느니라

(사 51:11) 여호와께 구속 받은 자들이 돌아와 노래하며 시온으로 돌아오니 영원한 기쁨이 그들의 머리 위에 있고 슬픔과 탄식이 달아나리이다

(사 52:7) 좋은 소식을 전하며 평화를 공포하며 복된 좋은 소식을 가져오며 구원을 공포하며 시온을 향하여 이르기를 네 하나님이 통치하신다 하는 자의 산을 넘는 발이 어찌 그리 아름다운가

(사 53:4) 그는 실로 우리의 질고를 지고 우리의 슬픔을 당하였거늘 우리는 생각하기를 그는 징벌을 받아 하나님께 맞으며 고난을 당한다 하였노라

(사 53:5) 그가 찔림은 우리의 허물 때문이요 그가 상함은 우리의 죄악 때문이라 그가 징계를 받으므로 우리는 평화를 누리고 그가 채찍에 맞으므로 우리는 나음을 받았도다

(사 53:6) 우리는 다 양 같아서 그릇 행하여 각기 제 길로 갔거늘 여호와께서는 우리 모두

의 죄악을 그에게 담당시키셨도다

(사 54:2) 네 장막터를 넓히며 네 처소의 휘장을 아끼지 말고 널리 펴되 너의 줄을 길게 하며 너의 말뚝을 견고히 할지어다

(사 54:4) 두려워하지 말라 네가 수치를 당하지 아니하리라 놀라지 말라 네가 부끄러움을 보지 아니하리라 네가 네 젊었을 때의 수치를 잊겠고 과부 때의 치욕을 다시 기억함이 없으리니

(사 54:7) 내가 잠시 너를 버렸으나 큰 긍휼로 너를 모을 것이요

(사 55:1) 오호라 너희 모든 목마른 자들아 물로 나아오라 돈 없는 자도 오라 너희는 와서 사 먹되 돈 없이, 값 없이 와서 포도주와 젖을 사라

(사 55:2) 너희가 어찌하여 양식이 아닌 것을 위하여 은을 달아 주며 배부르게 하지 못할 것을 위하여 수고하느냐 내게 듣고 들을지어다 그리하면 너희가 좋은 것을 먹을 것이며 너희 자신들이 기름진 것으로 즐거움을 얻으리라

(사 55:6) 너희는 여호와를 만날 만한 때에 찾으라 가까이 계실 때에 그를 부르라

(사 55:7) 악인은 그의 길을, 불의한 자는 그의 생각을 버리고 여호와께로 돌아오라 그리하면 그가 긍휼히 여기시리라 우리 하나님께로 돌아오라 그가 너그럽게 용서하시리라

(사 55:8) 이는 내 생각이 너희의 생각과 다르며 내 길은 너희의 길과 다름이니라 여호와의 말씀이니라

(사 55:9) 이는 하늘이 땅보다 높음 같이 내 길은 너희의 길보다 높으며 내 생각은 너희의 생각보다 높음이니라

(사 58:6) 내가 기뻐하는 금식은 흉악의 결박을 풀어 주며 멍에의 줄을 끌러 주며 압제 당하는 자를 자유하게 하며 모든 멍에를 꺾는 것이 아니겠느냐

(사 58:9) 네가 부를 때에는 나 여호와가 응답하겠고 네가 부르짖을 때에는 내가 여기 있다 하리라 만일 네가 너희 중에서 멍에와 손가락질과 허망한 말을 제하여 버리고

(사 59:1) 여호와의 손이 짧아 구원하지 못하심도 아니요 귀가 둔하여 듣지 못하심도 아

니라

(사 59:2) 오직 너희 죄악이 너희와 너희 하나님 사이를 갈라 놓았고 너희 죄가 그의 얼굴을 가리어서 너희에게서 듣지 않으시게 함이니라

(사 60:1) 일어나라 빛을 발하라 이는 네 빛이 이르렀고 여호와의 영광이 네 위에 임하였음이니라

(사 60:2) 보라 어둠이 땅을 덮을 것이며 캄캄함이 만민을 가리려니와 오직 여호와께서 네 위에 임하실 것이며 그의 영광이 네 위에 나타나리니

(사 60:3) 나라들은 네 빛으로, 왕들은 비치는 네 광명으로 나아오리라

(사 60:22) 그 작은 자가 천 명을 이루겠고 그 약한 자가 강국을 이룰 것이라 때가 되면 나 여호와가 속히 이루리라

(사 61:1) 주 여호와의 영이 내게 내리셨으니 이는 여호와께서 내게 기름을 부으사 가난한 자에게 아름다운 소식을 전하게 하려 하심이라 나를 보내사 마음이 상한 자를 고치며 포로된 자에게 자유를, 갇힌 자에게 놓임을 선포하며

(사 61:2) 여호와의 은혜의 해와 우리 하나님의 보복의 날을 선포하여 모든 슬픈 자를 위로하되

(사 66:22) 내가 지을 새 하늘과 새 땅이 내 앞에 항상 있는 것 같이 너희 자손과 너희 이름이 항상 있으리라 여호와의 말이니라

24. 예레미야

1. 예레미야 핵심개관

1. 예레미야는 제사장 가문에서 태어난 사람입니다. 그의 아버지 힐기야는 제사
   장으로서 요시야왕에게 율법책을 전달한 사람이었습니다.(왕하 22장)
예레미야서는 그의 어려운 배경속에서 기록되었기 때문에 많은 눈물자국을 볼
   수 있습니다. 그래서 예레미야를 눈물의 선지자로 부르기도 합니다.
2. 구약에는 "여호의 말이니라", "여호와가 이같이 이르노라"는 말씀이 343번
   나오는데 예레미야서에만 157번이나 나옵니다. 이는 예레미야가 철저하게 여
   호와의 말씀의 예언자임을 말해 주고 있습니다.
3. 예레미야는 주전 627년에 소명을 받았습니다. 이때 하나님께서 두가지의 환
   상을 주셨습니다. 즉 살구나무 환상과 끓는 가마의 환상입니다. 이 환상은 유
   다가 우상숭배로 인하여 바벨론의 침략을 받게 될 것을 예언한 것입니다. 끓
   는 가마는 북쪽에서 밀물처럼 밀려오게 될 바벨론의 침략을 상징한 것입니다.
4. 예레미야 24장은 유명한 무화과 두 광주리의 환상이 나옵니다. 한 광주리에
   는 좋은 무화과가 있고 다른 한 광주리에는 극히 악하여 먹을 수 없는 무화과
   가 있었습니다. 좋은 무화과는 포로로 잡혀가나 다시 돌아올 무리들을 의미하
   고 나쁜 무화과는 시드기야를 포함한 불경건한 백성들로서 멸망하게 될 것을
   의미합니다. 놀라운 것은 "세상 모든 나라 중에 흩어서 그들로 환난을 당하게
   할 것"(9절)을 예언한 점입니다.
5. 예레미야서 30장은 유다와 이스라엘의 회복이 예언되고 있습니다. 그 회복은
   세가지로 되어있습니다. 1-11절에서는 육체적 회복을, 12-17절에서는 정신

적 치유를 18-22절에서는 물질적 축복을 말씀하고 있는 것입니다.

6. 예레미야서는 38장의 마지막은 이렇게 끝납니다. "예레미야가 예루살렘이 함락되는 날까지 시위대 뜰에 머물렀더라"(28절) 39장은 예루살렘의 함락 장이고 6-7절에서는 당시의 결과를 기록하고 있습니다.

7. 예레미야 43장에서는 예레미야가 애굽으로 끌려간 것을 기록하고 있습니다. 44장에서는 애굽의 유대인들에 대한 예언이 나오고 특히 10-11절에서는 심판의 이유와 결과를 기록하고 있습니다.

8. 예레미야서 50장은 바벨론의 멸망과 51장에서는 심판의 필연성을 언급하고 있습니다. 그러면 왜 바벨론이 멸망하게 되었는가? 예레미야서 50장 23절에서 예레미야는 이렇게 묻습니다. "온 세계의 망치가 어찌 그리 꺾여 부서졌는고 바벨론이 어찌 그리 나라들 가운데에 황무지가 되었는고" 그 이유를 예레미야는 이렇게 지적합니다. 첫째는 깨닫지 못함이요(50:24) 둘째는 교만하였기 때문(50:31) 셋째는 선민들에 대한 학대 때문(50:33) 넷째 우상숭배 때문이라는 것입니다(51:17).

2. 예레미야 중요성경구절

(렘 1:5) 내가 너를 모태에 짓기 전에 너를 알았고 네가 배에서 나오기 전에 너를 성별하였고 너를 여러 나라의 선지자로 세웠노라 하시기로

(렘 1:6) 내가 이르되 슬프도소이다 주 여호와여 보소서 나는 아이라 말할 줄을 알지 못하나이다 하니

(렘 1:9) 여호와께서 그의 손을 내밀어 내 입에 대시며 여호와께서 내게 이르시되 보라 내가 내 말을 네 입에 두었노라

(렘 2:13) 내 백성이 두 가지 악을 행하였나니 곧 그들이 생수의 근원되는 나를 버린 것과

스스로 웅덩이를 판 것인데 그것은 그 물을 가두지 못할 터진 웅덩이들이니라

(렘 13:7) 내가 유브라데로 가서 그 감추었던 곳을 파고 띠를 가져오니 띠가 썩어서 쓸 수 없게 되었더라

(렘 15:20) 내가 너로 이 백성 앞에 견고한 놋 성벽이 되게 하리니 그들이 너를 칠지라도 이기지 못할 것은 내가 너와 함께 하여 너를 구하여 건짐이라 여호와의 말씀이니라

(렘 17:8) 그는 물 가에 심어진 나무가 그 뿌리를 강변에 뻗치고 더위가 올지라도 두려워하지 아니하며 그 잎이 청청하며 가무는 해에도 걱정이 없고 결실이 그치지 아니함 같으리라

(렘 20:9) 내가 다시는 여호와를 선포하지 아니하며 그의 이름으로 말하지 아니하리라 하면 나의 마음이 불붙는 것 같아서 골수에 사무치니 답답하여 견딜 수 없나이다

(렘 23:29) 여호와의 말씀이니라 내 말이 불 같지 아니하냐 바위를 쳐서 부스러뜨리는 방망이 같지 아니하냐

(렘 25:11) 이 모든 땅이 폐허가 되어 놀랄 일이 될 것이며 이 민족들은 칠십 년 동안 바벨론의 왕을 섬기리라

(렘 29:12) 너희가 내게 부르짖으며 내게 와서 기도하면 내가 너희들의 기도를 들을 것이요

(렘 29:13) 너희가 온 마음으로 나를 구하면 나를 찾을 것이요 나를 만나리라

(렘 31:15) 여호와께서 이와 같이 말씀하시니라 라마에서 슬퍼하며 통곡하는 소리가 들리니 라헬이 그 자식 때문에 애곡하는 것이라 그가 자식이 없어져서 위로 받기를 거절하는도다

(렘 33:2) 일을 행하시는 여호와, 그것을 만들며 성취하시는 여호와, 그의 이름을 여호와라 하는 이가 이와 같이 이르시도다

(렘 33:3) 너는 내게 부르짖으라 내가 네게 응답하겠고 네가 알지 못하는 크고 은밀한 일을 네게 보이리라

(렘 33:15) 그 날 그 때에 내가 다윗에게서 한 공의로운 가지가 나게 하리니 그가 이 땅에 정의와 공의를 실행할 것이라

25. 예레미야애가

1. 예레미야애가 핵심개관

1. 본래의 제목은 비통을 뜻하는 애카(Ekah)의 '어찌하여'였으나 70인역에서 예레미야애가로 불리게 되었습니다.

2. 애가라는 말은 "큰 소리로 높여 운다"는 뜻으로 이 책의 내용은 애가란 명칭 하나에 들어있습니다.

3. 아브월 9일 예루살렘 성전이 느부갓네살에 의해 멸망한 날을 기념하면서 읽히게 되었습니다.

4. 3장에서는 백성의 슬픔과 낙담을 이렇게 묘사하고 있습니다. "여호와의 분노의 매로 말미암아 고난 당한 자는 나로다... 종일토록 손을 들어 자주자주 나를 치시는도다 나의 살과 가죽을 쇠하게 하시며 나의 뼈들을 꺾으셨고"(예레미야애가 3:1, 3-4) 그러나 19-20절에서는 이런 슬픔과 고난 속에서도 소망을 가지는 이유를 설명하고 있습니다. "내 고초와 재난 곧 쑥과 담즙을 기억하소서 내 마음이 그것을 기억하고 내가 낙심이 되오나 이것을 내가 내 마음에 담아 두었더니 그것이 오히려 나의 소망이 되었사옴은 여호와의 인자와 긍휼이 무궁하시므로 우리가 진멸되지 아니함이니이다 이것들이 아침마다 새로우니 주의 성실하심이 크시도소이다"(예레미야애가 3:19-23)

5. 예레미야애가에 나타난 고난의 의미를 보면 고난은 하나님의 목적을 달성하기 위해서 인간에게 내리시는 한 방편이라는 것입니다(3:37). 따라서 고난을 당하는 자는 하나님의 목적을 이루기 위해서 잠잠히 기다리는 것이 최선책입니다(3:25-27). 그래서 시인은 절망 중에 감사하며 그 날을 기다리며 간구하

고 있습니다. "우리의 날들을 다시 새롭게 하사 옛적 같게 하옵소서"(애 5:21)

2. 예레미야애가 중요성경구절

(애 3:22) 여호와의 인자와 긍휼이 무궁하시므로 우리가 진멸되지 아니함이니이다

(애 3:23) 이것들이 아침마다 새로우니 주의 성실하심이 크시도소이다

(애 5:19) 여호와여 주는 영원히 계시오며 주의 보좌는 대대에 이르나이다

26. 에스겔

1. 에스겔 핵심개관

1. 에스겔은 '하나님께서 강하게 하신다'는 뜻입니다. 에스겔은 바벨론에 포로로 잡혀 갔습니다.

2. 에스겔은 다음과 같은 구조를 가지고 있습니다. 1부는 에스겔의 환상과 소명 (1-3장) 2부 유다의 심판(4-24장) 3부 이방인들에 대한 예언(25-32장) 4부는 이스라엘의 회복(33-48장)입니다.

3. 2장은 에스겔의 소명이 나옵니다. 인자라는 말이 93회 나오는데 여기서 인자라는 말은 인자되신 예수님을 의미하는 것이 아니라 사람이라는 뜻입니다. 즉 에스겔 선지자를 인자라고 불렀습니다.

4. 에스겔의 사명은 다섯가지로 말씀하고 있습니다. 첫째 선지자로서의 사명 (2:1-10) 둘째 두려워할 줄 모르는 고발자의 사명(3:1-9) 셋째 하나님의 대변자로서의 사명(3:10-11) 넷째 파숫군으로서의 사명(3:16-20) 다섯째 충성스러운 전령관으로서의 사명(3:22-27)입니다.

5. 10장에서는 성전에서 하나님의 영광이 떠났다고 했습니다. 18절을 보면 "여호와의 영광이 성전 문지방을 떠나서"라고 했습니다. 이것을 '이가봇'이라고 하는데 그 뜻은 하나님의 영광이 떠났다라는 뜻입니다. 그렇다면 왜 하나님의 영광이 떠났는가? 그것은 예루살렘이 우상숭배와 교만과 거짓과 위선과 죄로 인해 철저하게 부패했기 때문입니다.

6. 땅의 경계(47:13-23)와 새 땅의 분배(48:1-29)를 말한 후에 메시야 왕국시대의 예루살렘(48:30-35)에 대해 언급하는데 이는 영원한 천국에 대한 환상

입니다. 마지막에 "여호와 삼마라 하리라"(48:35)는 결론은 "여호와께서 거기 계신다"는 뜻으로 참 여호와의 왕국이 다시 세워질 것을 예언한 것입니다.

2. 에스겔 중요성경구절

(겔 3:17) 인자야 내가 너를 이스라엘 족속의 파수꾼으로 세웠으니 너는 내 입의 말을 듣고 나를 대신하여 그들을 깨우치라

(겔 15:2) 인자야 포도나무가 모든 나무보다 나은 것이 무엇이랴 숲속의 여러 나무 가운데에 있는 그 포도나무 가지가 나은 것이 무엇이랴

(겔 15:3) 그 나무를 가지고 무엇을 제조할 수 있겠느냐 그것으로 무슨 그릇을 걸 못을 만들 수 있겠느냐

(겔 37:5) 주 여호와께서 이 뼈들에게 이같이 말씀하시기를 내가 생기를 너희에게 들어가게 하리니 너희가 살아나리라

(겔 37:6) 너희 위에 힘줄을 두고 살을 입히고 가죽으로 덮고 너희 속에 생기를 넣으리니 너희가 살아나리라 또 내가 여호와인 줄 너희가 알리라 하셨다 하라

(겔 37:7) 이에 내가 명령을 따라 대언하니 대언할 때에 소리가 나고 움직이며 이 뼈, 저 뼈가 들어 맞아 뼈들이 서로 연결되더라

(겔 37:8) 내가 또 보니 그 뼈에 힘줄이 생기고 살이 오르며 그 위에 가죽이 덮이나 그 속에 생기는 없더라

(겔 37:9) 또 내게 이르시되 인자야 너는 생기를 향하여 대언하라 생기에게 대언하여 이르기를 주 여호와께서 이같이 말씀하시기를 생기야 사방에서부터 와서 이 죽음을 당한 자에게 불어서 살아나게 하라 하셨다 하라

(겔 37:10) 이에 내가 그 명령대로 대언하였더니 생기가 그들에게 들어가매 그들이 곧 살아나서 일어나 서는데 극히 큰 군대더라

(겔 47:3) 그 사람이 손에 줄을 잡고 동쪽으로 나아가며 천 척을 측량한 후에 내게 그 물
을 건너게 하시니 물이 발목에 오르더니

(겔 47:4) 다시 천 척을 측량하고 내게 물을 건너게 하시니 물이 무릎에 오르고 다시 천
척을 측량하고 내게 물을 건너게 하시니 물이 허리에 오르고

(겔 47:5) 다시 천 척을 측량하시니 물이 내가 건너지 못할 강이 된지라 그 물이 가득하여
헤엄칠 만한 물이요 사람이 능히 건너지 못할 강이더라

(겔 48:35) 그 사방의 합계는 만 팔천 척이라 그 날 후로는 그 성읍의 이름을 여호와삼
마라 하리라

27. 다니엘

1. 다니엘 핵심개관

1. 다니엘이라는 말은 "하나님은 심판이시다"라는 뜻으로 다니엘은 왕족의 혈
   통을 가졌으며(1:3) 예레미야, 에스겔과 같은 동료 포로였습니다.(겔 14:20)
2. 다니엘은 느부갓네살에서 고레스까지 활동한 예언자입니다. 이 책의 주제는
   하나님의 통치입니다.
3. 다니엘은 어떤 인물인가? 에 대해서 단 1;8에 이렇게 기록하고 있습니다. "다
   니엘은 뜻을 정하여 왕의 음식과 그가 마시는 포도주로 자기를 더럽히지 아니
   하리라 하고 자기를 더럽히지 아니하도록 환관장에게 구하니"
4. 2장에 나오는 느부갓네살의 꿈에 나타난 신상은 머리가 정금(바벨론), 가슴
   과 팔은 은(메대, 바사), 배와 넓적다리는 놋(알렉산더의 그리스제국), 종아리
   는 철(로마제국), 뜨인돌은 메시아왕국을 의미하는 것이었습니다, 그리고 7장
   에 나오는 다니엘의 꿈에 나타난 사자는 바벨론, 곰은 메대와 바사, 표범은 그
   리스제국, 열뿔 달린 짐승은 로마제국, 인자같은 이는 메시아 예수를 의미하
   고 있습니다.
5. 3장의 풀무 장에서는 사드락과 메삭과 아베느고가 믿음으로 마침내 풀무 속
   에서 머리카락 하나 다치지 않고 구원을 받은 내용입니다. 이는 이사야 43:2
   의 성취입니다."네가 물 가운데로 지날 때에 내가 너와 함께 할 것이라 강을
   건널 때에 물이 너를 침몰하지 못할 것이며 네가 불 가운데로 지날 때에 타지
   도 아니할 것이요 불꽃이 너를 사르지도 못하리니"
6. 6장에 사자굴에서 일어난 이야기가 나오는데 이 사건의 기록은 다니엘의 신

앙과 하나님의 보호를 언급하고 있습니다. "다니엘이 이 조서에 왕의 도장이 찍힌 것을 알고도 자기 집에 돌아가서는 윗방에 올라가 예루살렘으로 향한 창문을 열고 전에 하던 대로 하루 세 번씩 무릎을 꿇고 기도하며 그의 하나님께 감사하였더라"(다니엘 6:10) "그들이 왕 앞에서 말하여 이르되 왕이여 사로잡혀 온 유다 자손 중에 다니엘이 왕과 왕의 도장이 찍힌 금령을 존중하지 아니하고 하루 세 번씩 기도하나이다 하니"(다니엘 6:13) 그리고 그 결과가 24절에 나옵니다. "왕이 말하여 다니엘을 참소한 사람들을 끌어오게 하고 그들을 그들의 처자들과 함께 사자 굴에 던져 넣게 하였더니 그들이 굴 바닥에 닿기도 전에 사자들이 곧 그들을 움켜서 그 뼈까지도 부서뜨렸더라"

7. 다니엘서는 다니엘의 개인적 역사(1장), 이방인들에 대한 예언(2-7장), 이스라엘에 대한 예언(8-12장)을 다루고 있습니다.

2. 다니엘 중요성경구절

(단 1:7) 환관장이 그들의 이름을 고쳐 다니엘은 벨드사살이라 하고 하나냐는 사드락이라 하고 미사엘은 메삭이라 하고 아사랴는 아벳느고라 하였더라

(단 3:16) 사드락과 메삭과 아벳느고가 왕에게 대답하여 이르되 느부갓네살이여 우리가 이 일에 대하여 왕에게 대답할 필요가 없나이다

(단 3:17) 왕이여 우리가 섬기는 하나님이 계시다면 우리를 맹렬히 타는 풀무불 가운데에서 능히 건져내시겠고 왕의 손에서도 건져내시리이다

(단 3:18) 그렇게 하지 아니하실지라도 왕이여 우리가 왕의 신들을 섬기지도 아니하고 왕이 세우신 금 신상에게 절하지도 아니할 줄을 아옵소서

(단 4:26) 또 그들이 그 나무뿌리의 그루터기를 남겨 두라 하였은즉 하나님이 다스리시는 줄을 왕이 깨달은 후에야 왕의 나라가 견고하리이다

(단 5:26) 그 글을 해석하건대 메네는 하나님이 이미 왕의 나라의 시대를 세어서 그것을 끝나게 하셨다 함이요

(단 5:27) 데겔은 왕을 저울에 달아 보니 부족함이 보였다 함이요

(단 6:22) 나의 하나님이 이미 그의 천사를 보내어 사자들의 입을 봉하셨으므로 사자들이 나를 상해하지 못하였사오니 이는 나의 무죄함이 그 앞에 명백함이오며 또 왕이여 나는 왕에게도 해를 끼치지 아니하였나이다 하니라

(단 10:11) 내게 이르되 큰 은총을 받은 사람 다니엘아 내가 네게 이르는 말을 깨닫고 일어서라 내가 네게 보내심을 받았느니라 하더라 그가 내게 이 말을 한 후에 내가 떨며 일어서니

(단 12:3) 지혜 있는 자는 궁창의 빛과 같이 빛날 것이요 많은 사람을 옳은 데로 돌아오게 한 자는 별과 같이 영원토록 빛나리라

28. 호세아

1. 호세아 핵심개관

1. 호세아는 구원, 건져냄의 뜻을 가지고 있고 이스라엘이 멸망한 주전 721년 이전입니다.

2. 호세아서는 이스라엘이 죽을 병에 걸리게 된 근본 원인은 진실하지 못함과 배교였습니다. 그러면서는 호세아는 소망이 있다고 보았고 그것은 하나님의 마음속에 자리잡고 있는 깊은 사랑 때문이라는 것입니다.

3. 호세아의 첫째 아들은 '이스르엘'인데 하나님의 씨를 심으신다는 뜻이고 이 이름은 이스라엘이 엄청난 죄악을 저지름으로 인해 하나님의 무서운 심판이 임할 것을 말씀하신 것입니다,

4. 둘째 딸은 '로루하마'로 긍휼히 여김을 받지 못하는 자라는 뜻이며 셋째 아들은 '로암미'는 내 백성이 아니다는 라는 뜻으로 하나님과의 관계가 깨어진 것을 뜻하고 있습니다.

5. 고멜은 결혼 전에도 음란한 여자였는가? 일반적인 견해는 그렇게 보고 있습니다. 고멜은 호세아와 결혼을 하고 세 자녀를 낳았는데 그 중에 적어도 둘은 호세아의 자녀가 아니었습니다. 그 후 고멜은 호세아를 버리고 다른 남자에게로 갔습니다. 하지만 호세아는 다시 그녀를 데려 와서 아내를 삼았습니다. 호세아의 사랑은 고멜을 버릴 수가 없었기 때문입니다. 이것은 바로 여호와 하나님의 이스라엘에 대한 마음과 똑같은 것이었습니다.

2. 호세아 중요성경구절

(호 1:2) 여호와께서 처음 호세아에게 말씀하실 때 여호와께서 호세아에게 이르시되 너
　　　　는 가서 음란한 여자를 맞이하여 음란한 자식들을 낳으라 이 나라가 여호와를
　　　　떠나 크게 음란함이니라 하시니

(호 6:1) 오라 우리가 여호와께로 돌아가자 여호와께서 우리를 찢으셨으나 도로 낫게 하
　　　　실 것이요 우리를 치셨으나 싸매어 주실 것임이라

(호 6:2) 여호와께서 이틀 후에 우리를 살리시며 셋째 날에 우리를 일으키시리니 우리가
　　　　그의 앞에서 살리라

(호 6:3) 그러므로 우리가 여호와를 알자 힘써 여호와를 알자 그의 나타나심은 새벽 빛
　　　　같이 어김없나니 비와 같이, 땅을 적시는 늦은 비와 같이 우리에게 임하시리라
　　　　하니라

(호 6:6) 나는 인애를 원하고 제사를 원하지 아니하며 번제보다 하나님을 아는 것을 원
　　　　하노라

(호 10:12) 너희가 자기를 위하여 공의를 심고 인애를 거두라 너희 묵은 땅을 기경하라
　　　　지금이 곧 여호와를 찾을 때니 마침내 여호와께서 오사 공의를 비처럼 너희에
　　　　게 내리시리라

29. 요엘

1. 요엘 핵심개관

1. 요엘은 "여호와는 하나님이시다"라는 뜻으로 회개의 필요성을 강조하고 있습니다.
2. 요엘서가 유명한 것은 사도행전에서 베드로가 오순절 설교때 인용했기 때문입니다.
3. 요엘은 어떤 사람인지는 알려져 있지 않으나 다만 1:1에서 볼 수 있듯이 브두엘의 아들이라는 점이며 요엘이 예언했던 당시는 예루살렘은 망했고 유다 백성은 포로로 잡혀가 있었으며 유다의 합병이 있은 후로 추측되고 있습니다.
4. 요엘서의 내용은 메뚜기 재앙의 의미(1장), 임박한 재앙에서의 하나님의 구원(2장), 대환란과 최후의 승리(3장)입니다.

2. 요엘 중요성경구절

(욜 1:4) 팥중이가 남긴 것을 메뚜기가 먹고 메뚜기가 남긴 것을 느치가 먹고 느치가 남긴 것을 황충이 먹었도다

(욜 2:13) 너희는 옷을 찢지 말고 마음을 찢고 너희 하나님 여호와께로 돌아올지어다 그는 은혜로우시며 자비로우시며 노하기를 더디하시며 인애가 크시사 뜻을 돌이켜 재앙을 내리지 아니하시나니

(욜 2:23) 시온의 자녀들아 너희는 너희 하나님 여호와로 말미암아 기뻐하며 즐거워할지어다 그가 너희를 위하여 비를 내리시되 이른 비를 너희에게 적당하게 주시리니

이른 비와 늦은 비가 예전과 같을 것이라

(욜 2:28) 그 후에 내가 내 영을 만민에게 부어 주리니 너희 자녀들이 장래 일을 말할 것이
며 너희 늙은이는 꿈을 꾸며 너희 젊은이는 이상을 볼 것이며 모든 육체

(욜 2:29) 그 때에 내가 또 내 영을 남종과 여종에게 부어 줄 것이며

(욜 2:30) 내가 이적을 하늘과 땅에 베풀리니 곧 피와 불과 연기 기둥이라

(욜 2:31) 여호와의 크고 두려운 날이 이르기 전에 해가 어두워지고 달이 핏빛 같이 변
하려니와

(욜 2:32) 누구든지 여호와의 이름을 부르는 자는 구원을 얻으리니 이는 나 여호와의 말
대로 시온 산과 예루살렘에서 피할 자가 있을 것임이요 남은 자 중에 나 여호와
의 부름을 받을 자가 있을 것임이니라

30. 아모스

1. 아모스 핵심개관

1. 아모스는 "멍에를 진 자"라는 뜻으로 목자요 뽕나무를 재배하던 자였습니다. 그는 예루살렘에서 남쪽으로 16킬로미터 떨어진 드고아에서 살았지만 국경을 넘어 이스라엘땅으로 가서 심판을 선포했습니다.

2. 아모스서는 여로보암 2세 당시를 배경으로 하고 있고 당시 북왕국 이스라엘은 전성기를 누리고 있었습니다. 그러나 이들의 부는 소수의 권력층에만 한정되어 아합이 나봇에게 행했던 것과 같은 약탈 행위를 일삼았습니다.(왕상 21장)

3. 심판에 관한 다섯 개의 환상(7-9장)이 나오고 있습니다. 황충(메뚜기)의 환상(7:1-3)에서는 메뚜기가 날아와서 모든 것을 다 먹어 치우는데 중동지역에는 메뚜기떼 수천만 마리가 한꺼번에 날아와서 모든 식물을 남김없이 다 먹어 해치우는 일이 종종 일어난다. 여기서는 바벨론의 침략을 묘사한 것입니다. 불의 환상(7:4-6), 다림줄환상(7:7-9)에서는 이스라엘의 멸망을 지금 막 무너져 내리는 벽으로 묘사하고 있으며 자비에 대한 간구를 전혀 드리지 않고 있습니다. 여름 실과 한 광주리의 환상(8:1-3)에서는 영적 기근과 기갈이 여호와의 말씀을 듣지 못한 기갈임을 선포하고 있습니다. 벧엘 제단의 돌들이 백성의 머리에 떨어지는 환상(9:1-4)이 나오고 있습니다.

2. 아모스 중요성경구절

(암 5:24) 오직 정의를 물 같이, 공의를 마르지 않는 강 같이 흐르게 할지어다

(암 8:11) 주 여호와의 말씀이니라 보라 날이 이를지라 내가 기근을 땅에 보내리니 양식
이 없어 주림이 아니며 물이 없어 갈함이 아니요 여호와의 말씀을 듣지 못한 기
갈이라

31. 오바댜

1. 오바댜 핵심개관

1. 오바댜서는 구약의 예언서 중에 가장 짧으며 여호와의 종이라는 뜻입니다.
2. 예언의 내용은 에돔이 유다를 배신한 것을 정죄하고 주의 날에 에돔이 완전히 멸망할 것을 기록하고 있습니다.
3. 오바댜서의 구조는 애돔의 멸망을 예언(1-9절), 에돔의 멸망의 원인(10-14절), 여호와의 날(15-21절)에 대한 내용입니다.
4. 여호와의 날은 만국을 벌할 날을 말하는 것입니다. 오바댜서 1:15에 "여호와께서 만국을 벌할 날이 가까웠나니 네가 행한 대로 너도 받을 것인즉 네가 행한 것이 네 머리로 돌아갈 것이라"고 했습니다.

2. 오바댜 중요성경구절

(옵 1:4) 네가 독수리처럼 높이 오르며 별 사이에 깃들일지라도 내가 거기에서 너를 끌어 내리리라 여호와의 말씀이니라

32. 요나

1. 요나 핵심개관

1. 요나는 여로보암 2세때 활동한 예언자이며 그의 이름은 비둘기라는 뜻입니다.

2. 요나서의 주제는 하나님의 은혜이며 내용은 구원의 우주적 성격을 말하고 있습니다.

3. 요나가 하나님의 사명을 거절하는데에는 3가지 이유가 있었습니다. 첫째는 그의 편협한 민족주의 때문이었고 둘째는 적대국애 가서 말씀을 선포하는데 따르는 위험성이 내포되어 있었고 셋째는 국내에서의 기득권 상실 때문이었습니다.

4. 요나는 니느웨의 회개의 결과에 대해 싫어하고 노했습니다.(욘 4:1) 이는 요나가 이기적이고 소견이 좁았기 때문입니다. 하나님은 이것을 가르쳐 주기 위하여 박넝쿨을 준바하여 그늘이 되게 했다가 벌레를 통하여 먹어 시들게 하였고 이것은 요나로 하여금 하나님은 모든 피조물을 사랑하신다는 것을 깨닫게 하셨습니다.

2. 요나 중요성경구절

(욘 1:17) 여호와께서 이미 큰 물고기를 예비하사 요나를 삼키게 하셨으므로 요나가 밤낮 삼 일을 물고기 뱃속에 있으니라

(욘 2:1) 요나가 물고기 뱃속에서 그의 하나님 여호와께 기도하여

(욘 2:2) 이르되 내가 받는 고난으로 말미암아 여호와께 불러 아뢰었더니 주께서 내게 대
답하셨고 내가 스올의 뱃속에서 부르짖었더니 주께서 내 음성을 들으셨나이다

(욘 2:3) 주께서 나를 깊음 속 바다 가운데에 던지셨으므로 큰 물이 나를 둘렀고 주의 파
도와 큰 물결이 다 내 위에 넘쳤나이다

(욘 2:4) 내가 말하기를 내가 주의 목전에서 쫓겨났을지라도 다시 주의 성전을 바라보겠
다 하였나이다

(욘 2:9) 나는 감사하는 목소리로 주께 제사를 드리며 나의 서원을 주께 갚겠나이다 구원
은 여호와께 속하였나이다 하니라

(욘 3:4) 요나가 그 성읍에 들어가서 하루 동안 다니며 외쳐 이르되 사십 일이 지나면 니
느웨가 무너지리라 하였더니

(욘 4:2) 여호와께 기도하여 이르되 여호와여 내가 고국에 있을 때에 이러하겠다고 말씀
하지 아니하였나이까 그러므로 내가 빨리 다시스로 도망하였사오니 주께서는
은혜로우시며 자비로우시며 노하기를 더디하시며 인애가 크시사 뜻을 돌이켜
재앙을 내리지 아니하시는 하나님이신 줄을 내가 알았음이니이다

(욘 4:10) 여호와께서 이르시되 네가 수고도 아니하였고 재배도 아니하였고 하룻밤에 났
다가 하룻밤에 말라 버린 이 박넝쿨을 아꼈거든

(욘 4:11) 하물며 이 큰 성읍 니느웨에는 좌우를 분변하지 못하는 자가 십이만여 명이요
가축도 많이 있나니 내가 어찌 아끼지 아니하겠느냐 하시니라

33. 미가

1. 미가 핵심개관

1. 미가는 요담, 아하스, 히스기야왕 때 활동한 농부 출신의 예언자이며 '누가 여호와와 같은가?'의 뜻입니다.
2. 알려지기는 이사야의 제자였다고 합니다.
3. 미가는 벌거벗고 다니면서 앗수르의 침입이 임박한 것을 예언했습니다.(미가 1:8-9)
4. 이사야는 시온은 영원하다고 예언했고 미가는 반대로 말했습니다. 그러나 이사야의 예언은 영원한 하나님의 나라를 말한 것입니다.
5. 미가서는 메시야의 초림을 예언하고 있다는 점입니다. "베들레헴 에브라다야 너는 유다 족속 중에 작을지라도 이스라엘을 다스릴 자가 네게서 내게로 나올 것이라 그의 근본은 상고에, 영원에 있느니라"(미가 5:2)

2. 미가 중요성경구절

(미 5:2) 베들레헴 에브라다야 너는 유다 족속 중에 작을지라도 이스라엘을 다스릴 자가 네게서 내게로 나올 것이라 그의 근본은 상고에, 영원에 있느니라

(미 7:5) 너희는 이웃을 믿지 말며 친구를 의지하지 말며 네 품에 누운 여인에게라도 네 입의 문을 지킬지어다

(미 7:19) 다시 우리를 불쌍히 여기셔서 우리의 죄악을 발로 밟으시고 우리의 모든 죄를 깊은 바다에 던지시리이다

34. 나훔

1. 나훔 핵심개관

1. 나훔서는 요시야왕의 종교개혁 이후 앗수르 멸망 직전에 기록한 것으로 그의 이름의 뜻은 위로자, 위안자라는 뜻입니다.
2. 나훔의 예언은 다른 예언자들과 차이점은 다른 예언자들은 이스라엘의 죄악에 초점을 맞추고 있는 반면에 그는 유다의 대적인 앗수르에 대해 예언하고 있다는 점입니다.
3. 나훔서는 심판에 나타난 하나님의 성품(1장), 니느웨의 멸망의 예고(2장), 니느웨의 멸망 원인(3장)에 대한 것입니다.
4. 니느웨의 멸망 원인은 피흘림과 궤휼과 강포와 늑탈이란 단어에 잘 나타나 있습니다. 앗수르는 세력확장과 야망을 위해서 전쟁을 일삼았습니다.

2. 나훔 중요성경구절

(나 1:7) 여호와는 선하시며 환난 날에 산성이시라 그는 자기에게 피하는 자들을 아시느니라

(나 3:1) 화 있을진저 피의 성이여 그 안에는 거짓이 가득하고 포악이 가득하며 탈취가 떠나지 아니하는도다

35. 하박국

1. 하박국 핵심개관

1. 하박국서는 니느웨가 함락되었던 사기 즉 주전 612년 경에 가록된 것으로 보고 있다. 그의 이름의 뜻은 껴안은 자라는 뜻입니다.
2. 이 세상은 불의가 의보다 더 득세하는 것 같이 보이나 모든 역사를 주관하시는 분은 하나님이시고 따라서 의인은 믿음으로 살아야 할 것을 가르쳐 주고 있습니다.
3. 하박국서는 하박국의 질문(1-2장), 하박국의 찬양(3장)의 내용으로 하나님과 대화를 나누는 대화체로 구성되어 있습니다.
4. 하박국의 찬양(3장)에는 먼저 하나님의 자비하심을 찬양하고(3:1-2), 하나님의 자비하심을 기억하며(3:3-5) 하나님의 구원을 확신하고 있습니다.(3:16-19)

2. 하박국 중요성경구절

(합 1:13) 주께서는 눈이 정결하시므로 악을 차마 보지 못하시며 패역을 차마 보지 못하시거늘 어찌하여 거짓된 자들을 방관하시며 악인이 자기보다 의로운 사람을 삼키는데도 잠잠하시나이까
(합 2:3) 이 묵시는 정한 때가 있나니 그 종말이 속히 이르겠고 결코 거짓되지 아니하리라 비록 더딜지라도 기다리라 지체되지 않고 반드시 응하리라
(합 2:4) 보라 그의 마음은 교만하며 그 속에서 정직하지 못하나 의인은 그의 믿음으로

말미암아 살리라

(합 3:17) 비록 무화과나무가 무성하지 못하며 포도나무에 열매가 없으며 감람나무에 소출이 없으며 밭에 먹을 것이 없으며 우리에 양이 없으며 외양간에 소가 없을지라도

(합 3:18) 나는 여호와로 말미암아 즐거워하며 나의 구원의 하나님으로 말미암아 기뻐하리로다

(합 3:19) 주 여호와는 나의 힘이시라 나의 발을 사슴과 같게 하사 나를 나의 높은 곳으로 다니게 하시리로다 이 노래는 지휘하는 사람을 위하여 내 수금에 맞춘 것이니라

36. 스바냐

1. 스바냐 핵심개관

1. 스바냐서는 요시야의 종교개혁(주전 612년)이 있기 직전에 기록된 것으로 여호와께서 숨겨 주신 자라는 뜻입니다.
2. 기록 목적은 진노의 날 즉 여호와의 날을 예언하면서 회심한 이방과 이스라엘의 남은 자들에게 주실 하나님의 구원을 알게 하는데 있습니다.
3. 1장에서는 일반적인 경고(1:2-3)에서 시작하여 심판의 원리(4-13절), 심판의 양상(14-18절)을 언급한 후에 회개를 촉구하고 있습니다.
4. 2장은 "수치를 모르는 백성이 모일지어다 모일지어다"(1절)라고 시작하면서 3절에서는 살 수 있는 길을 가르쳐 주고 있습니다.
5. 3장에서는 예루살렘에 임할 심판 예언이 나오고(1-7절) 먼저 흩어진 백성의 귀환(9-10절) 다음에는 범죄한 백성들이 회복되고(11-13절) 끝으로 구원받은 백성들의 기쁨이 나오고 있습니다.

2. 스바냐 중요성경구절

(습 3:14) 시온의 딸아 노래할지어다 이스라엘아 기쁘게 부를지어다 예루살렘 딸아 전심으로 기뻐하며 즐거워할지어다

(습 3:17) 너의 하나님 여호와가 너의 가운데에 계시니 그는 구원을 베푸실 전능자이시라 그가 너로 말미암아 기쁨을 이기지 못하시며 너를 잠잠히 사랑하시며 너로 말미암아 즐거이 부르며 기뻐하시리라 하리라

(습 3:20) 내가 그 때에 너희를 이끌고 그 때에 너희를 모을지라 내가 너희 목전에서 너희의 사로잡힘을 돌이킬 때에 너희에게 천하 만민 가운데서 명성과 칭찬을 얻게 하리라 여호와의 말이니라

37. 학개

1. 학개 핵심개관

1. 학개서는 다리오왕 이년 유월(주전 520년)에 기록되어 졌고 스바냐와 같은 동시대의 선지자입니다.
2. 학개는 잔치, 축제라는 뜻이고 본서의 주제는 성전 재건의 독려입니다.
3. 성전재건의 배경에는 스룹바벨의 인도 하에 제1차 귀환(스 1:1-10)이 있었고 귀환한 후에 성전 재건을 하였으나 방해자들의 책동이 심했습니다.(스 3-4장) 바로 이때(주전 520년) 하나님은 학개를 통해서 귀한 독려 말씀을 주셨고 그리고 나서 16년 만에 성전이 재건되기 시작했습니다. 그 후에도 두 번, 세 번 네 번에 걸쳐 말씀이 임했고 주전 515년에 성전이 마침내 완공되었습니다.
4. 학개서는 성전 재건의 명령(1장), 제2 성전의 영광(2:1-9), 순종에 대한 현세의 축복(2:10-19)에 대한 내용입니다.
5. 학개선지자는 제2의 성전이 솔로몬의 성전보다 더 영광스러운 것이라 말하면서 "이 땅 모든 백성아 스스로 굳세게 하여 일할지어다 내가 너희와 함께 하노라"(학개서 2:4)고 격려하며 제 2의 성전의 영광을 다시 언급하고 있습니다. "또한 모든 나라를 진동시킬 것이며 모든 나라의 보배가 이르리니 내가 이 성전에 영광이 충만하게 하리라 만군의 여호와의 말이니라 은도 내 것이요 금도 내 것이니라 만군의 여호와의 말이니라 이 성전의 나중 영광이 이전 영광보다 크리라 만군의 여호와의 말이니라 내가 이 곳에 평강을 주리라 만군의 여호와의 말이니라"(학개서 2:7-9)

2. 학개 중요성경구절

(학 1:6) 너희가 많이 뿌릴지라도 수확이 적으며 먹을지라도 배부르지 못하며 마실지라도 흡족하지 못하며 입어도 따뜻하지 못하며 일꾼이 삯을 받아도 그것을 구멍 뚫어진 전대에 넣음이 되느니라

(학 2:8) 은도 내 것이요 금도 내 것이니라 만군의 여호와의 말이니라

(학 2:9) 이 성전의 나중 영광이 이전 영광보다 크리라 만군의 여호와의 말이니라 내가 이곳에 평강을 주리라 만군의 여호와의 말이니라

(학 2:23) 만군의 여호와가 말하노라 스알디엘의 아들 내 종 스룹바벨아 여호와가 말하노라 그 날에 내가 너를 세우고 너를 인장으로 삼으리니 이는 내가 너를 택하였음이니라 만군의 여호와의 말이니라 하시니라

38. 스가랴

1. 스가랴 핵심개관

1. 스가랴는 여호와께서 기억하시는 자라는 뜻으로 본서의 중요한 메시지는 메시야에 대한 준비입니다.
2. 스가랴에는 메시야에 대한 다양한 표현이 나오고 있습니다. 즉 여호와의 사자, 외로운 순, 일곱 개의 눈을 가진 돌, 말뚝, 싸우는 활, 은 삼십에 팔린 선한 목자, 찔림받은 자, 씻는 샘, 버림받은 목자, 의로운 왕, 장차 오실 심판자 등입니다.
3. 스가랴서는 여덟 가지 환상(1-6장), 현재적 명령(7-8장), 미래의 일들(9-14장)에 대한 내용들입니다.
4. 여덟 가지 환상은 화석류 사이에 선 홍마를 탄 사람의 환상(1:7-17), 네 뿔과 네 공장의 환상(1:18-21), 척량줄을 잡은 사람의 환상(2장), 여호와의 사자 앞에 선 대제사장의 환상(3장), 순금등대와 두 감람나무의 환상(4장), 날아가는 두루마리의 환상(5:1-4), 에바 속에 있는 여인의 환상(5:5-11), 네 병거의 환상(6:1-8) 등 입니다.
5. 14장에서는 메시아의 통치를 예언하고 있습니다. 여기서 가장 많이 나오는 단어가 '그날에', '그때에'라는 말입니다.(1, 3, 4, 6, 8, 9, 13, 20, 21절) 그날은 바로 종말에 있을 메시아의 통치의 때를 의미합니다.

2. 스가랴 중요성경구절

(슥 4:6) 그가 내게 대답하여 이르되 여호와께서 스룹바벨에게 하신 말씀이 이러하니라 만군의 여호와께서 말씀하시되 이는 힘으로 되지 아니하며 능력으로 되지 아니하고 오직 나의 영으로 되느니라

(슥 9:9) 시온의 딸아 크게 기뻐할지어다 예루살렘의 딸아 즐거이 부를지어다 보라 네 왕이 네게 임하시나니 그는 공의로우시며 구원을 베푸시며 겸손하여서 나귀를 타시나니 나귀의 작은 것 곧 나귀 새끼니라

(슥 14:8) 그 날에 생수가 예루살렘에서 솟아나서 절반은 동해로, 절반은 서해로 흐를 것이라 여름에도 겨울에도 그러하리라

39. 말라기

1. 말라기 핵심개관

1. 말라기는 여호와의 천사 혹은 사자라는 뜻입니다.
2. 본서의 주제는 죄인들에 대한 호소이고 기록연대는 성전과 제사에 대한 언급이 있는 것으로 보아 바벨론 포로 이후에 기록된 것으로 추정되고 있습니다.
3. 길을 예비하시는 사자(3:1-6)는 세례요한의 사명을 언급하는데 인용되었습니다. "내가 내 사자를 보내리니 그가 내 앞에서 길을 예비할 것이요"(1절)
4. 불성실한 십일조(3:7-12)는 교인들에게 가장 많이 알려진 부분입니다. 이것은 그 당시의 십일조 생활이 형식화된 것을 비판한 것입니다.
5. 말라기는 주의 날을 이렇게 묘사하고 있습니다. 주의 날에 대한 약속입니다(4:1-3). "보라 용광로 불 같은 날이 이르리니 교만한 자와 악을 행하는 자는 다 지푸라기 같을 것이라 그 이르는 날에 그들을 살라 그 뿌리와 가지를 남기지 아니할 것이로되 내 이름을 경외하는 너희에게는 공의로운 해가 떠올라서 치료하는 광선을 비추리니 너희가 나가서 외양간에서 나온 송아지 같이 뛰리라 또 너희가 악인을 밟을 것이니 그들이 내가 정한 날에 너희 발바닥 밑에 재와 같으리라"(말라기 4:1-3절)
6. 엘리야의 출현(4:4-6)은 예수님께서 해석하신 대로 세례요한이 엘리야와 유사한 심령과 능력을 가지고 온 것을 말씀한 것 뿐입니다. "보라 여호와의 크고 두려운 날이 이르기 전에 내가 선지자 엘리야를 너희에게 보내리니"(말 4:5)

2. 말라기 중요성경구절

(말 2:5) 레위와 세운 나의 언약은 생명과 평강의 언약이라 내가 이것을 그에게 준 것은 그로 경외하게 하려 함이라 그가 나를 경외하고 내 이름을 두려워하였으며

(말 3:8) 사람이 어찌 하나님의 것을 도둑질하겠느냐 그러나 너희는 나의 것을 도둑질하고도 말하기를 우리가 어떻게 주의 것을 도둑질하였나이까 하는도다 이는 곧 십일조와 봉헌물이라

(말 3:9) 너희 곧 온 나라가 나의 것을 도둑질하였으므로 너희가 저주를 받았느니라

(말 3:10) 만군의 여호와가 이르노라 너희의 온전한 십일조를 창고에 들여 나의 집에 양식이 있게 하고 그것으로 나를 시험하여 내가 하늘 문을 열고 너희에게 복을 쌓을 곳이 없도록 붓지 아니하나 보라

(말 4:2) 내 이름을 경외하는 너희에게는 공의로운 해가 떠올라서 치료하는 광선을 비추리니 너희가 나가서 외양간에서 나온 송아지 같이 뛰리라

5장 · 신약성경 책별 성경암송

5장

신약성경 책별 성경암송

1. 신약성경 책별 핵심개관

성경암송 마스터는 성경책별 성경암송이 중심을 이루고 있습니다.

성경은 신약성경과 구약성경 등 총 31,173구절을 가지고 있습니다.

31,173구절 모든 성경구절이 다 중요한 영감의 말씀이지만 그 중에서 비교적 중요하다고 생각되는 중요핵심구절을 성경책별로 수록해 놓았습니다.

이 장에서는 먼저 구약성경 책별 핵심내용들을 언급했습니다.

많은 내용들 보다 각 책의 중요 내용들을 요약, 핵심적인 내용들을 서술하고 있습니다. 신약성경 책별 암송구절들을 읽고 암송하기 전에, 먼저 각 책의 핵심개관들을 정독한다면 신약성경 책별 성경암송하는데 매우 도움을 주리라 생각합니다.

천천히 그리고 정독해서 읽기를 바랍니다.

필요에 따라서는 신약성경 책별 핵심개관들을 암송하십시오.

2. 신약성경 책별 성경암송

성경암송 마스터는 성경을 사랑하는 독자들이 효과적으로 성경암송을 하는데 동기를 부여하고 필자가 경험했던 노하우의 성경암송의 효과를 극대화시키는데에 있습니다. 좀 더 체계적으로 성경을 암송하기 위해 책별성경암송을 기본으로 삼고 있습니다.

성경 책별 암송의 장점은 성경 각 권의 중요 핵심적 성경구절을 암송하는 것입니다. 성경을 어렵게 이해했던 사람들에게 보다 쉽게 접근할 수 있고 읽으면서 큰 기쁨이 있으리라 확신합니다.

여기에 수록된 성경 각 권의 책별 암송을 도전해 보시기 바랍니다.

1. 마태복음

1. 마태복음 핵심개관

1. 마태는 수리아 팔레스타인 지역에 살던 유대인 출신의 기독교인이며. 그는 본래 세리출신이었으나 예수를 믿고 난 후에 사도가 되었습니다.

2. 마태복음이 제일 먼저 나오는 것은 기록연대가 앞서기 때문이 아니라 구약과 신약을 연결하는 교량 역할을 하기 때문입니다.

3. 당시 모세오경은 유대인들에게 권위있는 하나님의 말씀으로 인정받고 있었습니다. 따라서 마태는 예수님의 설교를 모세오경과 견주어 소개하고 싶었을 것입니다. 그래서 마태는 예수님의 설교는 다섯 부분으로 편집하고 있습니다.
   1) 산상설교(5-7장) 2) 제자 파송의 명령(10장) 3) 비유장(13장, 천국비유)
   4) 교회훈련(겸손과 용서, 18장) 5) 종말적 교훈(24-25장)

4. 마태복음 24:3에 "예수께서 감람 산 위에 앉으셨을 때에 제자들이 조용히 와서 이르되 우리에게 이르소서 어느 때에 이런 일이 있겠사오며 또 주의 임하심과 세상 끝에는 무슨 징조가 있사오리이까"라고 질문했습니다. 이때 주님은 네 가지 징조가 있겠다고 하셨습니다.
   1) 난리의 소문과 나라가 나라를 대적함(24:7)
   2) 처처에 지진과 기근이 있을 것임(24:7)
   3) 불법이 성하게 됨(24:12)
   4) 거짓 그리스도가 나타날 것임(24:5)

5. 마태가 마태복음을 기록한 목적은 다음과 같습니다.
   1) 예수님이 구약에 예언된 그 메시아임을 증명하기 위하여

2) 다시 율법으로 돌아가려는 팔레스타인의 그리스도인을 위하여

3) 예수님을 직접 목격한 복음의 첫 세대가 예수님의 행적을 분명한 기록으로 남기기 위하여

2. 마태복음 중요성경구절

(마 1:1) 아브라함과 다윗의 자손 예수 그리스도의 계보라

(마 1:17) 그런즉 모든 대 수가 아브라함부터 다윗까지 열네 대요 다윗부터 바벨론으로 사로잡혀 갈 때까지 열네 대요 바벨론으로 사로잡혀 간 후부터 그리스도까지 열네 대더라

(마 1:18) 예수 그리스도의 나심은 이러하니라 그의 어머니 마리아가 요셉과 약혼하고 동거하기 전에 성령으로 잉태된 것이 나타났더니

(마 1:21) 아들을 낳으리니 이름을 예수라 하라 이는 그가 자기 백성을 그들의 죄에서 구원할 자이심이라 하니라

(마 1:23) 보라 처녀가 잉태하여 아들을 낳을 것이요 그의 이름은 임마누엘이라 하리라 하셨으니 이를 번역한즉 하나님이 우리와 함께 계시다 함이라

(마 2:11) 집에 들어가 아기와 그의 어머니 마리아가 함께 있는 것을 보고 엎드려 아기께 경배하고 보배합을 열어 황금과 유향과 몰약을 예물로 드리니라

(마 3:3) 그는 선지자 이사야를 통하여 말씀하신 자라 일렀으되 광야에 외치는 자의 소리가 있어 이르되 너희는 주의 길을 준비하라 그가 오실 길을 곧게 하라 하였느니라

(마 3:4) 이 요한은 낙타털 옷을 입고 허리에 가죽 띠를 띠고 음식은 메뚜기와 석청이었더라

(마 3:8) 그러므로 회개에 합당한 열매를 맺고

(마 3:10) 이미 도끼가 나무 뿌리에 놓였으니 좋은 열매를 맺지 아니하는 나무마다 찍혀 불에 던져지리라

(마 3:11) 나는 너희로 회개하게 하기 위하여 물로 세례를 베풀거니와 내 뒤에 오시는 이는 나보다 능력이 많으시니 나는 그의 신을 들기도 감당하지 못하겠노라 그는 성령과 불로 너희에게 세례를 베푸실 것이요

(마 3:16) 예수께서 세례를 받으시고 곧 물에서 올라오실새 하늘이 열리고 하나님의 성령이 비둘기 같이 내려 자기 위에 임하심을 보시더니

(마 3:17) 하늘로부터 소리가 있어 말씀하시되 이는 내 사랑하는 아들이요 내 기뻐하는 자라 하시니라

(마 4:4) 예수께서 대답하여 이르시되 기록되었으되 사람이 떡으로만 살 것이 아니요 하나님의 입으로부터 나오는 모든 말씀으로 살 것이라 하였느니라 하시니

(마 4:17) 이 때부터 예수께서 비로소 전파하여 이르시되 회개하라 천국이 가까이 왔느니라 하시더라

(마 4:19) 말씀하시되 나를 따라오라 내가 너희를 사람을 낚는 어부가 되게 하리라 하시니

(마 4:20) 그들이 곧 그물을 버려 두고 예수를 따르니라

(마 5:3) 심령이 가난한 자는 복이 있나니 천국이 그들의 것임이요

(마 5:4) 애통하는 자는 복이 있나니 그들이 위로를 받을 것임이요

(마 5:5) 온유한 자는 복이 있나니 그들이 땅을 기업으로 받을 것임이요

(마 5:6) 의에 주리고 목마른 자는 복이 있나니 그들이 배부를 것임이요

(마 5:7) 긍휼히 여기는 자는 복이 있나니 그들이 긍휼히 여김을 받을 것임이요

(마 5:8) 마음이 청결한 자는 복이 있나니 그들이 하나님을 볼 것임이요

(마 5:9) 화평하게 하는 자는 복이 있나니 그들이 하나님의 아들이라 일컬음을 받을 것임이요

(마 5:10) 의를 위하여 박해를 받은 자는 복이 있나니 천국이 그들의 것임이라

(마 5:13) 너희는 세상의 소금이니 소금이 만일 그 맛을 잃으면 무엇으로 짜게 하리요 후에는 아무 쓸 데 없어 다만 밖에 버려져 사람에게 밟힐 뿐이니라

(마 5:16) 이같이 너희 빛이 사람 앞에 비치게 하여 그들로 너희 착한 행실을 보고 하늘에 계신 너희 아버지께 영광을 돌리게 하라

(마 5:18) 진실로 너희에게 이르노니 천지가 없어지기 전에는 율법의 일점 일획도 결코 없어지지 아니하고 다 이루리라

(마 5:28) 나는 너희에게 이르노니 음욕을 품고 여자를 보는 자마다 마음에 이미 간음하였느니라

(마 5:44) 나는 너희에게 이르노니 너희 원수를 사랑하며 너희를 박해하는 자를 위하여 기도하라

(마 6:4) 네 구제함을 은밀하게 하라 은밀한 중에 보시는 너의 아버지께서 갚으시리라

(마 6:13) 우리를 시험에 들게 하지 마시옵고 다만 악에서 구하시옵소서 (나라와 권세와 영광이 아버지께 영원히 있사옵나이다 아멘

(마 6:21) 네 보물 있는 그 곳에는 네 마음도 있느니라

(마 6:33) 그런즉 너희는 먼저 그의 나라와 그의 의를 구하라 그리하면 이 모든 것을 너희에게 더하시리라

(마 6:34) 그러므로 내일 일을 위하여 염려하지 말라 내일 일은 내일이 염려할 것이요 한 날의 괴로움은 그 날로 족하니라

(마 7:1) 비판을 받지 아니하려거든 비판하지 말라

(마 7:3) 어찌하여 형제의 눈 속에 있는 티는 보고 네 눈 속에 있는 들보는 깨닫지 못하느냐

(마 7:7) 구하라 그리하면 너희에게 주실 것이요 찾으라 그리하면 찾아낼 것이요 문을 두드리라 그리하면 너희에게 열릴 것이니

(마 7:8) 구하는 이마다 받을 것이요 찾는 이는 찾아낼 것이요 두드리는 이에게는 열릴 것이니라

(마 7:11) 너희가 악한 자라도 좋은 것으로 자식에게 줄 줄 알거든 하물며 하늘에 계신 너
　　　　희 아버지께서 구하는 자에게 좋은 것으로 주시지 않겠느냐

(마 7:12) 그러므로 무엇이든지 남에게 대접을 받고자 하는 대로 너희도 남을 대접하라
　　　　이것이 율법이요 선지자니라

(마 7:20) 이러므로 그들의 열매로 그들을 알리라

(마 7:21) 나더러 주여 주여 하는 자마다 다 천국에 들어갈 것이 아니요 다만 하늘에 계신
　　　　내 아버지의 뜻대로 행하는 자라야 들어가리라

(마 8:8) 백부장이 대답하여 이르되 주여 내 집에 들어오심을 나는 감당하지 못하겠사오
　　　　니 다만 말씀으로만 하옵소서 그러면 내 하인이 낫겠사옵나이다

(마 8:20) 예수께서 이르시되 여우도 굴이 있고 공중의 새도 거처가 있으되 인자는 머리
　　　　둘 곳이 없다 하시더라

(마 9:12) 예수께서 들으시고 이르시되 건강한 자에게는 의사가 쓸 데 없고 병든 자에게
　　　　라야 쓸 데 있느니라

(마 9:13) 너희는 가서 내가 긍휼을 원하고 제사를 원하지 아니하노라 하신 뜻이 무엇인
　　　　지 배우라 나는 의인을 부르러 온 것이 아니요 죄인을 부르러 왔노라 하시니라

(마 9:17) 새 포도주를 낡은 가죽 부대에 넣지 아니하나니 그렇게 하면 부대가 터져 포
　　　　도주도 쏟아지고 부대도 버리게 됨이라 새 포도주는 새 부대에 넣어야 둘이 다
　　　　보전되느니라

(마 9:20) 열두 해 동안이나 혈루증으로 앓는 여자가 예수의 뒤로 와서 그 겉옷 가를 만
　　　　지니

(마 9:21) 이는 제 마음에 그 겉옷만 만져도 구원을 받겠다 함이라

(마 9:37) 이에 제자들에게 이르시되 추수할 것은 많되 일꾼이 적으니

(마 9:38) 그러므로 추수하는 주인에게 청하여 추수할 일꾼들을 보내 주소서 하라 하시
　　　　니라

(마 10:22) 또 너희가 내 이름으로 말미암아 모든 사람에게 미움을 받을 것이나 끝까지

견디는 자는 구원을 얻으리라

(마 10:39) 자기 목숨을 얻는 자는 잃을 것이요 나를 위하여 자기 목숨을 잃는 자는 얻으리라

(마 10:40) 너희를 영접하는 자는 나를 영접하는 것이요 나를 영접하는 자는 나를 보내신 이를 영접하는 것이니라

(마 11:5) 맹인이 보며 못 걷는 사람이 걸으며 나병환자가 깨끗함을 받으며 못 듣는 자가 들으며 죽은 자가 살아나며 가난한 자에게 복음이 전파된다 하라

(마 11:11) 내가 진실로 너희에게 말하노니 여자가 낳은 자 중에 세례 요한보다 큰 이가 일어남이 없도다 그러나 천국에서는 극히 작은 자라도 그보다 크니라

(마 11:12) 세례 요한의 때부터 지금까지 천국은 침노를 당하나니 침노하는 자는 빼앗느니라

(마 11:28) 수고하고 무거운 짐 진 자들아 다 내게로 오라 내가 너희를 쉬게 하리라

(마 11:29) 나는 마음이 온유하고 겸손하니 나의 멍에를 메고 내게 배우라 그리하면 너희 마음이 쉼을 얻으리니

(마 11:30) 이는 내 멍에는 쉽고 내 짐은 가벼움이라 하시니라

(마 12:8) 인자는 안식일의 주인이니라 하시니라

(마 12:28) 그러나 내가 하나님의 성령을 힘입어 귀신을 쫓아내는 것이면 하나님의 나라가 이미 너희에게 임하였느니라

(마 12:30) 나와 함께 아니하는 자는 나를 반대하는 자요 나와 함께 모으지 아니하는 자는 헤치는 자니라

(마 12:31) 그러므로 내가 너희에게 이르노니 사람에 대한 모든 죄와 모독은 사하심을 얻되 성령을 모독하는 것은 사하심을 얻지 못하겠고

(마 12:34) 이는 마음에 가득한 것을 입으로 말함이라

(마 12:35) 선한 사람은 그 쌓은 선에서 선한 것을 내고 악한 사람은 그 쌓은 악에서 악한 것을 내느니라

(마 12:50) 누구든지 하늘에 계신 내 아버지의 뜻대로 하는 자가 내 형제요 자매요 어머니이니라 하시더라

(마 13:23) 좋은 땅에 뿌려졌다는 것은 말씀을 듣고 깨닫는 자니 결실하여 어떤 것은 백 배, 어떤 것은 육십 배, 어떤 것은 삼십 배가 되느니라 하시더라

(마 13:44) 천국은 마치 밭에 감추인 보화와 같으니 사람이 이를 발견한 후 숨겨 두고 기뻐하며 돌아가서 자기의 소유를 다 팔아 그 밭을 사느니라

(마 13:50) 풀무 불에 던져 넣으리니 거기서 울며 이를 갈리라

(마 13:57) 예수를 배척한지라 예수께서 그들에게 말씀하시되 선지자가 자기 고향과 자기 집 외에서는 존경을 받지 않음이 없느니라 하시고

(마 14:17) 제자들이 이르되 여기 우리에게 있는 것은 떡 다섯 개와 물고기 두 마리뿐이니이다

(마 14:20) 다 배불리 먹고 남은 조각을 열두 바구니에 차게 거두었으며

(마 14:21) 먹은 사람은 여자와 어린이 외에 오천 명이나 되었더라

(마 14:28) 베드로가 대답하여 이르되 주여 만일 주님이시거든 나를 명하사 물 위로 오라 하소서 하니

(마 14:29) 오라 하시니 베드로가 배에서 내려 4)물 위로 걸어서 예수께로 가되

(마 15:8) 이 백성이 입술로는 나를 공경하되 마음은 내게서 멀도다

(마 15:18) 입에서 나오는 것들은 마음에서 나오나니 이것이야말로 사람을 더럽게 하느니라

(마 15:27) 여자가 이르되 주여 옳소이다마는 개들도 제 주인의 상에서 떨어지는 부스러기를 먹나이다 하니

(마 15:28) 이에 예수께서 대답하여 이르시되 여자여 네 믿음이 크도다 네 소원대로 되리라 하시니 그 때로부터 그의 딸이 나으니라

(마 16:13) 예수께서 빌립보 가이사랴 지방에 이르러 제자들에게 물어 이르시되 사람들이 인자를 누구라 하느냐

(마 16:16) 시몬 베드로가 대답하여 이르되 주는 그리스도시요 살아 계신 하나님의 아들이시니이다

(마 16:18) 또 내가 네게 이르노니 너는 베드로라 내가 이 반석 위에 내 교회를 세우리니 음부의 권세가 이기지 못하리라

(마 16:19) 내가 천국 열쇠를 네게 주리니 네가 땅에서 무엇이든지 매면 하늘에서도 매일 것이요 네가 땅에서 무엇이든지 풀면 하늘에서도 풀리리라 하시고

(마 16:24) 이에 예수께서 제자들에게 이르시되 누구든지 나를 따라오려거든 자기를 부인하고 자기 십자가를 지고 나를 따를 것이니라

(마 16:25) 누구든지 제 목숨을 구원하고자 하면 잃을 것이요 누구든지 나를 위하여 제 목숨을 잃으면 찾으리라

(마 16:26) 사람이 만일 온 천하를 얻고도 제 목숨을 잃으면 무엇이 유익하리요 사람이 무엇을 주고 제 목숨과 바꾸겠느냐

(마 16:28) 진실로 너희에게 이르노니 여기 서 있는 사람 중에 죽기 전에 인자가 그 왕권을 가지고 오는 것을 볼 자들도 있느니라

(마 17:20) 이르시되 너희 믿음이 작은 까닭이니라 진실로 너희에게 이르노니 만일 너희에게 믿음이 겨자씨 한 알 만큼만 있어도 이 산을 명하여 여기서 저기로 옮겨지라 하면 옮겨질 것이요 또 너희가 못할 것이 없으리라

(마 18:6) 누구든지 나를 믿는 이 작은 자 중 하나를 실족하게 하면 차라리 연자 맷돌이 그 목에 달려서 깊은 바다에 빠뜨려지는 것이 나으니라

(마 18:19) 진실로 다시 너희에게 이르노니 너희 중의 두 사람이 땅에서 합심하여 무엇이든지 구하면 하늘에 계신 내 아버지께서 그들을 위하여 이루게 하시리라

(마 18:20) 두세 사람이 내 이름으로 모인 곳에는 나도 그들 중에 있느니라

(마 18:22) 예수께서 이르시되 네게 이르노니 일곱 번뿐 아니라 일곱 번을 일흔 번까지라도 할지니라

(마 19:6) 그런즉 이제 둘이 아니요 한 몸이니 그러므로 하나님이 짝지어 주신 것을 사람

이 나누지 못할지니라 하시니

(마 19:14) 예수께서 이르시되 어린 아이들을 용납하고 내게 오는 것을 금하지 말라 천국
　　　　이 이런 사람의 것이니라 하시고

(마 19:24) 다시 너희에게 말하노니 낙타가 바늘귀로 들어가는 것이 부자가 하나님의 나
　　　　라에 들어가는 것보다 쉬우니라 하시니

(마 19:30) 그러나 먼저 된 자로서 나중 되고 나중 된 자로서 먼저 될 자가 많으니라

(마 20:26) 너희 중에는 그렇지 않아야 하나니 너희 중에 누구든지 크고자 하는 자는 너
　　　　희를 섬기는 자가 되고

(마 20:27) 너희 중에 누구든지 으뜸이 되고자 하는 자는 너희의 종이 되어야 하리라

(마 20:28) 인자가 온 것은 섬김을 받으려 함이 아니라 도리어 섬기려 하고 자기 목숨을
　　　　많은 사람의 대속물로 주려 함이니라

(마 21:13) 그들에게 이르시되 기록된 바 내 집은 기도하는 집이라 일컬음을 받으리라 하
　　　　였거늘 너희는 강도의 소굴을 만드는도다 하시니라

(마 21:22) 너희가 기도할 때에 무엇이든지 믿고 구하는 것은 다 받으리라 하시니라

(마 22:30) 부활 때에는 장가도 아니 가고 시집도 아니 가고 하늘에 있는 천사들과 같으
　　　　니라

(마 22:37) 예수께서 이르시되 네 마음을 다하고 목숨을 다하고 뜻을 다하여 주 너의 하
　　　　나님을 사랑하라 하셨으니

(마 22:38) 이것이 크고 첫째 되는 계명이요

(마 22:39) 둘째도 그와 같으니 네 이웃을 네 자신 같이 사랑하라 하셨으니

(마 22:40) 이 두 계명이 온 율법과 선지자의 강령이니라

(마 23:12) 누구든지 자기를 높이는 자는 낮아지고 누구든지 자기를 낮추는 자는 높아
　　　　지리라

(마 24:10) 그 때에 많은 사람이 실족하게 되어 서로 잡아 주고 서로 미워하겠으며

(마 24:11) 거짓 선지자가 많이 일어나 많은 사람을 미혹하겠으며

(마 24:12) 불법이 성하므로 많은 사람의 사랑이 식어지리라

(마 24:13) 그러나 끝까지 견디는 자는 구원을 얻으리라

(마 24:14) 이 천국 복음이 모든 민족에게 증언되기 위하여 온 세상에 전파되리니 그제
야 끝이 오리라

(마 24:35) 천지는 없어질지언정 내 말은 없어지지 아니하리라

(마 24:36) 그러나 그 날과 그 때는 아무도 모르나니 하늘의 천사들도, 아들도 모르고 오
직 아버지만 아시느니라

(마 25:13) 그런즉 깨어 있으라 너희는 그 날과 그 때를 알지 못하느니라

(마 25:21) 그 주인이 이르되 잘하였도다 착하고 충성된 종아 네가 적은 일에 충성하였으
매 내가 많은 것을 네게 맡기리니 네 주인의 즐거움에 참여할지어다 하고

(마 25:40) 임금이 대답하여 이르시되 내가 진실로 너희에게 이르노니 너희가 여기 내 형
제 중에 지극히 작은 자 하나에게 한 것이 곧 내게 한 것이니라 하시고

(마 26:12) 이 여자가 내 몸에 이 향유를 부은 것은 내 장례를 위하여 함이니라

(마 26:26) 그들이 먹을 때에 예수께서 떡을 가지사 축복하시고 떼어 제자들에게 주시며
이르시되 받아서 먹으라 이것은 내 몸이니라 하시고

(마 26:39) 조금 나아가사 얼굴을 땅에 대시고 엎드려 기도하여 이르시되 내 아버지여 만
일 할 만하시거든 이 잔을 내게서 지나가게 하옵소서 그러나 나의 원대로 마시
옵고 아버지의 원대로 하옵소서 하시고

(마 26:40) 제자들에게 오사 그 자는 것을 보시고 베드로에게 말씀하시되 너희가 나와 함
께 한 시간도 이렇게 깨어 있을 수 없더냐

(마 26:75) 이에 베드로가 예수의 말씀에 닭 울기 전에 네가 세 번 나를 부인하리라 하심
이 생각나서 밖에 나가서 심히 통곡하니라

(마 27:32) 나가다가 시몬이란 구레네 사람을 만나매 그에게 예수의 십자가를 억지로 지
워 가게 하였더라

(마 27:46) 제구시쯤에 예수께서 크게 소리 질러 이르시되 엘리 엘리 라마 사박다니 하시

니 이는 곧 나의 하나님, 나의 하나님, 어찌하여 나를 버리셨나이까 하는 뜻이라

(마 27:51) 이에 성소 휘장이 위로부터 아래까지 찢어져 둘이 되고 땅이 진동하며 바위가 터지고

(마 28:6) 그가 여기 계시지 않고 그가 말씀 하시던 대로 살아나셨느니라 와서 그가 누우셨던 곳을 보라

(마 28:18) 예수께서 나아와 말씀하여 이르시되 하늘과 땅의 모든 권세를 내게 주셨으니

(마 28:19) 그러므로 너희는 가서 모든 민족을 제자로 삼아 아버지와 아들과 성령의 이름으로 세례를 베풀고

(마 28:20) 내가 너희에게 분부한 모든 것을 가르쳐 지키게 하라 볼지어다 내가 세상 끝날까지 너희와 항상 함께 있으리라 하시니라

2. 마가복음

1. 마가복음 핵심개관

1. 마가는 아마도 로마 태생이었던 것 같고. 그래서 로마인들을 위한 복음서를 쓴 것입니다.

2. 그는 베드로를 통해 유대교에서 기독교로 개종했을 것이고 마가는 훗날 알렉산드리아에 순교했으며 그곳의 첫 주교로 추모되고 있습니다.

3. 마가복음은 4복음서 중 가장 먼저 기록되었을 뿐 아니라 공관복음의 기초가 된 것을 알 수 있습니다.

4. 마가복음은 복음의 시작이란 말로 시작함으로 4복음서 중에 유일하게 복음이란 말을 사용하고 있습니다. 복음은 영어로 'Good News'인데 무엇이 기쁜 소식인가? 그것은 God News입니다. 즉 예수님의 소식이고 조금 설명하면 그가 우리를 위해 십자가를 지시고 돌아가셨다가 부활하심으로 인류의 근본 문제를 해결해 주셨다는 소식입니다.

5. 마가복음 1:9에서 "나는 너희에게 물로 세례를 베풀었거니와 그는 너희에게 성령으로 세례를 베푸시리라"고 했습니다. 당시 세례는 일반적으로 의식적 정화를 의미했으나 요한의 세례는 회개의 표시요 근본적 삶의 변화의 뜻으로 주었습니다. 그래서 장차 성령의 세례를 주실 분을 바라보게 하는데 목적이 있었습니다.

6. 공관복음서를 보면 두 번 향유를 부은 사건이 나옵니다. 하나는 베다니 마리아가 예수님께 향유를 부은 사건이고(마 26:7, 막 14:3) 다른 하나는 막달라 마리아가 예수님께 향유를 부은 사건입니다.(눅 7:37)

2. 마가복음 중요성경구절

(막 1:35) 새벽 아직도 밝기 전에 예수께서 일어나 나가 한적한 곳으로 가사 거기서 기
도하시더니

(막 2:27) 또 이르시되 안식일이 사람을 위하여 있는 것이요 사람이 안식일을 위하여 있
는 것이 아니니

(막 2:28) 이러므로 인자는 안식일에도 주인이니라

(막 3:4) 그들에게 이르시되 안식일에 선을 행하는 것과 악을 행하는 것, 생명을 구하는
것과 죽이는 것, 어느 것이 옳으냐 하시니 그들이 잠잠하거늘

(막 3:17) 또 세베대의 아들 야고보와 야고보의 형제 요한이니 이 둘에게는 보아너게 곧
우레의 아들이란 이름을 더하셨으며

(막 4:39) 예수께서 깨어 바람을 꾸짖으시며 바다더러 이르시되 잠잠하라 고요하라 하시
니 바람이 그치고 아주 잔잔하여지더라

(막 4:40) 이에 제자들에게 이르시되 어찌하여 이렇게 무서워하느냐 너희가 어찌 믿음
이 없느냐 하시니

(막 4:41) 그들이 심히 두려워하여 서로 말하되 그가 누구이기에 바람과 바다도 순종하
는가 하였더라

(막 5:13) 허락하신대 더러운 귀신들이 나와서 돼지에게로 들어가매 거의 이천 마리 되는
떼가 바다를 향하여 비탈로 내리달아 바다에서 몰사하거늘

(막 5:41) 그 아이의 손을 잡고 이르시되 달리다굼 하시니 번역하면 곧 내가 네게 말하노
니 소녀야 일어나라 하심이라

(막 7:11) 너희는 이르되 사람이 아버지에게나 어머니에게나 말하기를 내가 드려 유익
하게 할 것이 고르반 곧 하나님께 드림이 되었다고 하기만 하면 그만이라 하고

(막 7:34) 하늘을 우러러 탄식하시며 그에게 이르시되 에바다 하시니 이는 열리라는 뜻이라

(막 9:23) 예수께서 이르시되 할 수 있거든이 무슨 말이냐 믿는 자에게는 능히 하지 못할 일이 없느니라 하시니

(막 9:29) 이르시되 기도 외에 다른 것으로는 이런 종류가 나갈 수 없느니라 하시니라

(막 9:40) 우리를 반대하지 않는 자는 우리를 위하는 자니라

(막 10:29) 예수께서 이르시되 내가 진실로 너희에게 이르노니 나와 복음을 위하여 집이나 형제나 자매나 어머니나 아버지나 자식이나 전토를 버린 자는

(막 10:30) 현세에 있어 집과 형제와 자매와 어머니와 자식과 전토를 백 배나 받되 박해를 겸하여 받고 내세에 영생을 받지 못할 자가 없느니라

(막 10:31) 그러나 먼저 된 자로서 나중 되고 나중 된 자로서 먼저 될 자가 많으니라

(막 11:22) 예수께서 그들에게 대답하여 이르시되 하나님을 믿으라

(막 11:23) 내가 진실로 너희에게 이르노니 누구든지 이 산더러 들리어 바다에 던져지라 하며 그 말하는 것이 이루어질 줄 믿고 마음에 의심하지 아니하면 그대로 되리라

(막 11:24) 그러므로 내가 너희에게 말하노니 무엇이든지 기도하고 구하는 것은 받은 줄로 믿으라 그리하면 너희에게 그대로 되리라

(막 12:25) 사람이 죽은 자 가운데서 살아날 때에는 장가도 아니 가고 시집도 아니 가고 하늘에 있는 천사들과 같으니라

(막 13:26) 그 때에 인자가 구름을 타고 큰 권능과 영광으로 오는 것을 사람들이 보리라

(막 15:22) 예수를 끌고 골고다라 하는 곳(번역하면 해골의 곳)에 이르러

(막 15:23) 몰약을 탄 포도주를 주었으나 예수께서 받지 아니하시니라

(막 16:15) 또 이르시되 너희는 온 천하에 다니며 만민에게 복음을 전파하라

(막 16:16) 믿고 세례를 받는 사람은 구원을 얻을 것이요 믿지 않는 사람은 정죄를 받으리라

(막 16:17) 믿는 자들에게는 이런 표적이 따르리니 곧 그들이 내 이름으로 귀신을 쫓아

내며 새 방언을 말하며

(막 16:18) 뱀을 집어올리며 무슨 독을 마실지라도 해를 받지 아니하며 병든 사람에게 손

을 얹은즉 나으리라 하시더라

(막 16:19) 주 예수께서 말씀을 마치신 후에 하늘로 올려지사 하나님 우편에 앉으시니라

3. 누가복음

1. 누가복음 핵심개관

1. 누가복음은 참 사람 되신 예수님을 강조하고 있습니다.
2. 기록자는 수리아 안디옥 출신의 이방인 의사였습니다. 전설에 의하면 누가는 데오빌로의 노예로 있다가 총독이 중병에 걸렸을 때 고쳐준 대가로 노예에서 해방되었다고 합니다.
3. 누가는 예수님의 죽음 이후 기독교로 개종하였고 기독교인이 된 이후 누가는 데오빌로에게 감사해서 누가복음과 사도행전을 기록해서 보냈다고 합니다. 중요한 것은 누가복음과 사도행전을 한권의 책으로 이해하는 것이 보다 큰 도움이 된다는 것입니다.
4. 누가복음은 첫째로 예수님의 오심을 기쁨의 복음으로 강조하고 있고 둘째로 성령의 복음으로 묘사하고 있으며(1:15, 41, 67; 2:25-35; 4:14, 18; 10:21; 12:12) 셋째로 기도의 복음으로 기록하고 있습니다. 특히 사가랴의 기도(1:10), 마리아의 기도(1:46-55), 세례 받을 때의 예수님의 기도(3:21), 베드로의 고백(9:18)과 변화산에서의 기도(9:29), 사역 전에 한적한 곳에서의 기도(5:16), 감람산에서의 기도(22:39-46), 십자가 위에서의 기도(23:46) 등에 잘 나타나 있습니다.

2. 누가복음 중요성경구절

(눅 1:15) 이는 그가 주 앞에 큰 자가 되며 포도주나 독한 술을 마시지 아니하며 모태로

부터 성령의 충만함을 받아

(눅 1:16) 이스라엘 자손을 주 곧 그들의 하나님께로 많이 돌아오게 하겠음이라

(눅 1:37) 대저 하나님의 모든 말씀은 능하지 못하심이 없느니라

(눅 2:10) 천사가 이르되 무서워하지 말라 보라 내가 온 백성에게 미칠 큰 기쁨의 좋은 소식을 너희에게 전하노라

(눅 2:11) 오늘 다윗의 동네에 너희를 위하여 구주가 나셨으니 곧 그리스도 주시니라

(눅 2:14) 지극히 높은 곳에서는 하나님께 영광이요 땅에서는 하나님이 기뻐하신 사람들 중에 평화로다 하니라

(눅 2:40) 아기가 자라며 강하여지고 지혜가 충만하며 하나님의 은혜가 그의 위에 있더라

(눅 2:49) 예수께서 이르시되 어찌하여 나를 찾으셨나이까 내가 내 아버지 집에 있어야 될 줄을 알지 못하셨나이까 하시니

(눅 4:18) 주의 성령이 내게 임하셨으니 이는 가난한 자에게 복음을 전하게 하시려고 내게 기름을 부으시고 나를 보내사 포로 된 자에게 자유를, 눈 먼 자에게 다시 보게 함을 전파하며 눌린 자를 자유롭게 하고

(눅 4:19) 주의 은혜의 해를 전파하게 하려 하심이라 하였더라

(눅 5:5) 시몬이 대답하여 이르되 선생님 우리들이 밤이 새도록 수고하였으되 잡은 것이 없지마는 말씀에 의지하여 내가 그물을 내리리이다 하고

(눅 6:37) 비판하지 말라 그리하면 너희가 비판을 받지 않을 것이요 정죄하지 말라 그리하면 너희가 정죄를 받지 않을 것이요 용서하라 그리하면 너희가 용서를 받을 것이요

(눅 6:38) 주라 그리하면 너희에게 줄 것이니 곧 후히 되어 누르고 흔들어 넘치도록 하여 너희에게 안겨 주리라 너희가 헤아리는 그 헤아림으로 너희도 헤아림을 도로 받을 것이

(눅 9:62) 예수께서 이르시되 손에 쟁기를 잡고 뒤를 돌아보는 자는 하나님의 나라에 합당하지 아니하니라 하시니라

(눅 10:19) 내가 너희에게 뱀과 전갈을 밟으며 원수의 모든 능력을 제어할 권능을 주었으
　　　니 너희를 해칠 자가 결코 없으리라

(눅 10:20) 그러나 귀신들이 너희에게 항복하는 것으로 기뻐하지 말고 너희 이름이 하늘
　　　에 기록된 것으로 기뻐하라 하시니라

(눅 10:37) 이르되 자비를 베푼 자니이다 예수께서 이르시되 가서 너도 이와 같이 하라
　　　하시니라

(눅 12:20) 하나님은 이르시되 어리석은 자여 오늘 밤에 네 영혼을 도로 찾으리니 그러면
　　　네 준비한 것이 누구의 것이 되겠느냐 하셨으니

(눅 12:21) 자기를 위하여 재물을 쌓아 두고 하나님께 대하여 부요하지 못한 자가 이와
　　　같으니라

(눅 12:31) 다만 너희는 그의 나라를 구하라 그리하면 이런 것들을 너희에게 더하시리라

(눅 12:34) 너희 보물 있는 곳에는 너희 마음도 있으리라

(눅 13:19) 마치 사람이 자기 채소밭에 갖다 심은 겨자씨 한 알 같으니 자라 나무가 되어
　　　공중의 새들이 그 가지에 깃들였느니라

(눅 14:23) 주인이 종에게 이르되 길과 산울타리 가로 나가서 사람을 강권하여 데려다
　　　가 내 집을 채우라

(눅 15:7) 내가 너희에게 이르노니 이와 같이 죄인 한 사람이 회개하면 하늘에서는 회개
　　　할 것 없는 의인 아흔아홉으로 말미암아 기뻐하는 것보다 더하리라

(눅 15:31) 아버지가 이르되 얘 너는 항상 나와 함께 있으니 내 것이 다 네 것이로되

(눅 16:10) 지극히 작은 것에 충성된 자는 큰 것에도 충성되고 지극히 작은 것에 불의한
　　　자는 큰 것에도 불의하니라

(눅 16:13) 집 하인이 두 주인을 섬길 수 없나니 혹 이를 미워하고 저를 사랑하거나 혹 이
　　　를 중히 여기고 저를 경히 여길 것임이라 너희는 하나님과 재물을 겸하여 섬
　　　길 수 없느니라

(눅 16:24) 불러 이르되 아버지 아브라함이여 나를 긍휼히 여기사 나사로를 보내어 그

손가락 끝에 물을 찍어 내 혀를 서늘하게 하소서 내가 이 불꽃 가운데서 괴로워하나이다

(눅 17:20) 바리새인들이 하나님의 나라가 어느 때에 임하나이까 묻거늘 예수께서 대답하여 이르시되 하나님의 나라는 볼 수 있게 임하는 것이 아니요

(눅 17:21) 또 여기 있다 저기 있다고도 못하리니 하나님의 나라는 너희 안에 있느니라

(눅 18:7) 하물며 하나님께서 그 밤낮 부르짖는 택하신 자들의 원한을 풀어 주지 아니하시겠느냐 그들에게 오래 참으시겠느냐

(눅 18:8) 내가 너희에게 이르노니 속히 그 원한을 풀어 주시리라 그러나 인자가 올 때에 세상에서 믿음을 보겠느냐 하시니라

(눅 19:10) 인자가 온 것은 잃어버린 자를 찾아 구원하려 함이니라

(눅 23:43) 예수께서 이르시되 내가 진실로 네게 이르노니 오늘 네가 나와 함께 낙원에 있으리라 하시니라

(눅 23:46) 예수께서 큰 소리로 불러 이르시되 아버지 내 영혼을 아버지 손에 부탁하나이다 하고 이 말씀을 하신 후 숨지시니라

(눅 24:32) 그들이 서로 말하되 길에서 우리에게 말씀하시고 우리에게 성경을 풀어 주실 때에 우리 속에서 마음이 뜨겁지 아니하더냐 하고

4. 요한복음

1. 요한복음 핵심개관

1. 요한은 소아시아 에베소에 살았던 것으로 보입니다. 에베소는 그리스철학이 왕성했던 곳입니다. 그리스철학에 의하면 하나님은 알 수 없지만 그의 말씀을 통해 드러난다고 보았습니다. 그래서 요한복음 1장을 보면 말씀(로고스)으로서의 그리스도를 강조하고 있습니다.

2. 요한의 메시지는 하나님을 알려면 예수님을 보라는 것입니다. 즉 그는 "나를 본 자는 아버지를 보았거늘 어찌하여 아버지를 보이라 하느냐"(요 14:9)고 기록하고 있습니다.

3. 요한복음은 교회를 위한 복음서로 예수님의 신성을 강조하고 있습니다다. 그래서 요한복음에는 예수님의 족보도 없고 마귀의 시험도 없습니다. 이유는 예수님은 하나님의 아들이기 때문입니다. 요한복음 20:31은 요한의 메시지를 표현하고 있습니다. "오직 이것을 기록함은 너희로 예수께서 하나님의 아들 그리스도이심을 믿게 하려 함이요 또 너희로 믿고 그 이름을 힘입어 생명을 얻게 하려 함이니라"

4. 요한복음에는 일곱 가지 표적이 나옵니다.

    1) 물이 포도주가 됨(2장)

    2) 신하의 아들이 고치심(4장)

    3) 38년 된 병자를 고치심(5장)

    4) 오병이어의 기적(6장)

    5) 폭풍을 잔잔케 하심(6장)

6) 소경을 고치심(9장)

7) 나사로를 살리심(11장)

이 표적들은 예수님께서 하나님이심을 증명하기 위해서 기록한 것입니다.

5. 더욱 놀라운 것은 "나는 ....이니라"(I AM= Ego eimi) 말이 일곱 번 나오는데 이것은 출애굽기 3:14의 "나는 스스로 있는 자"라는 말과 똑같은 것으로 예수 님의 신성을 말씀해 준다는 것입니다.

1) 나는 생명의 떡이니(6:35)

2) 나는 세상의 빛이니(8:12)

3) 아브라함이 나기 전부터 내가 있느니라(8:58)

4) 나는 선한 목자라(10:1)

5) 나는 부활이요 생명이니(11:25)

6) 내가 곧 길이요 진리요 생명이니(14:6)

7) 나는 참 포도나무요(15:1)의 말씀들은 모두 출애굽기 3:14처럼 예수님의 신성을 뜻합니다.

6. 성경에는 예수님께서 죽은 자를 살리신 이야기가 세 번 나오고 있습니다.

1) 야이로의 딸을 살리신 것(마 9:18-25, 막 5:22-42, 눅 9:41-56)

2) 나인 성 과부를 살리신 것(눅 7:11-17)

3) 요한복음에 나오는 나사로를 살리신 것입니다.(요 11:1-44)

이 사건들은 예수님이 부활이요 생명이신 것과 그가 죽은 자를 살리는 메시아 가 되심을 말해 줍니다.

2. 요한복음 중요성경구절

(요 1:1) 태초에 말씀이 계시니라 이 말씀이 하나님과 함께 계셨으니 이 말씀은 곧 하나

님이시니라

(요 1:2) 그가 태초에 하나님과 함께 계셨고

(요 1:3) 만물이 그로 말미암아 지은 바 되었으니 지은 것이 하나도 그가 없이는 된 것
이 없느니라

(요 1:12) 영접하는 자 곧 그 이름을 믿는 자들에게는 하나님의 자녀가 되는 권세를 주
셨으니

(요 1:13) 이는 혈통으로나 육정으로나 사람의 뜻으로 나지 아니하고 오직 하나님께로
부터 난 자들이니라

(요 1:14) 말씀이 육신이 되어 우리 가운데 거하시매 우리가 그의 영광을 보니 아버지의
독생자의 영광이요 은혜와 진리가 충만하더라

(요 1:16) 우리가 다 그의 충만한 데서 받으니 은혜 위에 은혜러라

(요 1:17) 율법은 모세로 말미암아 주어진 것이요 은혜와 진리는 예수 그리스도로 말미
암아 온 것이라

(요 1:18) 본래 하나님을 본 사람이 없으되 아버지 품 속에 있는 독생하신 하나님이 나
타내셨느니라

(요 1:29) 이튿날 요한이 예수께서 자기에게 나아오심을 보고 이르되 보라 세상 죄를 지
고 가는 하나님의 어린 양이로다

(요 1:46) 나다나엘이 이르되 나사렛에서 무슨 선한 것이 날 수 있느냐 빌립이 이르되 와
서 보라 하니라

(요 2:4) 예수께서 이르시되 여자여 나와 무슨 상관이 있나이까 내 때가 아직 이르지 아
니하였나이다

(요 2:19) 예수께서 대답하여 이르시되 너희가 이 성전을 헐라 내가 사흘 동안에 일으키
리라

(요 3:5) 예수께서 대답하시되 진실로 진실로 네게 이르노니 사람이 물과 성령으로 나지
아니하면 하나님의 나라에 들어갈 수 없느니라

(요 3:16) 하나님이 세상을 이처럼 사랑하사 독생자를 주셨으니 이는 그를 믿는 자마다
　　　　멸망하지 않고 영생을 얻게 하려 하심이라

(요 3:17) 하나님이 그 아들을 세상에 보내신 것은 세상을 심판하려 하심이 아니요 그로
　　　　말미암아 세상이 구원을 받게 하려 하심이라

(요 3:18) 그를 믿는 자는 심판을 받지 아니하는 것이요 믿지 아니하는 자는 하나님의 독
　　　　생자의 이름을 믿지 아니하므로 벌써 심판을 받은 것이니라

(요 3:30) 그는 흥하여야 하겠고 나는 쇠하여야 하리라 하니라

(요 3:34) 하나님이 보내신 이는 하나님의 말씀을 하나니 이는 하나님이 성령을 한량 없
　　　　이 주심이니라

(요 4:14) 내가 주는 물을 마시는 자는 영원히 목마르지 아니하리니 내가 주는 물은 그 속
　　　　에서 영생하도록 솟아나는 샘물이 되리라

(요 4:23) 아버지께 참되게 예배하는 자들은 영과 진리로 예배할 때가 오나니 곧 이 때라
　　　　아버지께서는 자기에게 이렇게 예배하는 자들을 찾으시느니라

(요 4:24) 하나님은 영이시니 예배하는 자가 영과 진리로 예배할지니라

(요 5:24) 내가 진실로 진실로 너희에게 이르노니 내 말을 듣고 또 나 보내신 이를 믿는
　　　　자는 영생을 얻었고 심판에 이르지 아니하나니 사망에서 생명으로 옮겼느니라

(요 6:53) 예수께서 이르시되 내가 진실로 진실로 너희에게 이르노니 인자의 살을 먹지
　　　　아니하고 인자의 피를 마시지 아니하면 너희 속에 생명이 없느니라

(요 7:37) 명절 끝날 곧 큰 날에 예수께서 서서 외쳐 이르시되 누구든지 목마르거든 내
　　　　게로 와서 마시라

(요 7:38) 나를 믿는 자는 성경에 이름과 같이 그 배에서 생수의 강이 흘러나오리라 하
　　　　시니

(요 8:7) 그들이 묻기를 마지 아니하는지라 이에 일어나 이르시되 너희 중에 죄 없는 자
　　　　가 먼저 돌로 치라 하시고

(요 8:12) 예수께서 또 말씀하여 이르시되 나는 세상의 빛이니 나를 따르는 자는 어둠에

다니지 아니하고 생명의 빛을 얻으리라

(요 8:32) 진리를 알지니 진리가 너희를 자유롭게 하리라

(요 10:10) 도둑이 오는 것은 도둑질하고 죽이고 멸망시키려는 것뿐이요 내가 온 것은 양으로 생명을 얻게 하고 더 풍성히 얻게 하려는 것이라

(요 10:14) 나는 선한 목자라 나는 내 양을 알고 양도 나를 아는 것이

(요 10:15) 아버지께서 나를 아시고 내가 아버지를 아는 것 같으니 나는 양을 위하여 목숨을 버리노라

(요 11:25) 예수께서 이르시되 나는 부활이요 생명이니 나를 믿는 자는 죽어도 살겠고

(요 11:26) 무릇 살아서 나를 믿는 자는 영원히 죽지 아니하리니 이것을 네가 믿느냐

(요 12:24) 내가 진실로 진실로 너희에게 이르노니 한 알의 밀이 땅에 떨어져 죽지 아니하면 한 알 그대로 있고 죽으면 많은 열매를 맺느니라

(요 12:25) 자기의 생명을 사랑하는 자는 잃어버릴 것이요 이 세상에서 자기의 생명을 미워하는 자는 영생하도록 보전하리라

(요 13:34) 새 계명을 너희에게 주노니 서로 사랑하라 내가 너희를 사랑한 것 같이 너희도 서로 사랑하라

(요 13:35) 너희가 서로 사랑하면 이로써 모든 사람이 너희가 내 제자인 줄 알리라

(요 14:1) 너희는 마음에 근심하지 말라 하나님을 믿으니 또 나를 믿으라

(요 14:2) 내 아버지 집에 거할 곳이 많도다 그렇지 않으면 너희에게 일렀으리라 내가 너희를 위하여 거처를 예비하러 가노니

(요 14:3) 가서 너희를 위하여 거처를 예비하면 내가 다시 와서 너희를 내게로 영접하여 나 있는 곳에 너희도 있게 하리라

(요 14:6) 예수께서 이르시되 내가 곧 길이요 진리요 생명이니 나로 말미암지 않고는 아버지께로 올 자가 없느니라

(요 14:12) 내가 진실로 진실로 너희에게 이르노니 나를 믿는 자는 내가 하는 일을 그도 할 것이요 또한 그보다 큰 일도 하리니 이는 내가 아버지께로 감이라

(요 14:13) 너희가 내 이름으로 무엇을 구하든지 내가 행하리니 이는 아버지로 하여금 아들로 말미암아 영광을 받으시게 하려 함이라

(요 14:14) 내 이름으로 무엇이든지 내게 구하면 내가 행하리라

(요 14:16) 내가 아버지께 구하겠으니 그가 또 다른 보혜사를 너희에게 주사 영원토록 너희와 함께 있게 하리니

(요 14:17) 그는 진리의 영이라 세상은 능히 그를 받지 못하나니 이는 그를 보지도 못하고 알지도 못함이라 그러나 너희는 그를 아나니 그는 너희와 함께 거하심이요 또 너희 속에 계시겠음이라

(요 14:27) 평안을 너희에게 끼치노니 곧 나의 평안을 너희에게 주노라 내가 너희에게 주는 것은 세상이 주는 것과 같지 아니하니라 너희는 마음에 근심하지도 말고 두려워하지도 말라

(요 15:5) 나는 포도나무요 너희는 가지라 그가 내 안에, 내가 그 안에 거하면 사람이 열매를 많이 맺나니 나를 떠나서는 너희가 아무 것도 할 수 없음이라

(요 15:7) 너희가 내 안에 거하고 내 말이 너희 안에 거하면 무엇이든지 원하는 대로 구하라 그리하면 이루리라

(요 15:8) 너희가 열매를 많이 맺으면 내 아버지께서 영광을 받으실 것이요 너희는 내 제자가 되리라

(요 16:8) 그가 와서 죄에 대하여, 의에 대하여, 심판에 대하여 세상을 책망하시리라

(요 16:9) 죄에 대하여라 함은 그들이 나를 믿지 아니함이요

(요 16:33) 이것을 너희에게 이르는 것은 너희로 내 안에서 평안을 누리게 하려 함이라 세상에서는 너희가 환난을 당하나 담대하라 내가 세상을 이기었노라

(요 17:3) 영생은 곧 유일하신 참 하나님과 그가 보내신 자 예수 그리스도를 아는 것이니이다

(요 20:29) 예수께서 이르시되 너는 나를 본 고로 믿느냐 보지 못하고 믿는 자들은 복되도다 하시니라

(요 20:30) 예수께서 제자들 앞에서 이 책에 기록되지 아니한 다른 표적도 많이 행하셨으나

(요 20:31) 오직 이것을 기록함은 너희로 예수께서 하나님의 아들 그리스도이심을 믿게 하려 함이요 또 너희로 믿고 그 이름을 힘입어 생명을 얻게 하려 함이니라

(요 21:17) 세 번째 이르시되 요한의 아들 시몬아 네가 나를 사랑하느냐 하시니 주께서 세 번째 네가 나를 사랑하느냐 하시므로 베드로가 근심하여 이르되 주님 모든 것을 아시오매 내가 주님을 사랑하는 줄을 주님께서 아시나이다 예수께서 이르시되 내 양을 먹이라

(요 21:18) 내가 진실로 진실로 네게 이르노니 네가 젊어서는 스스로 띠 띠고 원하는 곳으로 다녔거니와 늙어서는 네 팔을 벌리리니 남이 네게 띠 띠우고 원하지 아니하는 곳으로 데려가리라

5. 사도행전

1. 사도행전 핵심개관

1. 사도행전은 부활하신 예수님이 하늘로 올라가시는 모습부터 기록하고 있습니다. 누가복음이 누가전서라면 사도행전은 누가후서라고 보면 그 내용이 더욱 선명해집니다.

2. 사도행전은 다음과 같은 구조를 가지고 있습니다. 1부는 교회의 시작(1-2장) 2부는 예루살렘 선교(3장-8:3) 3부는 사마리아 선교(8:4-12장) 세계선교(13장-28장)입니다.

3. 예루살렘에 형성된 초기 공동체는 생활의 원칙으로 네가지 규칙을 지켜 나갔습니다. 첫째, 사도들의 가르침을 따른 것입니다. 사도들의 가르침은 예수님의 말씀과 행동, 예수님의 영 안에서 살아가는 방법을 말합니다.

   둘째, 재산을 공동으로 소유하고 연합하여 사는 공동체 생활입니다.

   셋째, 떡. 빵을 나누어 먹는 습관입니다. 이것은 예수님께서 최후의 만찬에서 빵을 떼신 것을 새롭게 하는 데 목적이 있었습니다.

   넷째, 기도생활입니다.

   초기신자들은 기도문을 만들었습니다. 누가는 '마니피카트'라고 하는 마리아의 찬양(눅 1:46-55)과 세례 요한의 아버지인 사가랴의 기도문을 복음서에 기록했습니다.(눅 1:68-79)

4. 당시 복음이 세계선교로 확장되는 불길은 베드로에게서 시작되었으나 그것이 성취된 것은 하나님께서 특별히 준비하신 그릇이 바울(9:15)에게서 였습니다. 그런 점에서 9장의 바울의 회심은 중대한 의미를 가집니다.

5. 바울의 전도는 1차 전도(12:25-14:28), 2차 전도(15:36-18:22). 3차 전도(18:23-21:14)으로 진행됩니다. 그러나 마지막에 있었던 로마로의 여행(21:15-28:30)도 어떤 면에서 로마로의 전도여행이라고 볼 수 있습니다.

6. 죄수가 된 바울이 어떻게 복음을 전했는가에 대해 우리는 이해가 가지 않지만 당시 바울은 가택연금 상태에 있었기 때문에 자기 집에서 집회를 가질 수 있었습니다. 바울은 로마에서 2년 동안 사람들을 가르쳤습니다(28:30).

2. 사도행전 중요성경구절

(행 1:4) 사도와 함께 모이사 그들에게 분부하여 이르시되 예루살렘을 떠나지 말고 내게서 들은 바 아버지께서 약속하신 것을 기다리라

(행 1:5) 요한은 물로 세례를 베풀었으나 너희는 몇 날이 못되어 성령으로 세례를 받으리라 하셨느니라

(행 1:8) 오직 성령이 너희에게 임하시면 너희가 권능을 받고 예루살렘과 온 유대와 사마리아와 땅 끝까지 이르러 내 증인이 되리라 하시니라

(행 1:14) 여자들과 예수의 어머니 마리아와 예수의 아우들과 더불어 마음을 같이하여 오로지 기도에 힘쓰더라

(행 2:2) 홀연히 하늘로부터 급하고 강한 바람 같은 소리가 있어 그들이 앉은 온 집에 가득하며

(행 2:3) 마치 불의 혀처럼 갈라지는 것들이 그들에게 보여 각 사람 위에 하나씩 임하여 있더니

(행 2:4) 그들이 다 성령의 충만함을 받고 성령이 말하게 하심을 따라 다른 언어들로 말하기를 시작하니라

(행 2:21) 누구든지 주의 이름을 부르는 자는 구원을 받으리라 하였느니라

(행 2:38) 베드로가 이르되 너희가 회개하여 각각 예수 그리스도의 이름으로 세례를 받고 죄 사함을 받으라 그리하면 성령의 선물을 받으리니

(행 2:42) 그들이 사도의 가르침을 받아 서로 교제하고 떡을 떼며 오로지 기도하기를 힘쓰니라

(행 2:43) 사람마다 두려워하는데 사도들로 말미암아 기사와 표적이 많이 나타나니

(행 2:44) 믿는 사람이 다 함께 있어 모든 물건을 서로 통용하고

(행 2:45) 또 재산과 소유를 팔아 각 사람의 필요를 따라 나눠 주며

(행 2:46) 날마다 마음을 같이하여 성전에 모이기를 힘쓰고 집에서 떡을 떼며 기쁨과 순전한 마음으로 음식을 먹고

(행 2:47) 하나님을 찬미하며 또 온 백성에게 칭송을 받으니 주께서 구원 받는 사람을 날마다 더하게 하시니라

(행 3:6) 베드로가 이르되 은과 금은 내게 없거니와 내게 있는 이것을 네게 주노니 나사렛 예수 그리스도의 이름으로 일어나 걸으라 하고

(행 4:11) 이 예수는 너희 건축자들의 버린 돌로서 집 모퉁이의 머릿돌이 되었느니라

(행 4:12) 다른 이로써는 구원을 받을 수 없나니 천하 사람 중에 구원을 받을 만한 다른 이름을 우리에게 주신 일이 없음이라 하였더라

(행 4:19) 베드로와 요한이 대답하여 이르되 하나님 앞에서 너희의 말을 듣는 것이 하나님의 말씀을 듣는 것보다 옳은가 판단하라

(행 4:20) 우리는 보고 들은 것을 말하지 아니할 수 없다 하니

(행 4:30) 손을 내밀어 병을 낫게 하시옵고 표적과 기사가 거룩한 종 예수의 이름으로 이루어지게 하옵소서 하더라

(행 4:31) 빌기를 다하매 모인 곳이 진동하더니 무리가 다 성령이 충만하여 담대히 하나님의 말씀을 전하니라

(행 5:42) 그들이 날마다 성전에 있든지 집에 있든지 예수는 그리스도라고 가르치기와 전도하기를 그치지 아니하니라

(행 6:4) 우리는 오로지 기도하는 일과 말씀 사역에 힘쓰리라 하니

(행 7:33) 주께서 이르시되 네 발의 신을 벗으라 네가 서 있는 곳은 거룩한 땅이니라

(행 7:55) 스데반이 성령 충만하여 하늘을 우러러 주목하여 하나님의 영광과 및 예수께서 하나님 우편에 서신 것을 보고

(행 9:4) 땅에 엎드러져 들으매 소리가 있어 이르시되 사울아 사울아 네가 어찌하여 나를 박해하느냐 하시거늘

(행 9:17) 아나니아가 떠나 그 집에 들어가서 그에게 안수하여 이르되 형제 사울아 주 곧 네가 오는 길에서 나타나셨던 예수께서 나를 보내어 너로 다시 보게 하시고 성령으로 충만하게 하신다 하니

(행 9:18) 즉시 사울의 눈에서 비늘 같은 것이 벗어져 다시 보게 된지라 일어나 세례를 받고

(행 10:4) 고넬료가 주목하여 보고 두려워 이르되 주여 무슨 일이니이까 천사가 이르되 네 기도와 구제가 하나님 앞에 상달되어 기억하신 바가 되었으니

(행 11:8) 내가 이르되 주님 그럴 수 없나이다 속되거나 깨끗하지 아니한 것은 결코 내 입에 들어간 일이 없나이다 하니

(행 11:26) 만나매 안디옥에 데리고 와서 둘이 교회에 일 년간 모여 있어 큰 무리를 가르쳤고 제자들이 안디옥에서 비로소 그리스도인이라 일컬음을 받게 되었더라

(행 12:5) 이에 베드로는 옥에 갇혔고 교회는 그를 위하여 간절히 하나님께 기도하더라

(행 12:24) 하나님의 말씀은 흥왕하여 더하더라

(행 13:22) 폐하시고 다윗을 왕으로 세우시고 증언하여 이르시되 내가 이새의 아들 다윗을 만나니 내 마음에 맞는 사람이라 내 뜻을 다 이루리라 하시더니

(행 13:23) 하나님이 약속하신 대로 이 사람의 후손에서 이스라엘을 위하여 구주를 세우셨으니 곧 예수라

(행 13:48) 이방인들이 듣고 기뻐하여 하나님의 말씀을 찬송하며 영생을 주시기로 작정된 자는 다 믿더라

(행 15:29) 우상의 제물과 피와 목매어 죽인 것과 음행을 멀리할지니라 이에 스스로 삼가면 잘되리라 평안함을 원하노라 하였더라

(행 16:9) 밤에 환상이 바울에게 보이니 마게도냐 사람 하나가 서서 그에게 청하여 이르되 마게도냐로 건너와서 우리를 도우라 하거늘

(행 16:14) 두아디라 시에 있는 자색 옷감 장사로서 하나님을 섬기는 루디아라 하는 한 여자가 말을 듣고 있을 때 주께서 그 마음을 열어 바울의 말을 따르게 하신지라

(행 16:25) 한밤중에 바울과 실라가 기도하고 하나님을 찬송하매 죄수들이 듣더라

(행 16:26) 이에 갑자기 큰 지진이 나서 옥터가 움직이고 문이 곧 다 열리며 모든 사람의 매인 것이 다 벗어진지라

(행 16:31) 이르되 주 예수를 믿으라 그리하면 너와 네 집이 구원을 받으리라 하고

(행 17:11) 베뢰아에 있는 사람들은 데살로니가에 있는 사람들보다 더 너그러워서 간절한 마음으로 말씀을 받고 이것이 그러한가 하여 날마다 성경을 상고하므로

(행 18:18) 바울은 더 여러 날 머물다가 형제들과 작별하고 배 타고 수리아로 떠나갈새 브리스길라와 아굴라도 함께 하더라 바울이 일찍이 서원이 있었으므로 겐그레아에서 머리를 깎았더라

(행 19:2) 이르되 너희가 믿을 때에 성령을 받았느냐 이르되 아니라 우리는 성령이 계심도 듣지 못하였노라

(행 19:11) 하나님이 바울의 손으로 놀라운 능력을 행하게 하시니

(행 19:12) 심지어 사람들이 바울의 몸에서 손수건이나 앞치마를 가져다가 병든 사람에게 얹으면 그 병이 떠나고 악귀도 나가더라

(행 20:19) 곧 모든 겸손과 눈물이며 유대인의 간계로 말미암아 당한 시험을 참고 주를 섬긴 것과

(행 20:20) 유익한 것은 무엇이든지 공중 앞에서나 각 집에서나 거리낌이 없이 여러분에게 전하여 가르치고

(행 20:23) 오직 성령이 각 성에서 내게 증언하여 결박과 환난이 나를 기다린다 하시나

(행 20:24) 내가 달려갈 길과 주 예수께 받은 사명 곧 하나님의 은혜의 복음을 증언하
　　　　 는 일을 마치려 함에는 나의 생명조차 조금도 귀한 것으로 여기지 아니하노라

(행 21:13) 바울이 대답하되 여러분이 어찌하여 울어 내 마음을 상하게 하느냐 나는 주
　　　　 예수의 이름을 위하여 결박 당할 뿐 아니라 예루살렘에서 죽을 것도 각오하였
　　　　 노라 하니

(행 27:22) 내가 너희를 권하노니 이제는 안심하라 너희 중 아무도 생명에는 아무런 손
　　　　 상이 없겠고 오직 배뿐이리라

(행 27:23) 내가 속한 바 곧 내가 섬기는 하나님의 사자가 어제 밤에 내 곁에 서서 말하되

(행 27:24) 바울아 두려워하지 말라 네가 가이사 앞에 서야 하겠고 또 하나님께서 너와
　　　　 함께 항해하는 자를 다 네게 주셨다 하였으니

(행 27:25) 그러므로 여러분이여 안심하라 나는 내게 말씀하신 그대로 되리라고 하나님
　　　　 을 믿노라

(행 28:31) 하나님의 나라를 전파하며 주 예수 그리스도에 관한 모든 것을 담대하게 거
　　　　 침없이 가르치더라

6. 로마서

1. 로마서 핵심개관

1. 바울서신 중에서 제일 먼저 나오는 것이 로마서입니다. 그러나 로마서가 제일 먼저 기록된 것은 아닙니다. 제일 먼저 기록된 것은 내용으로 볼 때 데살로니가전후서입니다. 로마서가 제일 먼저 나온 이유는 로마서가 제일 길기 때문입니다. 마치 구약의 예언서처럼 부피에 따라 순서를 결정했던 것입니다.

2. 마틴 루터는 "로마서는 그 자체 안에 성경전체의 의도를 내포하고 있으며 신약 혹은 복음의 가장 완벽한 개요이다"라고 했고 멜랑톤은 "기독교 교리의 집약서"라고 했습니다.

3. 바울은 왜 로마서를 기록했는가? 거기에는 세가지 목적이 있었다. 첫째 스페인 선교계획을 위해서 로마에 방문할 준비를 하기 위해서 였습니다.(1:10-15, 15:22-29) 둘째 로마교회는 사도들로부터 직접적인 가르침을 받은 적이 없기 때문에 그들에게 하나님의 구원의 기본을 가르치기 위해서였습니다. 셋째 하나님의 구원 계획 속에서 유대인과 이방인이 갖는 관계를 설명하기 위해서 로마서를 기록한 것입니다.

4. 하나님께서 어떻게 범죄한 인간을 구원하시는가? 그 해답이 3:24에 니옵니다. "그리스도 예수 안에 있는 속량으로 말미암아 하나님의 은혜로 값 없이 의롭다 하심을 얻은 자 되었느니라" 3:24-28을 보면 구체적으로 어떻게 의롭다 하심을 받으며 구원받는지를 언급하고 있습니다.

5. 로마서 12:1-2은 윤리적 교훈의 요약입니다. 요약은 산 제사는 바로 영적 예배이며 그것은 바로 몸을 하나님께 드리는 것이라고 했습니다. 그러면 하나님

께 드리는 산 제사는 어떤 것인가? 한마디로 감사하는 생활입니다. 그것을 두 가지로 분류하면 첫째로 내 몸을 하나님께 산 제사로 드리는 것이고 둘째로 부정적인 면에서 이 세대를 본받지 않는 것이며 긍정적으로는 새롭게 변화되어서 선과 악, 하나님께서 기뻐하시는 것과 싫어 하시는 것, 하나님의 뜻과 사람의 뜻을 분명하는 생활입니다.

2. 로마서 중요성경구절

(롬 1:14) 헬라인이나 야만인이나 지혜 있는 자나 어리석은 자에게 다 내가 빚진 자라

(롬 1:15) 그러므로 나는 할 수 있는 대로 로마에 있는 너희에게도 복음 전하기를 원하노라

(롬 1:16) 내가 복음을 부끄러워하지 아니하노니 이 복음은 모든 믿는 자에게 구원을 주시는 하나님의 능력이 됨이라 먼저는 유대인에게요 그리고 헬라인에게로다

(롬 1:17) 복음에는 하나님의 의가 나타나서 믿음으로 믿음에 이르게 하나니 기록된 바 오직 의인은 믿음으로 말미암아 살리라 함과 같으니라

(롬 2:11) 이는 하나님께서 외모로 사람을 취하지 아니하심이라

(롬 3:10) 기록된 바 의인은 없나니 하나도 없으며

(롬 3:11) 깨닫는 자도 없고 하나님을 찾는 자도 없고

(롬 3:22) 곧 예수 그리스도를 믿음으로 말미암아 모든 믿는 자에게 미치는 하나님의 의니 차별이 없느니라

(롬 3:23) 모든 사람이 죄를 범하였으매 하나님의 영광에 이르지 못하더니

(롬 3:24) 그리스도 예수 안에 있는 속량으로 말미암아 하나님의 은혜로 값 없이 의롭다 하심을 얻은 자 되었느니라

(롬 4:17) 기록된 바 내가 너를 많은 민족의 조상으로 세웠다 하심과 같으니 그가 믿은 바

하나님은 죽은 자를 살리시며 없는 것을 있는 것으로 부르시는 이시니라

(롬 4:18) 아브라함이 바랄 수 없는 중에 바라고 믿었으니 이는 네 후손이 이같으리라 하신 말씀대로 많은 민족의 조상이 되게 하려 하심이라

(롬 4:20) 믿음이 없어 하나님의 약속을 의심하지 않고 믿음으로 견고하여져서 하나님께 영광을 돌리며

(롬 4:21) 약속하신 그것을 또한 능히 이루실 줄을 확신하였으니

(롬 4:22) 그러므로 그것이 그에게 의로 여겨졌느니라

(롬 5:3) 다만 이뿐 아니라 우리가 환난 중에도 즐거워하나니 이는 환난은 인내를,

(롬 5:4) 인내는 연단을, 연단은 소망을 이루는 줄 앎이로다

(롬 5:6) 우리가 아직 연약할 때에 기약대로 그리스도께서 경건하지 않은 자를 위하여 죽으셨도다

(롬 5:8) 우리가 아직 죄인 되었을 때에 그리스도께서 우리를 위하여 죽으심으로 하나님께서 우리에 대한 자기의 사랑을 확증하셨느니라

(롬 5:20) 율법이 들어온 것은 범죄를 더하게 하려 함이라 그러나 죄가 더한 곳에 은혜가 더욱 넘쳤나니

(롬 6:14) 죄가 너희를 주장하지 못하리니 이는 너희가 법 아래에 있지 아니하고 은혜 아래에 있음이라

(롬 6:23) 죄의 삯은 사망이요 하나님의 은사는 그리스도 예수 우리 주 안에 있는 영생이니라

(롬 7:24) 오호라 나는 곤고한 사람이로다 이 사망의 몸에서 누가 나를 건져내랴

(롬 7:25) 우리 주 예수 그리스도로 말미암아 하나님께 감사하리로다 그런즉 내 자신이 마음으로는 하나님의 법을 육신으로는 죄의 법을 섬기노라

(롬 8:1) 그러므로 이제 그리스도 예수 안에 있는 자에게는 결코 정죄함이 없나니

(롬 8:2) 이는 그리스도 예수 안에 있는 생명의 성령의 법이 죄와 사망의 법에서 너를 해방하였음이라

(롬 8:5) 육신을 따르는 자는 육신의 일을, 영을 따르는 자는 영의 일을 생각하나니

(롬 8:6) 육신의 생각은 사망이요 영의 생각은 생명과 평안이니라

(롬 8:8) 육신에 있는 자들은 하나님을 기쁘시게 할 수 없느니라

(롬 8:9) 만일 너희 속에 하나님의 영이 거하시면 너희가 육신에 있지 아니하고 영에 있나 니 누구든지 그리스도의 영이 없으면 그리스도의 사람이 아니라

(롬 8:15) 너희는 다시 무서워하는 종의 영을 받지 아니하고 양자의 영을 받았으므로 우 리가 아빠 아버지라고 부르짖느니라

(롬 8:16) 성령이 친히 우리의 영과 더불어 우리가 하나님의 자녀인 것을 증언하시나니

(롬 8:18) 생각하건대 현재의 고난은 장차 우리에게 나타날 영광과 비교할 수 없도다

(롬 8:26) 이와 같이 성령도 우리의 연약함을 도우시나니 우리는 마땅히 기도할 바를 알 지 못하나 오직 성령이 말할 수 없는 탄식으로 우리를 위하여 친히 간구하시느 니라

(롬 8:27) 마음을 살피시는 이가 성령의 생각을 아시나니 이는 성령이 하나님의 뜻대로 성도를 위하여 간구하심이니라

(롬 8:28) 우리가 알거니와 하나님을 사랑하는 자 곧 그의 뜻대로 부르심을 입은 자들에 게는 모든 것이 합력하여 선을 이루느니라

(롬 8:31) 그런즉 이 일에 대하여 우리가 무슨 말 하리요 만일 하나님이 우리를 위하시면 누가 우리를 대적하리요

(롬 8:37) 그러나 이 모든 일에 우리를 사랑하시는 이로 말미암아 우리가 넉넉히 이기느 니라

(롬 8:38) 내가 확신하노니 사망이나 생명이나 천사들이나 권세자들이나 현재 일이나 장 래 일이나 능력이나

(롬 8:39) 높음이나 깊음이나 다른 어떤 피조물이라도 우리를 우리 주 그리스도 예수 안 에 있는 하나님의 사랑에서 끊을 수 없으리라

(롬 10:4) 그리스도는 모든 믿는 자에게 의를 이루기 위하여 율법의 마침이 되시니라

(롬 10:9) 네가 만일 네 입으로 예수를 주로 시인하며 또 하나님께서 그를 죽은 자 가운데서 살리신 것을 네 마음에 믿으면 구원을 받으리라

(롬 10:10) 사람이 마음으로 믿어 의에 이르고 입으로 시인하여 구원에 이르느니라

(롬 10:13) 누구든지 주의 이름을 부르는 자는 구원을 받으리라

(롬 10:15) 보내심을 받지 아니하였으면 어찌 전파하리요 기록된 바 아름답도다 좋은 소식을 전하는 자들의 발이여 함과 같으니라

(롬 10:17) 그러므로 믿음은 들음에서 나며 들음은 그리스도의 말씀으로 말미암았느니라

(롬 11:29) 하나님의 은사와 부르심에는 후회하심이 없느니라

(롬 12:1) 그러므로 형제들아 내가 하나님의 모든 자비하심으로 너희를 권하노니 너희 몸을 하나님이 기뻐하시는 거룩한 산 제물로 드리라 이는 너희가 드릴 영적 예배니라

(롬 12:2) 너희는 이 세대를 본받지 말고 오직 마음을 새롭게 함으로 변화를 받아 하나님의 선하시고 기뻐하시고 온전하신 뜻이 무엇인지 분별하도록 하라

(롬 12:11) 부지런하여 게으르지 말고 열심을 품고 주를 섬기라

(롬 12:14) 너희를 박해하는 자를 축복하라 축복하고 저주하지 말라

(롬 12:21) 악에게 지지 말고 선으로 악을 이기라

(롬 13:1) 각 사람은 위에 있는 권세들에게 복종하라 권세는 하나님으로부터 나지 않음이 없나니 모든 권세는 다 하나님께서 정하신 바라

(롬 13:8) 피차 사랑의 빚 외에는 아무에게든지 아무 빚도 지지 말라 남을 사랑하는 자는 율법을 다 이루었느니라

(롬 13:14) 오직 주 예수 그리스도로 옷 입고 정욕을 위하여 육신의 일을 도모하지 말라

(롬 14:8) 우리가 살아도 주를 위하여 살고 죽어도 주를 위하여 죽나니 그러므로 사나 죽으나 우리가 주의 것이로다

(롬 14:17) 하나님의 나라는 먹는 것과 마시는 것이 아니요 오직 성령 안에 있는 의와 평강과 희락이라

(롬 15:20) 또 내가 그리스도의 이름을 부르는 곳에는 복음을 전하지 않기를 힘썼노니 이
　　　　는 남의 터 위에 건축하지 아니하려 함이라

(롬 16:5) 또 저의 집에 있는 교회에도 문안하라 내가 사랑하는 에배네도에게 문안하라
　　　　그는 아시아에서 그리스도께 처음 맺은 열매니라

7. 고린도전서

1.고린도전서 핵심개관

1. 고린도교회는 A.D 50-52년 사이에 설립되었고 당시 아볼로와 베드로가 바울을 수행했던 것 같습니다. 그래서 교회 내에 아볼로파와 게바파가 생긴 것으로 보입니다.
2. 당시 고린도에는 아프로디테 신전이 있었습니다. 여기에는 1000여명의 창녀들이 있었는데 이들이 성녀로 가장하고 있었으나 실제로는 매춘부들이었습니다. 그래서 고린도 여자라고 하면 "매춘부 노릇을 하다"라는 뜻으로 해석할 정도였습니다.
3. 바울은 고린도교인들을 책망하기 전에 십자가의 도(1:18)가 겉으로는 미련하게 보이나 하나님의 능력이 됨을 언급합니다. 로마서 1:22에서는 세가지 종류의 교인들이 있음을 지적했습니다. 즉 첫째는 표적을 구하는 유대인, 둘째는 지혜를 구하는 헬라인, 셋째는 십자가를 전하는 기독교인이 있다고 했습니다.
4. 5장에서는 근친상간에 대한 교훈이 나옵니다. 로마서 6:1-11에서는 성도들 간의 법정 소송에 대해서 교훈하고 있고 6:12-20에서는 성적 부도덕에 대해서 교훈하고 있습니다.
5. 7장에서는 결혼에 관한 교훈을, 8:1-11:2에서는 영적 자유에 대해 기록하고 있습니다. 11:2-14:40에서는 공적 예배에 대한 기록한 후에 15장에서는 부활에 대해 언급하고 있습니다.

2. 고린도전서 중요성경구절

(고전 1:18) 십자가의 도가 멸망하는 자들에게는 미련한 것이요 구원을 받는 우리에게
는 하나님의 능력이라

(고전 1:21) 하나님의 지혜에 있어서는 이 세상이 자기 지혜로 하나님을 알지 못하므
로 하나님께서 전도의 미련한 것으로 믿는 자들을 구원하시기를 기뻐하셨도다

(고전 2:4) 내 말과 내 전도함이 설득력 있는 지혜의 말로 하지 아니하고 다만 성령의 나
타나심과 능력으로 하여

(고전 2:5) 너희 믿음이 사람의 지혜에 있지 아니하고 다만 하나님의 능력에 있게 하려
하였노라

(고전 2:10) 오직 하나님이 성령으로 이것을 우리에게 보이셨으니 성령은 모든 것 곧 하
나님의 깊은 것까지도 통달하시느니라

(고전 2:11) 사람의 일을 사람의 속에 있는 영 외에 누가 알리요 이와 같이 하나님의 일도
하나님의 영 외에는 아무도 알지 못하느니라

(고전 2:12) 우리가 세상의 영을 받지 아니하고 오직 하나님으로부터 온 영을 받았으니
이는 우리로 하여금 하나님께서 우리에게 은혜로 주신 것들을 알게 하려 하심
이라

(고전 3:16) 너희는 너희가 하나님의 성전인 것과 하나님의 성령이 너희 안에 계시는 것
을 알지 못하느냐

(고전 3:17) 누구든지 하나님의 성전을 더럽히면 하나님이 그 사람을 멸하시리라 하나님
의 성전은 거룩하니 너희도 그러하니라

(고전 4:1) 사람이 마땅히 우리를 그리스도의 일꾼이요 하나님의 비밀을 맡은 자로 여길
지어다

(고전 4:2) 그리고 맡은 자들에게 구할 것은 충성이니라

(고전 4:20) 하나님의 나라는 말에 있지 아니하고 오직 능력에 있음이라

(고전 6:18) 음행을 피하라 사람이 범하는 죄마다 몸 밖에 있거니와 음행하는 자는 자기
　　　　　몸에 죄를 범하느니라

(고전 9:9) 모세의 율법에 곡식을 밟아 떠는 소에게 망을 씌우지 말라 기록하였으니 하나
　　　　　님께서 어찌 소들을 위하여 염려하심이냐

(고전 9:16) 내가 복음을 전할지라도 자랑할 것이 없음은 내가 부득불 할 일임이라 만일
　　　　　복음을 전하지 아니하면 내게 화가 있을 것이로다

(고전 9:24) 운동장에서 달음질하는 자들이 다 달릴지라도 오직 상을 받는 사람은 한
　　　　　사람인 줄을 너희가 알지 못하느냐 너희도 상을 받도록 이와 같이 달음질하라

(고전 10:12) 그런즉 선 줄로 생각하는 자는 넘어질까 조심하라

(고전 10:13) 사람이 감당할 시험 밖에는 너희가 당한 것이 없나니 오직 하나님은 미쁘사
　　　　　너희가 감당하지 못할 시험 당함을 허락하지 아니하시고 시험 당할 즈음에 또한
　　　　　피할 길을 내사 너희로 능히 감당하게 하시느니라

(고전 10:31) 그런즉 너희가 먹든지 마시든지 무엇을 하든지 다 하나님의 영광을 위하
　　　　　여 하라

(고전 11:1) 내가 그리스도를 본받는 자가 된 것 같이 너희는 나를 본받는 자가 되라

(고전 11:24) 축사하시고 떼어 이르시되 이것은 너희를 위하는 내 몸이니 이것을 행하여
　　　　　나를 기념하라 하시고

(고전 11:25) 식후에 또한 그와 같이 잔을 가지시고 이르시되 이 잔은 내 피로 세운 새 언
　　　　　약이니 이것을 행하여 마실 때마다 나를 기념하라 하셨으니

(고전 11:26) 너희가 이 떡을 먹으며 이 잔을 마실 때마다 주의 죽으심을 그가 오실 때까
　　　　　지 전하는 것이니라

(고전 12:12) 몸은 하나인데 많은 지체가 있고 몸의 지체가 많으나 한 몸임과 같이 그리
　　　　　스도도 그러하니라

(고전 13:1) 내가 사람의 방언과 천사의 말을 할지라도 사랑이 없으면 소리 나는 구리와

울리는 꽹과리가 되고

(고전 13:2) 내가 예언하는 능력이 있어 모든 비밀과 모든 지식을 알고 또 산을 옮길 만한 모든 믿음이 있을지라도 사랑이 없으면 내가 아무 것도 아니요

(고전 13:3) 내가 내게 있는 모든 것으로 구제하고 또 내 몸을 불사르게 내줄지라도 사랑이 없으면 내게 아무 유익이 없느니라

(고전 13:7) 모든 것을 참으며 모든 것을 믿으며 모든 것을 바라며 모든 것을 견디느니라

(고전 13:13) 그런즉 믿음, 소망, 사랑, 이 세 가지는 항상 있을 것인데 그 중의 제일은 사랑이라

(고전 14:12) 그러므로 너희도 영적인 것을 사모하는 자인즉 교회의 덕을 세우기 위하여 그것이 풍성하기를 구하라

(고전 15:10) 그러나 내가 나 된 것은 하나님의 은혜로 된 것이니 내게 주신 그의 은혜가 헛되지 아니하여 내가 모든 사도보다 더 많이 수고하였으나 내가 한 것이 아니요 오직 나와 함께 하신 하나님의 은혜로라

(고전 15:20) 그러나 이제 그리스도께서 죽은 자 가운데서 다시 살아나사 잠자는 자들의 첫 열매가 되셨도다

(고전 15:51) 보라 내가 너희에게 비밀을 말하노니 우리가 다 잠 잘 것이 아니요 마지막 나팔에 순식간에 홀연히 다 변화되리니

(고전 15:52) 나팔 소리가 나매 죽은 자들이 썩지 아니할 것으로 다시 살아나고 우리도 변화되리라

(고전 15:53) 이 썩을 것이 반드시 썩지 아니할 것을 입겠고 이 죽을 것이 죽지 아니함을 입으리로다

(고전 15:54) 이 썩을 것이 썩지 아니함을 입고 이 죽을 것이 죽지 아니함을 입을 때에는 사망을 삼키고 이기리라고 기록된 말씀이 이루어지리라

(고전 15:55) 사망아 너의 승리가 어디 있느냐 사망아 네가 쏘는 것이 어디 있느냐

(고전 15:56) 사망이 쏘는 것은 죄요 죄의 권능은 율법이라

(고전 15:58) 그러므로 내 사랑하는 형제들아 견실하며 흔들리지 말고 항상 주의 일에

더욱 힘쓰는 자들이 되라 이는 너희 수고가 주 안에서 헛되지 않은 줄 앎이라

8. 고린도후서

1. 고린도후서 핵심개관

1. 바울은 에베소에 있으면서 고린도전서와 후서를 기록했습니다. 고린도사람들은 바울에게 많은 질문을 했습니다. 이신칭의의 교리와 함께 초대교회는 부패한 문화 속에 생기는 수많은 실제적 문제에 봉착했습니다. 이런 문제에 대한 답변이 고린도서입니다.

2. 1-7장은 바울의 선교에 대해서 설명하고 있습니다. 그는 여기서 자신의 계획의 변경에 대해 설명을 하고 자신의 목회철학에 대해 말하고 있습니다(2:14-6:10). 그리고 나서 고린도교인들에 대한 교훈을 하고 있습니다.

3. 8-9장은 성도들을 위해 바울이 모금한 헌금에 대한 기록입니다. 특별히 마케도니아 교인들의 모범(8:1-6)에 대해서 언급하고 있고 고린도 교인들에 대한 교훈을 하고 있습니다(8:7-9:15).

4. 10-13장은 사도직에 대한 변호가 핵심을 이루고 있습니다. 먼저 고발자들에 대해서 답변하고(10:1-18) 계속해서 그의 사도직에 대한 변호가 나옵니다.(11:1-12:13). 마지막으로 바울은 그들의 방문에 대한 계획을 기록하고 있습니다(12:14-13:10).

2. 고린도후서 중요성경구절

(고후 3:3) 너희는 우리로 말미암아 나타난 그리스도의 편지니 이는 먹으로 쓴 것이 아니요 오직 살아 계신 하나님의 영으로 쓴 것이며 또 돌판에 쓴 것이 아니요 오직

육의 마음판에 쓴 것이라

(고후 3:17) 주는 영이시니 주의 영이 계신 곳에는 자유가 있느니라

(고후 4:7) 우리가 이 보배를 질그릇에 가졌으니 이는 심히 큰 능력은 하나님께 있고 우리에게 있지 아니함을 알게 하려 함이라

(고후 4:16) 그러므로 우리가 낙심하지 아니하노니 우리의 겉사람은 낡아지나 우리의 속사람은 날로 새로워지도다

(고후 4:17) 우리가 잠시 받는 환난의 경한 것이 지극히 크고 영원한 영광의 중한 것을 우리에게 이루게 함이니

(고후 4:18) 우리가 주목하는 것은 보이는 것이 아니요 보이지 않는 것이니 보이는 것은 잠깐이요 보이지 않는 것은 영원함이라

(고후 5:1) 만일 땅에 있는 우리의 장막 집이 무너지면 하나님께서 지으신 집 곧 손으로 지은 것이 아니요 하늘에 있는 영원한 집이 우리에게 있는 줄 아느니라

(고후 5:17) 그런즉 누구든지 그리스도 안에 있으면 새로운 피조물이라 이전 것은 지나갔으니 보라 새 것이 되었도다

(고후 6:2) 이르시되 내가 은혜 베풀 때에 너에게 듣고 구원의 날에 너를 도왔다 하셨으니 보라 지금은 은혜 받을 만한 때요 보라 지금은 구원의 날이로다

(고후 7:10) 하나님의 뜻대로 하는 근심은 후회할 것이 없는 구원에 이르게 하는 회개를 이루는 것이요 세상 근심은 사망을 이루는 것이니라

(고후 8:2) 환난의 많은 시련 가운데서 그들의 넘치는 기쁨과 극심한 가난이 그들의 풍성한 연보를 넘치도록 하게 하였느니라

(고후 8:9) 우리 주 예수 그리스도의 은혜를 너희가 알거니와 부요하신 이로서 너희를 위하여 가난하게 되심은 그의 가난함으로 말미암아 너희를 부요하게 하려 하심이라

(고후 9:6) 이것이 곧 적게 심는 자는 적게 거두고 많이 심는 자는 많이 거둔다 하는 말이로다

(고후 9:7) 각각 그 마음에 정한 대로 할 것이요 인색함으로나 억지로 하지 말지니 하나
　　　님은 즐겨 내는 자를 사랑하시느니라

(고후 9:8) 하나님이 능히 모든 은혜를 너희에게 넘치게 하시나니 이는 너희로 모든 일에
　　　항상 모든 것이 넉넉하여 모든 착한 일을 넘치게 하게 하려 하심이라

(고후 12:9) 나에게 이르시기를 내 은혜가 네게 족하도다 이는 내 능력이 약한 데서 온전
　　　하여짐이라 하신지라 그러므로 도리어 크게 기뻐함으로 나의 여러 약한 것들에
　　　대하여 자랑하리니 이는 그리스도의 능력이 내게 머물게 하려 함이라

(고후 12:10) 그러므로 내가 그리스도를 위하여 약한 것들과 능욕과 궁핍과 박해와 곤고
　　　를 기뻐하노니 이는 내가 약한 그 때에 강함이라

(고후 13:13) 주 예수 그리스도의 은혜와 하나님의 사랑과 성령의 교통하심이 너희 무리
　　　와 함께 있을지어다

9. 갈라디아서

1. 갈라디아서 핵심개관

1. 갈라디아서는 기독교의 자유의 대헌장이요 그리스도인의 자유에 대한 선언서라고 불리는 책입니다.

2. 갈라디아서는 16세기 종교개혁 당시 마틴루터로 하여금 이신칭의의 교리에 눈을 뜨게 해준 책입니다.

3. 바울은 2차, 3차 전도여행 때 갈라디아 사람들에게 복음을 전파했습니다(행 16:6, 18:23). 그러나 유대인 출신 그리스도인들이(거짓형제들이라 표현) 교회안에서 율법을 지켜야만 구원을 받을 수 있다고 말함으로써 많은 논란을 일으켰습니다(갈 5:4, 6:12). 그러자 갈라디아인들은 율법이 아니라 믿음으로 의롭다 함을 받아야 한다는 바울의 가르침을 버리기 시작했습니다. 그래서 바울은 갈라디아사람들에게 편지를 썼던 것이다. "그리스도의 은혜로 너희를 부르신 이를 이같이 속히 떠나 다른 복음을 따르는 것을 내가 이상하게 여기노라 다른 복음은 없나니 다만 어떤 사람들이 너희를 교란하여 그리스도의 복음을 변하게 하려 함이라"(갈 1:6-7절)

4. 갈라디아서 5장 1-15절은 갈라디아서의 핵심입니다. 1절에서 "그리스도께서 우리를 자유롭게 하려고 자유를 주셨으니 그러므로 굳건하게 서서 다시는 종의 멍에를 메지 말라"는 교훈을 주고 있습니다. 할례에 대해서는 2절에 언급하고 있습니다. "보라 나 바울은 너희에게 말하노니 너희가 만일 할례를 받으면 그리스도께서 너희에게 아무 유익이 없으리라"

5. 그러면 우리는 어떻게 살아야 하는가?에 대해 갈라디아서 5장 5절에 "우리가

성령으로 믿음을 따라 의의 소망을 기다리노니"라고 하면서 갈라디아서 5장 13-15절에 결론적인 교훈을 주고 있습니다. "형제들아 너희가 자유를 위하여 부르심을 입었으나 그러나 그 자유로 육체의 기회를 삼지 말고 오직 사랑으로 서로 종 노릇 하라. 온 율법은 네 이웃 사랑하기를 네 자신 같이 하라 하신 한 말씀에서 이루어졌나니 만일 서로 물고 먹으면 피차 멸망할까 조심하라"

2. 갈라디아서 중요성경구절

(갈 1:7) 다른 복음은 없나니 다만 어떤 사람들이 너희를 교란하여 그리스도의 복음을 변하게 하려 함이라

(갈 1:8) 그러나 우리나 혹은 하늘로부터 온 천사라도 우리가 너희에게 전한 복음 외에 다른 복음을 전하면 저주를 받을지어다

(갈 2:20) 내가 그리스도와 함께 십자가에 못 박혔나니 그런즉 이제는 내가 사는 것이 아니요 오직 내 안에 그리스도께서 사시는 것이라 이제 내가 육체 가운데 사는 것은 나를 사랑하사 나를 위하여 자기 자신을 버리신 하나님의 아들을 믿는 믿음 안에서 사는 것이라

(갈 3:13) 그리스도께서 우리를 위하여 저주를 받은 바 되사 율법의 저주에서 우리를 속량하셨으니 기록된 바 나무에 달린 자마다 저주 아래에 있는 자라 하였음이라

(갈 3:14) 이는 그리스도 예수 안에서 아브라함의 복이 이방인에게 미치게 하고 또 우리로 하여금 믿음으로 말미암아 성령의 약속을 받게 하려 함이라

(갈 4:6) 너희가 아들이므로 하나님이 그 아들의 영을 우리 마음 가운데 보내사 아빠 아버지라 부르게 하셨느니라

(갈 4:7) 그러므로 네가 이 후로는 종이 아니요 아들이니 아들이면 하나님으로 말미암아 유업을 받을 자니라

(갈 5:1) 그리스도께서 우리를 자유롭게 하려고 자유를 주셨으니 그러므로 굳건하게 서
　　　　서 다시는 종의 멍에를 메지 말라

(갈 5:16) 내가 이르노니 너희는 성령을 따라 행하라 그리하면 육체의 욕심을 이루지 아
　　　　니하리라

(갈 5:17) 육체의 소욕은 성령을 거스르고 성령은 육체를 거스르나니 이 둘이 서로 대적
　　　　함으로 너희가 원하는 것을 하지 못하게 하려 함이니라

(갈 5:22) 오직 성령의 열매는 사랑과 희락과 화평과 오래 참음과 자비와 양선과 충성과

(갈 5:23) 온유와 절제니 이같은 것을 금지할 법이 없느니라

(갈 5:24) 그리스도 예수의 사람들은 육체와 함께 그 정욕과 탐심을 십자가에 못 박았느
　　　　니라

(갈 6:6) 가르침을 받는 자는 말씀을 가르치는 자와 모든 좋은 것을 함께 하라

(갈 6:7) 스스로 속이지 말라 하나님은 업신여김을 받지 아니하시나니 사람이 무엇으로
　　　　심든지 그대로 거두리라

(갈 6:8) 자기의 육체를 위하여 심는 자는 육체로부터 썩어질 것을 거두고 성령을 위하여
　　　　심는 자는 성령으로부터 영생을 거두리라

(갈 6:9) 우리가 선을 행하되 낙심하지 말지니 포기하지 아니하면 때가 이르매 거두리라

(갈 6:17) 이 후로는 누구든지 나를 괴롭게 하지 말라 내가 내 몸에 예수의 흔적을 지니
　　　　고 있노라

10. 에베소서

1. 에베소서 핵심개관

1. 에베소서는 골로새서와 유사한 내용이 많기 때문에 흔히 쌍둥이서신, 자매
   서신이라고 합니다.
2. 이 서신은 그리스도인으로서 갖추어야 할 덕목을 깨우치고 있으며 1-3장은
   교리적 교훈과 4-6장은 윤리적 교훈을 다루고 있습니다.
3. 1장에서는 삼위일체 하나님이 하시는 사역을 기록하고 있습니다. 먼저 성부
   의 사역으로는 3절에 신령한 복음 주시는 것과 4절에 택하심과 그 목적을 말
   하고 있습니다. 택하심의 목적은 거룩하게 하고 흠이 없게 하려는데 있으며 "
   그의 은혜의 영광을 찬송하게 하려는 것이라"(6절)고 했습니다. 다음으로 성
   자의 사역은 7절에서 속량케 하고 11절에 하나님의 기업이 되게 하려는 데 있
   으며 궁극적으로 12절 말씀처럼 "이는 우리가 그리스도 안에서 전부터 바라
   던 그의 영광의 찬송이 되게 하려 하심이라"고 했습니다. 끝으로 성령의 사역
   을 언급하고 있는데 13절에서 두 가지를 말씀하고 있습니다. 첫째는 믿게 하
   시고 둘째는 인치심을 위해서이며 이는 "그의 영광을 찬송하게 하려 하심이
   라"라고 결론짓고 있습니다.
4. 2장에서는 구원의 교리를 기록하고 있습니다. 1절에서 "그는 허물과 죄로 죽
   었던 너희를 살리셨도다"라고 하면서 구원론에서 가장 중요한 구절이 5절과
   8절을 통해 분명하게 말씀하고 있습니다. "허물로 죽은 우리를 그리스도와 함
   께 살리셨고 너희는 은혜로 구원을 받은 것이라"(5절) "너희는 그 은혜에 의하
   여 믿음으로 말미암아 구원을 받았으니 이것은 너희에게서 난 것이 아니요 하

나님의 선물이라"(8절)

5. 3장에서는 교회론(1-13절)을 언급하고 있습니다. 먼저 바울은 자신이 그리스도의 비밀을 알게 된 것을 고백합니다. 그러면 그 비밀은 무엇인가? 그것은 6절에 나옵니다. "이는 이방인들이 복음으로 말미암아 그리스도 예수 안에서 함께 상속자가 되고 함께 지체가 되고 함께 약속에 참여하는 자가 됨이라" 그러면 그 비밀은 어떤 결과를 가져오는가? 그것은 "믿음으로 말미암아", "하나님께 나아감을 얻는다는 것"입니다(12절).

6. 4장에서는 성도들이 가져야 할 덕목에서 시작하고 있습니다.(4:1-4절) "그러므로 주 안에서 갇힌 내가 너희를 권하노니 너희가 부르심을 받은 일에 합당하게 행하여 모든 겸손과 온유로 하고 오래 참음으로 사랑 가운데서 서로 용납하고 평안의 매는 줄로 성령이 하나 되게 하신 것을 힘써 지키라 몸이 하나요 성령도 한 분이시니 이와 같이 너희가 부르심의 한 소망 안에서 부르심을 받았느니라" 4장에서는 특별히 교회가 하나가 되어야 한다는 것(4:1-16)과 성도들이 거룩한 삶을 살아야 할 것(4:17-5:21)을 언급하고 있습니다. 그리고 가정(5:22-6:4)과 직장에서의 의무(6:5-9)를 말씀하고 있습니다.

2. 에베소서 중요성경구절

(엡 1:4) 곧 창세 전에 그리스도 안에서 우리를 택하사 우리로 사랑 안에서 그 앞에 거룩하고 흠이 없게 하시려고

(엡 1:5) 그 기쁘신 뜻대로 우리를 예정하사 예수 그리스도로 말미암아 자기의 아들들이 되게 하셨으니

(엡 2:8) 너희는 그 은혜에 의하여 믿음으로 말미암아 구원을 받았으니 이것은 너희에게서 난 것이 아니요 하나님의 선물이라

(엡 3:20) 우리 가운데서 역사하시는 능력대로 우리가 구하거나 생각하는 모든 것에 더 넘치도록 능히 하실 이에게

(엡 3:21) 교회 안에서와 그리스도 예수 안에서 영광이 대대로 영원무궁하기를 원하노라 아멘

(엡 4:4) 몸이 하나요 성령도 한 분이시니 이와 같이 너희가 부르심의 한 소망 안에서 부르심을 받았느니라

(엡 4:5) 주도 한 분이시요 믿음도 하나요 세례도 하나요

(엡 4:6) 하나님도 한 분이시니 곧 만유의 아버지시라 만유 위에 계시고 만유를 통일하시고 만유 가운데 계시도다

(엡 5:8) 너희가 전에는 어둠이더니 이제는 주 안에서 빛이라 빛의 자녀들처럼 행하라

(엡 5:9) 빛의 열매는 모든 착함과 의로움과 진실함에 있느니라

(엡 5:16) 세월을 아끼라 때가 악하니라

(엡 5:17) 그러므로 어리석은 자가 되지 말고 오직 주의 뜻이 무엇인가 이해하라

(엡 5:18) 술 취하지 말라 이는 방탕한 것이니 오직 성령으로 충만함을 받으라

(엡 5:22) 아내들이여 자기 남편에게 복종하기를 주께 하듯 하라

(엡 5:25) 남편들아 아내 사랑하기를 그리스도께서 교회를 사랑하시고 그 교회를 위하여 자신을 주심 같이 하라

(엡 6:2) 네 아버지와 어머니를 공경하라 이것은 약속이 있는 첫 계명이니

(엡 6:3) 이로써 네가 잘되고 땅에서 장수하리라

(엡 6:11) 마귀의 간계를 능히 대적하기 위하여 하나님의 전신 갑주를 입으라

(엡 6:12) 우리의 씨름은 혈과 육을 상대하는 것이 아니요 통치자들과 권세와 이 어둠의 세상 주관자들과 하늘에 있는 악의 영들을 상대함이라

(엡 6:14) 그런즉 서서 진리로 너희 허리 띠를 띠고 의의 호심경을 붙이고

(엡 6:15) 평안의 복음이 준비한 것으로 신을 신고

(엡 6:16) 모든 것 위에 믿음의 방패를 가지고 이로써 능히 악한 자의 모든 불화살을 소

멸하고

(엡 6:17) 구원의 투구와 성령의 검 곧 하나님의 말씀을 가지라

(엡 6:18) 모든 기도와 간구를 하되 항상 성령 안에서 기도하고 이를 위하여 깨어 구하기
를 항상 힘쓰며 여러 성도를 위하여 구하라

(엡 6:24) 우리 주 예수 그리스도를 변함 없이 사랑하는 모든 자에게 은혜가 있을지어다

11. 빌립보서

1. 빌립보서 핵심개관

1. 빌립보서는 바울이 유럽에 세운 최초의 교회로 바울이 로마의 감옥(61-63년)에 갇혀 있을 때 마케도니아에 있는 빌립보교회에 보낸 편지입니다.

2. 바울이 고난 속에서도 감사할 수 있었던 것은 그의 고난이 복음을 촉진시켰기 때문입니다. 그래서 바울은 고난 속에서도 감사했고 그리스도가 존귀케 되도록 힘썼습니다.

3. 편지의 핵심 내용은 빌립보 교인들이 복음에 합당한 생활(1:27) 즉 믿음 가운데서 모든 어려움을 참고 견디도록 권면하려는데 있습니다(1:27-30).

4. 2장에서 바울은 먼저 겸손을 권면합니다(2:1-4). 그리고 2:5-16에서 그리스도의 겸손을 예를 들었고 2:17-18에서 바울 자신을 예로 들고 있습니다. 즉 "만일 너희 믿음의 제물과 섬김 위에 내가 나를 전제로 드릴지라도 나는 기뻐하고 너희 무리와 함께 기뻐하리니"(2:17)라고 했습니다. 그러면 바울이 말한 기쁨은 요한복음 16:22에서 "너희 기쁨을 빼앗을 자가 없느니라"라고 말한 바로 그 기쁨이었습니다.

5. 바울이 말한 자족은 모든 일에 능력을 주시는 주님으로부터 온다(4:11-13)는 뜻이며 그리스도에 대한 절대적 의존을 목표로 한다는 것입니다.

2. 빌립보서 중요성경구절

(빌 1:20) 나의 간절한 기대와 소망을 따라 아무 일에든지 부끄러워하지 아니하고 지금

도 전과 같이 온전히 담대하여 살든지 죽든지 내 몸에서 그리스도가 존귀하게 되게 하려 하나니

(빌 1:21) 이는 내게 사는 것이 그리스도니 죽는 것도 유익함이라

(빌 2:3) 아무 일에든지 다툼이나 허영으로 하지 말고 오직 겸손한 마음으로 각각 자기보다 남을 낫게 여기고

(빌 2:5) 너희 안에 이 마음을 품으라 곧 그리스도 예수의 마음이니

(빌 2:6) 그는 근본 하나님의 본체시나 하나님과 동등됨을 취할 것으로 여기지 아니하시고

(빌 2:7) 오히려 자기를 비워 종의 3)형체를 가지사 사람들과 같이 되셨고 또는 본체

(빌 2:8) 사람의 모양으로 나타나사 자기를 낮추시고 죽기까지 복종하셨으니 곧 십자가에 죽으심이라

(빌 2:13) 너희 안에서 행하시는 이는 하나님이시니 자기의 기쁘신 뜻을 위하여 너희에게 소원을 두고 행하게 하시나니

(빌 3:12) 내가 이미 얻었다 함도 아니요 온전히 이루었다 함도 아니라 오직 내가 그리스도 예수께 잡힌 바 된 그것을 잡으려고 달려가노라

(빌 3:13) 형제들아 나는 아직 내가 잡은 줄로 여기지 아니하고 오직 한 일 즉 뒤에 있는 것은 잊어버리고 앞에 있는 것을 잡으려고

(빌 3:14) 푯대를 향하여 그리스도 예수 안에서 하나님이 3)위에서 부르신 부름의 상을 위하여 달려가노라

(빌 4:4) 주 안에서 항상 기뻐하라 내가 다시 말하노니 기뻐하라

(빌 4:5) 너희 관용을 모든 사람에게 알게 하라 주께서 가까우시니라

(빌 4:6) 아무 것도 염려하지 말고 다만 모든 일에 기도와 간구로, 너희 구할 것을 감사함으로 하나님께 아뢰라

(빌 4:7) 그리하면 모든 지각에 뛰어난 하나님의 평강이 그리스도 예수 안에서 너희 마음과 생각을 지키시리라

(빌 4:12) 나는 비천에 처할 줄도 알고 풍부에 처할 줄도 알아 모든 일 곧 배부름과 배고
픔과 풍부와 궁핍에도 처할 줄 아는 일체의 비결을 배웠노라

(빌 4:13) 내게 능력 주시는 자 안에서 내가 모든 것을 할 수 있느니라

(빌 4:19) 나의 하나님이 그리스도 예수 안에서 영광 가운데 그 풍성한 대로 너희 모든
쓸 것을 채우시리라

12. 골로새서

1. 골로새서 핵심개관

1. 소아시아에 있는 골로새교회는 그릇된 설교자들 때문에 타락하고 있었습니다. 그들은 구원을 받으려면 절기를 준수하고 음식물로 의식을 지키고 할례를 받아야 한다는 주장했습니다. 바울은 제자인 에비브라를 통해 이 사실을 알게 되었고 잘못된 것을 고쳐 주기 위해서 골로새교회에 편지를 쓰게 된 것입니다.

2. 골로새서는 에베소서와 함께 쌍둥이 서신으로 불립니다. 그 내용이 비슷하기 때문입니다. 기록 시기는 골로새서가 먼저입니다.

3. 바울이 골로새서에서 강조한 것은 복음이 모든 죄악과 허물에서 인간을 해방시켜 준다는 것입니다.

4. 바울은 이단에 대해 세 가지를 경고했습니다. 첫째 그들의 헛된 철학을 조심하고(2:1-10) 둘째 그들의 종교적 율법주의를 조심하며(2:11-17) 셋째 그들의 인위적 훈련(금욕주의)을 조심하라는 것입니다.

5. 그리스도의 우월성(1:15-23)을 언급한 후에 다섯가지 자유를 말하고 있습니다. 첫째 유혹의 말로부터의 자유(2:4-7), 둘째 헛된 철학으로부터의 자유(2:8-10), 셋째 인간의 견해로부터의 자유(2:11-17), 넷째 합당치 못한 예배로부터의 자유(2:18-19), 다섯째 인간의 의식과 초등학문으로부터의 자유(2:20-23)입니다.

2. 골로새서 중요성경구절

(골 1:18) 그는 몸인 교회의 머리시라 그가 근본이시요 죽은 자들 가운데서 먼저 나신 이시니 이는 친히 만물의 으뜸이 되려 하심이요

(골 1:27) 하나님이 그들로 하여금 이 비밀의 영광이 이방인 가운데 얼마나 풍성한지를 알게 하려 하심이라 이 비밀은 너희 안에 계신 그리스도시니 곧 영광의 소망이니라

(골 2:7) 그 안에 뿌리를 박으며 세움을 받아 교훈을 받은 대로 믿음에 굳게 서서 감사함을 넘치게 하라

(골 3:5) 그러므로 땅에 있는 지체를 죽이라 곧 음란과 부정과 사욕과 악한 정욕과 탐심이니 탐심은 우상 숭배니라

(골 3:13) 누가 누구에게 불만이 있거든 서로 용납하여 피차 용서하되 주께서 너희를 용서하신 것 같이 너희도 그리하고

(골 3:14) 이 모든 것 위에 사랑을 더하라 이는 온전하게 매는 띠니라

(골 3:15) 그리스도의 평강이 너희 마음을 주장하게 하라 너희는 평강을 위하여 한 몸으로 부르심을 받았나니 너희는 또한 감사하는 자가 되라

(골 3:16) 그리스도의 말씀이 너희 속에 풍성히 거하여 모든 지혜로 피차 가르치며 권면하고 시와 찬송과 신령한 노래를 부르며 감사하는 마음으로 하나님을 찬양하고

(골 3:17) 또 무엇을 하든지 말에나 일에나 다 주 예수의 이름으로 하고 그를 힘입어 하나님 아버지께 감사하라

(골 3:23) 무슨 일을 하든지 마음을 다하여 주께 하듯 하고 사람에게 하듯 하지 말라

13. 데살로니가전서

1. 데살로니가전서 핵심개관

1. 바울서신 중에서 가장 먼저 기록된 데살로니가 전후서는 바울의 목회자적 심정이 가장 잘 나타난 서신입니다.
2. 데살로니가는 바울이 두 번째 선교여행을 했을 때 복음이 전파된 곳이기도 합니다(주후 49-50년경). 여기서 바울은 유대인들보다 이방인들에게서 더 호의적인 대접을 받았습니다. 유대인들은 그리스도인들을 내어 쫓고 박해를 했습니다.
3. 본서의 목적은 무엇인가?입니다. 첫째 사탄이 바울을 데살로니가 교회로 가지 못하도록 방해했습니다. "그러므로 나 바울은 한번 두 번 너희에게 가고자 하였으나 사탄이 우리를 막았도다"(2:18)
   둘째 디모데의 방문에 관해 기록하고 있습니다다(3:1-5).
   셋째 디모데의 반가운 보고를 다루고 있습니다(3:6-10).
   넷째 바울의 방문에 대한 열망을 기록하고 있습니다(3:11-13).
4. 당시에 가장 큰 문제는 데살로니가교회에는 예수님의 재림에 대해 오해가 있었다는 점입니다. 첫째 데살로니가 교인들은 재림을 강조한 나머지 일상생활을 등한시 했습니다(4:11-12, 살후 3:6-13). 그래서 바울은 이렇게 권면했다. "또 너희에게 명한 것 같이 조용히 자기 일을 하고 너희 손으로 일하기를 힘쓰라 이는 외인에 대하여 단정히 행하고 또한 아무 궁핍함이 없게 하려 함이라"(4:11-12)
   둘째 그들은 이미 죽은 자에 대해 걱정했습니다(4:13-18). 그래서 바울은 재림에 대한 교리를 4:13-15에 기록하고 있습니다. "형제들아 자는 자들에 관하여는 너희가 알지 못함을 우리가 원하지 아니하노니 이는 소망 없는 다른 이와 같이 슬퍼하지 않게 하려 함이라 우리가 예수께서 죽으셨다가 다시 살아나심을 믿을진대 이와 같이 예수 안에서 자는 자들도 하나님이 그와 함께 데리고 오시리라 우리가 주의 말씀으로 너희에게 이것을 말하노니 주께서 강림하실 때까지 우리 살아 남아 있는 자도 자는 자보다 결코 앞서지 못하리라"(4:13-15)

2. 데살로니가전서 중요성경구절

(살전 4:14) 우리가 예수께서 죽으셨다가 다시 살아나심을 믿을진대 이와 같이 예수 안에서 자는 자들도 하나님이 그와 함께 데리고 오시리라

(살전 4:15) 우리가 주의 말씀으로 너희에게 이것을 말하노니 주께서 강림하실 때까지 우리 살아 남아 있는 자도 자는 자보다 결코 앞서지 못하리라

(살전 4:16) 주께서 호령과 천사장의 소리와 하나님의 나팔 소리로 친히 하늘로부터 강림하시리니 그리스도 안에서 죽은 자들이 먼저 일어나고

(살전 4:17) 그 후에 우리 살아 남은 자들도 그들과 함께 구름 속으로 끌어 올려 공중에서 주를 영접하게 하시리니 그리하여 우리가 항상 주와 함께 있으리라

(살전 5:4) 형제들아 너희는 어둠에 있지 아니하매 그 날이 도둑 같이 너희에게 임하지 못하리니

(살전 5:5) 너희는 다 빛의 아들이요 낮의 아들이라 우리가 밤이나 어둠에 속하지 아니하나니

(살전 5:6) 그러므로 우리는 다른 이들과 같이 자지 말고 오직 깨어 정신을 차릴지라

(살전 5:16) 항상 기뻐하라

(살전 5:17) 쉬지 말고 기도하라

(살전 5:18) 범사에 감사하라 이것이 그리스도 예수 안에서 너희를 향하신 하나님의 뜻
이니라

(살전 5:19) 성령을 소멸하지 말며

(살전 5:22) 악은 어떤 모양이라도 버리라

(살전 5:23) 평강의 하나님이 친히 너희를 온전히 거룩하게 하시고 또 너희의 온 영과 혼
과 몸이 우리 주 예수 그리스도께서 강림하실 때에 흠 없게 보전되기를 원하노라

(살전 5:24) 너희를 부르시는 이는 미쁘시니 그가 또한 이루시리라

14. 데살로니가후서

1. 데살로니가후서 핵심개관

1. 데살로니가후서는 데살로니가전서를 기록된 지 얼마 안되어 데살로니가전서 5장에 기록한 주님의 재림에 대한 오해를 해결하기 위해 기록한 것입니다.
2. 2장은 데살로니전서에서 제기된 '주의 날'에 대한 교회적 혼란을 설명해 주고 있습니다. 먼저 배도하는 일이 있고 불법의 사람이 온 후에 주님의 재림이 있게 될 것이라고 했습니다(2:3-12). 여기서 바울은 주의 날이 있기 전에 네 가지 사건이 일어난다고 했습니다.

   첫째 배도하는 일이 있으므로 미혹을 당해서는 안된다는 것입니다.

   둘째 자기를 하나님이라고 주장하는 불법의 사람이 나타난다는 것입니다(2:4). 그가 바로 적그리스도입니다.

   셋째 막는 자가 떠나게 된다는 것입니다(2:7).

   넷째 그리스도께서 재림하신다는 것입니다(2:8-12).

2. 데살로니가후서 중요성경구절

(살후 1:12) 우리 하나님과 주 예수 그리스도의 은혜대로 우리 주 예수의 이름이 너희 가운데서 영광을 받으시고 너희도 그 안에서 영광을 받게 하려 함이라

(살후 2:16) 우리 주 예수 그리스도와 우리를 사랑하시고 영원한 위로와 좋은 소망을 은혜로 주신 하나님 우리 아버지께서

(살후 2:17) 너희 마음을 위로하시고 모든 선한 일과 말에 굳건하게 하시기를 원하노라

(살후 3:3) 주는 미쁘사 너희를 굳건하게 하시고 악한 자에게서 지키시리라

(살후 3:10) 우리가 너희와 함께 있을 때에도 너희에게 명하기를 누구든지 일하기 싫어
하거든 먹지도 말게 하라 하였더니

15. 디모데전서

1. 디모데전서 핵심개관

1. 디모데전후서, 디도서는 교회의 문제와 다양한 지도층의 자격 요건과 의무를 기록한 서신입니다. 아퀴나스는 이 세편의 서신을 "일종의 목회적 규칙이며 감독들의 훈련을 위한 것"으로 보았습니다.

2. 바울은 모세가 여호수아에게 권면하는 것처럼 그의 제자인 디모데와 디도에게 목회에 대한 것을 가르치기를 원했던 것입니다.

3. 바울이 디모데전서와 후서를 기록하게 된 3가지 동기가 있었습니다. 첫째는 바울이 고독한 상태에 있었습니다. 둘째 네로의 박해 기간에 바울은 교회의 안전과 성장에 마음을 쓰고 있었습니다. 셋째 교회를 위태롭게 하고 있는 거짓된 교훈과 배교에 대한 염려를 하면서 그것을 시정하기 위해 목회서신을 기록한 것입니다.

4. 디모데전후서의 배경도 차이점이 있습니다. 디모데전서는 마케도니아로부터 에베소와 와서 목회를 하고 있는 젊은 디모데에게 기록했고 디모데후서는 바울이 로마에서 온 후 두 번째 감옥에 들어가기 전에 기록한 것입니다.

5. 1장에서는 교리의 중요성을 언급하고 있습니다. 거짓교리에 대한 경고로 시작합니다. 거짓교훈이란 신화와 끝없는 족보를 주장하는 율법주의자들의 철학을 말합니다.

6. 2장과 3장에서는 공예배에 관한 교훈입니다. 3장에서는 장로의 자격(3:1-7), 집사의 자격(3:8-13)을 언급하고 있고 특별히 장로의 자격으로 절제를 강조하고 있습니다.

7. 4장은 거짓교사들에 대한 경고입니다. 이들은 미혹케 하는 영과 귀신의 가르침을 좇는 사람들이었습니다. 4:5이하에서는 예수의 선한 일군의 모형으로 경건연습을 강조하고 있습니다.

8. 5장은 교회의 훈련에 관해 언급하고 있고 6장에서는 마지막 교훈으로 목회적 권면입니다. 6:10에서는 신자로서 어떻게 살아야 할 것인지를 요약하고 있습니다. "돈을 사랑함이 일만 악의 뿌리가 되나니 이것을 탐내는 자들은 미혹을 받아 믿음에서 떠나 많은 근심으로써 자기를 찔렀도다"(디모데전서 6:10)

2. 디모데전서 중요성경구절

(딤전 1:3) 내가 마게도냐로 갈 때에 너를 권하여 에베소에 머물라 한 것은 어떤 사람들을 명하여 다른 교훈을 가르치지 말며

(딤전 1:4) 신화와 끝없는 족보에 몰두하지 말게 하려 함이라 이런 것은 믿음 안에 있는 하나님의 경륜을 이룸보다 도리어 변론을 내는 것이라

(딤전 3:5) (사람이 자기 집을 다스릴 줄 알지 못하면 어찌 하나님의 교회를 돌보리요)

(딤전 4:12) 누구든지 네 연소함을 업신여기지 못하게 하고 오직 말과 행실과 사랑과 믿음과 정절에 있어서 믿는 자에게 본이 되어

(딤전 4:13) 내가 이를 때까지 읽는 것과 권하는 것과 가르치는 것에 전념하라

(딤전 5:18) 성경에 일렀으되 곡식을 밟아 떠는 소의 입에 망을 씌우지 말라 하였고 또 일꾼이 그 삯을 받는 것은 마땅하다 하였느니라

딤전 (6:10) 돈을 사랑함이 일만 악의 뿌리가 되나니 이것을 탐내는 자들은 미혹을 받아 믿음에서 떠나 많은 근심으로써 자기를 찔렀도다

(딤전 6:11) 오직 너 하나님의 사람아 이것들을 피하고 의와 경건과 믿음과 사랑과 인내와 온유를 따르며

(딤전 6:12) 믿음의 선한 싸움을 싸우라 영생을 취하라 이를 위하여 네가 부르심을 받았고 많은 증인 앞에서 선한 증언을 하였도다

16. 디모데후서

1. 디모데후서 핵심개관

1. 디모데전후서, 디도서는 교회의 문제와 다양한 지도층의 자격 요건과 의무를 기록한 서신입니다. 아퀴나스는 이 세편의 서신을 "일종의 목회적 규칙이며 감독들의 훈련을 위한 것"으로 보았습니다.
2. 바울은 모세가 여호수아에게 권면하는 것처럼 그의 제자인 디모데와 디도에게 목회에 대한 것을 가르치기를 원했던 것입니다.
3. 바울이 디모데전서와 후서를 기록하게 된 3가지 동기가 있었습니다.
   첫째는 바울이 고독한 상태에 있었습니다.
   둘째 네로의 박해 기간에 바울은 교회의 안전과 성장에 마음을 쓰고 있었습니다.
   셋째 교회를 위태롭게 하고 있는 거짓된 교훈과 배교에 대한 염려를 하면서 그것을 시정하기 위해 목회서신을 기록한 것입니다.
4. 디모데전후서의 배경도 차이점이 있습니다. 디모데전서는 마케도니아로부터 에베소와 와서 목회를 하고 있는 젊은 디모데에게 기록했고 디모데후서는 바울이 로마에서 온 후 두 번째 감옥에 들어가기 전에 기록한 것입니다.
5. 디모데후서 1-2장에서는 현대 당하고 있는 시험에서 인내할 것을 교훈하고 있고 2장에서 성도를 군사로(4절) 경기하는 자(5절), 농부(6절)에 비유하면서 어떻게 살아야 할 것인지 교훈하고 있습니다.
6. 3, 4장에서는 미래에 있게 될 시험에서 인내할 것을 가르치고 있습니다.
7. 디모데후서 2:15에서는 부끄러울 것이 없는 목회자의 세 가지 자격을 언급하

고 있습니다. 첫째 말씀을 옳게 분별하고 둘째 인정을 받아야 하고 셋째 헌신된 자여야 한다라고 했습니다.

8. 디모데후서 4:7-8에서는 바울 자신이 살아온 목회철학을 언급하고 있습니다. "나는 선한 싸움을 싸우고 나의 달려갈 길을 마치고 믿음을 지켰으니 이제 후로는 나를 위하여 의의 면류관이 예비되었으므로 주 곧 의로우신 재판장이 그 날에 내게 주실 것이며 내게만 아니라 주의 나타나심을 사모하는 모든 자에게도니라"

2. 디모데후서 중요성경구절

(딤후 1:7) 하나님이 우리에게 주신 것은 두려워하는 마음이 아니요 오직 능력과 사랑과 절제하는 마음이니

(딤후 2:15) 너는 진리의 말씀을 옳게 분별하며 부끄러울 것이 없는 일꾼으로 인정된 자로 자신을 하나님 앞에 드리기를 힘쓰라

(딤후 2:20) 큰 집에는 금 그릇과 은 그릇뿐 아니라 나무 그릇과 질그릇도 있어 귀하게 쓰는 것도 있고 천하게 쓰는 것도 있나니

(딤후 2:21) 그러므로 누구든지 이런 것에서 자기를 깨끗하게 하면 귀히 쓰는 그릇이 되어 거룩하고 주인의 쓰심에 합당하며 모든 선한 일에 준비함이 되리라

(딤후 2:24) 주의 종은 마땅히 다투지 아니하고 모든 사람에 대하여 온유하며 가르치기를 잘하며 참으며

(딤후 3:15) 또 어려서부터 성경을 알았나니 성경은 능히 너로 하여금 그리스도 예수 안에 있는 믿음으로 말미암아 구원에 이르는 지혜가 있게 하느니라

(딤후 3:16) 모든 성경은 하나님의 감동으로 된 것으로 교훈과 책망과 바르게 함과 의로 교육하기에 유익하니

(딤후 3:17) 이는 하나님의 사람으로 온전하게 하며 모든 선한 일을 행할 능력을 갖추게
하려 함이라

(딤후 4:2) 너는 말씀을 전파하라 때를 얻든지 못 얻든지 항상 힘쓰라 범사에 오래 참음
과 가르침으로 경책하며 경계하며 권하라

17. 디도서

1. 디도서 핵심개관

1. 디모데전후서, 디도서는 교회의 문제와 다양한 지도층의 자격 요건과 의무를 기록한 서신입니다. 아퀴나스는 이 세편의 서신을 "일종의 목회적 규칙이며 감독들의 훈련을 위한 것"으로 보았습니다.
2. 바울은 모세가 여호수아에게 권면하는 것처럼 그의 제자인 디모데와 디도에게 목회에 대한 것을 가르치기를 원했던 것입니다.
3. 디도서를 기록한 동기에 대해서 1:5에 나옵니다. 그것은 디도를 그레데에 남겨서 남은 일을 정리하고 각 성에 장로들을 세우려는 데 목적이 있었습니다(1:5).
4. 바울이 디도서를 기록한 이유는 무엇보다도 거짓된 교사들을 경고하려는데 그 목적이 있었습니다(1:10-16).
5. 따라서 바울은 바른 교훈을 강조하고(1:9, 2:8, 10) 선한 일에 힘쓰게 하려는 데 그 목적이 있었습니다.

2. 디도서 중요성경구절

(딛2:1) 오직 너는 바른 교훈에 합당한 것을 말하여

(딛 3:5) 우리를 구원하시되 우리가 행한 바 의로운 행위로 말미암지 아니하고 오직 그의 긍휼하심을 따라 중생의 씻음과 성령의 새롭게 하심으로 하셨나니

(딛 3:7) 우리로 그의 은혜를 힘입어 의롭다 하심을 얻어 영생의 소망을 따라 상속자가 되게 하려 하심이라

18. 빌레몬서

1. 빌레몬서 핵심개관

1. 빌레몬서는 바울 서신 중에 가장 짧은 서신으로 골로새에 있는 빌레몬에게 보낸 개인 서신입니다.
2. 여기에 나오는 오네시모는 빌레몬의 노예로 쓸모있다는 이름의 뜻입니다. 그는 이름처럼 쓸모있는 사람이 되었습니다.
3. 바울은 오네시모로 하여금 예수를 믿게 한 후에 세례를 베풀었습니다. 바울은 그를 사랑하였으며 자기의 동역자로 삼았습니다. 이그나티우스의 에베소서 1:3을 보면 훗날 오네시모는 에베소 감독이 되었다고 기록하고 있습니다.
4. 바울은 오네시모를 주인인 빌레몬에게 돌려 보내면서 이 편지를 썼습니다. 오네시모를 바울 자신을 대하듯이 받아들이도록 빌레몬에게 요청한 것입니다(1:10-18).

2. 빌레몬서 중요성경구절

(몬 1:11) 그가 전에는 네게 무익하였으나 이제는 나와 네게 유익하므로
(몬 1:12) 네게 그를 돌려 보내노니 그는 내 심복이라

19. 히브리서

1. 히브리서 핵심개관

1. 히브리서의 저자에 대해서는 분명하지가 않습니다. 아마도 그는 바울의 제자 중 하나이거나 동역자일 가능성이 큽니다. 그러나 아볼로라는 견해도 유력합니다.

2. 이 서신은 유대교를 믿다가 그리스도인이 된 흩어진 유대인을 위해 쓴 것입니다. 유대인들의 습관을 잊지 못해 지난 과거를 그리워하게 된 것입니다. 히브리서는 유대인 그리스도인들이 옛 언약을 그리스도의 새 언약과 비교하고 있는 것을 신학적으로 가르치고 있습니다.

3. 이 책의 주제는 그리스도와 그리스도의 우위성입니다. 그래서 '더 나은' '온전함' '하늘의' 등의 단어가 번번이 나타는 것에서 알 수 있습니다.

4. 그리스도의 뛰어나심을 세 가지로 비교하고 있습니다. 첫째 그리스도는 선지자들보다 우월하십니다(1:1-3). 둘째 그리스도는 천사보다 우월하십니다(1:4-2:18). 셋째 그리스도는 모세보다 우월하십니다(3:1-6).

5. 11장에는 믿음의 정의가 나옵니다. "믿음은 바라는 것들의 실상이요 보이지 않는 것들의 증거니 선진들이 이로써 증거를 얻었느니라"(11:1-2) 그리고 12장에서는 믿음의 경주와 목표에 대해서 말씀합니다.

2. 히브리서 중요성경구절

(히 1:14) 모든 천사들은 섬기는 영으로서 구원 받을 상속자들을 위하여 섬기라고 보내

심이 아니냐

(히 2:18) 그가 시험을 받아 고난을 당하셨은즉 시험 받는 자들을 능히 도우실 수 있느니라

(히 4:12) 하나님의 말씀은 살아 있고 활력이 있어 좌우에 날선 어떤 검보다도 예리하여 혼과 영과 및 관절과 골수를 찔러 쪼개기까지 하며 또 마음의 생각과 뜻을 판단하나니

(히 6:4) 한 번 빛을 받고 하늘의 은사를 맛보고 성령에 참여한 바 되고

(히 6:5) 하나님의 선한 말씀과 내세의 능력을 맛보고도

(히 6:6) 타락한 자들은 다시 새롭게 하여 회개하게 할 수 없나니 이는 그들이 하나님의 아들을 다시 십자가에 못 박아 드러내 놓고 욕되게 함이라

(히 8:6) 그러나 이제 그는 더 아름다운 직분을 얻으셨으니 그는 더 좋은 약속으로 세우신 더 좋은 언약의 중보자시라

(히 9:27) 한번 죽는 것은 사람에게 정해진 것이요 그 후에는 심판이 있으리니

(히 10:24) 서로 돌아보아 사랑과 선행을 격려하며

(히 10:25) 모이기를 폐하는 어떤 사람들의 습관과 같이 하지 말고 오직 권하여 그 날이 가까움을 볼수록 더욱 그리하자

(히 11:1) 믿음은 바라는 것들의 실상이요 보이지 않는 것들의 증거니

(히 11:2) 선진들이 이로써 증거를 얻었느니라

(히 11:3) 믿음으로 모든 세계가 하나님의 말씀으로 지어진 줄을 우리가 아나니 보이는 것은 나타난 것으로 말미암아 된 것이 아니니라

(히 11:4) 믿음으로 아벨은 가인보다 더 나은 제사를 하나님께 드림으로 의로운 자라 하시는 증거를 얻었으니 하나님이 그 예물에 대하여 증언하심이라 그가 죽었으나 그 믿음으로써 지금도 말하느니라

(히 11:5) 믿음으로 에녹은 죽음을 보지 않고 옮겨졌으니 하나님이 그를 옮기심으로 다시 보이지 아니하였느니라 그는 옮겨지기 전에 하나님을 기쁘시게 하는 자라 하

는 증거를 받았느니라

(히 11:6) 믿음이 없이는 하나님을 기쁘시게 하지 못하나니 하나님께 나아가는 자는 반드시 그가 계신 것과 또한 그가 자기를 찾는 자들에게 상 주시는 이심을 믿어야 할지니라

(히 11:16) 그들이 이제는 더 나은 본향을 사모하니 곧 하늘에 있는 것이라 이러므로 하나님이 그들의 하나님이라 일컬음 받으심을 부끄러워하지 아니하시고 그들을 위하여 한 성을 예비하셨느니라

(히 12:2) 믿음의 주요 또 온전하게 하시는 이인 예수를 바라보자 그는 그 앞에 있는 기쁨을 위하여 십자가를 참으사 부끄러움을 개의치 아니하시더니 하나님 보좌 우편에 앉으셨느니라

(히 13:2) 손님 대접하기를 잊지 말라 이로써 부지중에 천사들을 대접한 이들이 있었느니라

(히 13:8) 예수 그리스도는 어제나 오늘이나 영원토록 동일하시니라

(히 13:15) 그러므로 우리는 예수로 말미암아 항상 찬송의 제사를 하나님께 드리자 이는 그 이름을 증언하는 입술의 열매니라

20. 야고보서

1. 야고보서 핵심개관

1. 성경에는 야고보란 이름을 가진 사람이 신약에서만 다섯 사람이 나옵니다. 서신의 저자는 예수님의 동생인 야고보로 보고 있습니다(막 6:3).
2. 야고보서는 시련의 목적과 이유를 기록(1:1-18), 믿음의 특징을 일곱 가지로 기록(1:19-5:6), 믿음의 승리에 대한 기록(5:7-29) 구조를 가지고 있습니다.
3. 먼저 시련의 목적을 "내 형제들아 너희가 여러 가지 시험을 당하거든 온전히 기쁘게 여기라 이는 너희 믿음의 시련이 인내를 만들어 내는 줄 너희가 앎이라 인내를 온전히 이루라 이는 너희로 온전하고 구비하여 조금도 부족함이 없게 하려 함이라"(약 1:2-4)고 한 후에 다음으로는 시험의 원인을 언급하고 있습니다.(1:13-18) "오직 각 사람이 시험을 받는 것은 자기 욕심에 끌려 미혹됨이니"(약 1:14)
4. 믿음의 특징을 일곱가지로 기록하고 있습니다. 1) 믿음은 말씀을 순종하고(1:19-27) 2) 믿음은 차별하지 않으며(2:1-13) 3) 믿음은 행함으로 증명하고(2:14-26) 4) 믿음은 혀를 통제한다는 것이다.(3:1-12) 5) 또 믿음은 지혜를 가져오고(3:13-18) 6) 겸손케 하려 하며)(4:1-12) 7) 하나님을 의지한다고 했습니다(4:13-5:6).
5. 야고보는 2장 14절과 17절, 26절에서 보여주듯이 믿음과 행함의 바른 관계를 강조하고 있습니다.

2. 야고보서 중요성경구절

(약 1:2) 내 형제들아 너희가 여러 가지 시험을 당하거든 온전히 기쁘게 여기라

(약 1:3) 이는 너희 믿음의 시련이 인내를 만들어 내는 줄 너희가 앎이라

(약 1:4) 인내를 온전히 이루라 이는 너희로 온전하고 구비하여 조금도 부족함이 없게 하려 함이라

(약 1:5) 너희 중에 누구든지 지혜가 부족하거든 모든 사람에게 후히 주시고 꾸짖지 아니하시는 하나님께 구하라 그리하면 주시리라

(약 1:6) 오직 믿음으로 구하고 조금도 의심하지 말라 의심하는 자는 마치 바람에 밀려 요동하는 바다 물결 같으니

(약 1:7) 이런 사람은 무엇이든지 주께 얻기를 생각하지 말라

(약 1:8) 두 마음을 품어 모든 일에 정함이 없는 자로다

(약 1:12) 시험을 참는 자는 복이 있나니 이는 시련을 견디어 낸 자가 주께서 자기를 사랑하는 자들에게 약속하신 생명의 면류관을 얻을 것이기 때문이라

(약 1:14) 오직 각 사람이 시험을 받는 것은 자기 욕심에 끌려 미혹됨이니

(약 1:15) 욕심이 잉태한즉 죄를 낳고 죄가 장성한즉 사망을 낳느니라

(약 1:19) 내 사랑하는 형제들아 너희가 알지니 사람마다 듣기는 속히 하고 말하기는 더디 하며 성내기도 더디 하라

(약 1:20) 사람이 성내는 것이 하나님의 의를 이루지 못함이라

(약 1:27) 하나님 아버지 앞에서 정결하고 더러움이 없는 경건은 곧 고아와 과부를 그 환난 중에 돌보고 또 자기를 지켜 세속에 물들지 아니하는 그것이니라

(약 2:1) 내 형제들아 영광의 주 곧 우리 주 예수 그리스도에 대한 믿음을 너희가 가졌으니 사람을 차별하여 대하지 말라

(약 2:13) 긍휼을 행하지 아니하는 자에게는 긍휼 없는 심판이 있으리라 긍휼은 심판을

이기고 자랑하느니라

(약 2:17) 이와 같이 행함이 없는 믿음은 그 자체가 죽은 것이라

(약 2:26) 영혼 없는 몸이 죽은 것 같이 행함이 없는 믿음은 죽은 것이니라

(약 3:2) 우리가 다 실수가 많으니 만일 말에 실수가 없는 자라면 곧 온전한 사람이라 능히 온 몸도 굴레 씌우리라

(약 3:16) 시기와 다툼이 있는 곳에는 혼란과 모든 악한 일이 있음이라

(약 3:18) 화평하게 하는 자들은 화평으로 심어 의의 열매를 거두느니라

(약 4:2) 너희는 욕심을 내어도 얻지 못하여 살인하며 시기하여도 능히 취하지 못하므로 다투고 싸우는도다 너희가 얻지 못함은 구하지 아니하기 때문이요

(약 4:3) 구하여도 받지 못함은 정욕으로 쓰려고 잘못 구하기 때문이라

(약 4:7) 그런즉 너희는 하나님께 복종할지어다 마귀를 대적하라 그리하면 너희를 피하리라

(약 4:10) 주 앞에서 낮추라 그리하면 주께서 너희를 높이시리라

(약 4:14) 내일 일을 너희가 알지 못하는도다 너희 생명이 무엇이냐 너희는 잠깐 보이다가 없어지는 안개니라

(약 4:17) 그러므로 사람이 선을 행할 줄 알고도 행하지 아니하면 죄니라

(약 5:8) 너희도 길이 참고 마음을 굳건하게 하라 주의 강림이 가까우니라

(약 5:13) 너희 중에 고난 당하는 자가 있느냐 그는 기도할 것이요 즐거워하는 자가 있느냐 그는 찬송할지니라

(약 5:14) 너희 중에 병든 자가 있느냐 그는 교회의 장로들을 청할 것이요 그들은 주의 이름으로 기름을 바르며 그를 위하여 기도할지니라

(약 5:15) 믿음의 기도는 병든 자를 구원하리니 주께서 그를 일으키시리라 혹시 죄를 범하였을지라도 사하심을 받으리라

(약 5:16) 그러므로 너희 죄를 서로 고백하며 병이 낫기를 위하여 서로 기도하라 의인의 간구는 역사하는 힘이 큼이니라

(약 5:17) 엘리야는 우리와 성정이 같은 사람이로되 그가 비가 오지 않기를 간절히 기도
한즉 삼 년 육 개월 동안 땅에 비가 오지 아니하고
(약 5:18) 다시 기도하니 하늘이 비를 주고 땅이 열매를 맺었느니라

21. 베드로전서

1. 베드로전서 핵심개관

1. 베드로는 네로황제의 박해 때 처형을 당했는데 죽기 얼마 전 주후 64년에 베드로전서를 기록했습니다.
2. 기록목적은 이방인들로부터 핍박 당하고 시련 속에 있는 성도들을 위로하려는 것이었습니다. "사랑하는 자들아 너희를 연단하려고 오는 불 시험을 이상한 일 당하는 것 같이 이상히 여기지 말고 오히려 너희가 그리스도의 고난에 참여하는 것으로 즐거워하라 이는 그의 영광을 나타내실 때에 너희로 즐거워하고 기뻐하게 하려 함이라 너희가 그리스도의 이름으로 치욕을 당하면 복 있는 자로다 영광의 영 곧 하나님의 영이 너희 위에 계심이라"(벧전 4:12-14)
3. 베드로전서의 내용을 요약하면 다음과 같습니다. 순종하는 자녀들이 되라(1:3-21), 모든 악한 것들을 버려라(2:1-3), 거룩한 성도들로 살라(2:9-10), 과거의 죄악을 버려라(4:1-6), 은혜를 맡은 청지기처럼 살라(4:7-11)
4. 특히 1:3에서 산 소망의 근거로 부활하신 예수 그리스도를 말씀하고 있습니다. 이 산 소망은 베드로전서의 주제이다. 그리고 7절에서 시련의 의미를 말씀하고 있습니다. "너희 믿음의 확실함은 불로 연단하여도 없어질 금보다 더 귀하여 예수 그리스도께서 나타나실 때에 칭찬과 영광과 존귀를 얻게 할 것이니라"(벧전 1:7)
5. 3:13-17은 당시 네로 황제로부터 박해를 당하고 있는 성도들에게 선을 행하고(13, 16-17절) 그리스도를 주로 삼아 박해자들을 두려워하지 말라(14-15절)고 한 권면입니다.

2. 베드로전서 중요성경구절

(벧전 1:7) 너희 믿음의 확실함은 불로 연단하여도 없어질 금보다 더 귀하여 예수 그리스
도께서 나타나실 때에 칭찬과 영광과 존귀를 얻게 할 것이니라

(벧전 2:9) 그러나 너희는 택하신 족속이요 왕 같은 제사장들이요 거룩한 나라요 그의 소
유가 된 백성이니 이는 너희를 어두운 데서 불러 내어 그의 기이한 빛에 들어가
게 하신 이의 아름다운 덕을 선포하게 하려 하심이라

(벧전 2:10) 너희가 전에는 백성이 아니더니 이제는 하나님의 백성이요 전에는 긍휼을 얻
지 못하였더니 이제는 긍휼을 얻은 자니라

(벧전 2:24) 친히 나무에 달려 그 몸으로 우리 죄를 담당하셨으니 이는 우리로 죄에 대
하여 죽고 의에 대하여 살게 하려 하심이라 그가 채찍에 맞음으로 너희는 나음
을 얻었나니

(벧전 4:7) 만물의 마지막이 가까이 왔으니 그러므로 너희는 정신을 차리고 근신하여 기
도하라

(벧전 4:8) 무엇보다도 뜨겁게 서로 사랑할지니 사랑은 허다한 죄를 덮느니라

(벧전 4:12) 사랑하는 자들아 너희를 연단하려고 오는 불 시험을 이상한 일 당하는 것 같
이 이상히 여기지 말고

(벧전 4:13) 오히려 너희가 그리스도의 고난에 참여하는 것으로 즐거워하라 이는 그의 영
광을 나타내실 때에 너희로 즐거워하고 기뻐하게 하려 함이라

(벧전 5:7) 너희 염려를 다 주께 맡기라 이는 그가 너희를 돌보심이라

(벧전 5:8) 근신하라 깨어라 너희 대적 마귀가 우는 사자 같이 두루 다니며 삼킬 자를 찾
나니

(벧전 5:9) 너희는 믿음을 굳건하게 하여 그를 대적하라 이는 세상에 있는 너희 형제들도
동일한 고난을 당하는 줄을 앎이라

22. 베드로후서

1. 베드로후서 핵심개관

1. 베드로후서는 말세 성도의 자세에 대한 권면(1장)과 거짓 선생에 대한 경계(2 장)와 종말에 대한 교훈(3장)으로 구성되어 있습니다.
2. 베드로후서의 경고의 내용은 크게 넷으로 나뉘어진다. 첫째 왜곡된 성경의 해석 둘째 방탕한 생활 셋째 탐욕을 위한 교회 이용 넷째 종말이 더디 옴을 보고 조롱하는 것 등입니다.

2. 베드로후서 중요성경구절

(벧후 1:5) 그러므로 너희가 더욱 힘써 너희 믿음에 덕을, 덕에 지식을,

(벧후 1:6) 지식에 절제를, 절제에 인내를, 인내에 경건을,

(벧후 1:7) 경건에 형제 우애를, 형제 우애에 사랑을 더하라

(벧후 3:8) 사랑하는 자들아 주께는 하루가 천 년 같고 천 년이 하루 같다는 이 한 가지를 잊지 말라

(벧후 3:9) 주의 약속은 어떤 이들이 더디다고 생각하는 것 같이 더딘 것이 아니라 오직 주께서는 너희를 대하여 오래 참으사 아무도 멸망하지 아니하고 다 회개하기에 이르기를 원하시느니라

(벧후 3:10) 그러나 주의 날이 도둑 같이 오리니 그 날에는 하늘이 큰 소리로 떠나가고 물질이 뜨거운 불에 풀어지고 땅과 그 중에 있는 모든 일이 드러나리로다

23. 요한일서

1. 요한일서 핵심개관

1. 요한의 서신들은 사도요한이 1세기 말에 기록한 것으로 이 서신을 위기에 처한 에베소교회에 보낸 것으로 보입니다.
2. 당시 설교자들은 복음에 모순되는 이론을 가르쳤다. 즉 그들은 정의를 행하지 않고 형제를 사랑하지 않아도 하나님과 하나가 될 수 있다고 가르쳤다. 그래서 바울은 이들을 단호하게 적그리스도요 거짓 선지자, 사기꾼으로 취급했다.
3. 요한일서에는 두 가지의 이단적 위험이 있었다. 첫째는 1장에 나오는 이단이다. 이들은 죄의 실체를 부인했다. 둘째는 2:22과 4:1-3에 나오는 예수님의 메시야 되심을 부인하는 자들입니다.
4. 사도요한은 하나님과 연합한 표시는 예수님께 대한 믿음에 삶의 뿌리를 내리고 형제들을 사랑하는 것이라고 강조했다(요일 3:11-18) 그리고 4:15-21에서 그의 핵심 메시지를 밝히고 있습니다.
5. 우리가 믿는 하나님은 어떤 분이신가?
첫째 하나님은 빛으로서 그 안에는 어둠이 조금도 없으시다(1:5). 빛이란 지식과 순결함의 표상이다. 둘째 하나님은 의이시다. 여기서 의란 "성품이나 행위에 있어서 올바른 모든 것"을 의미한다. 셋째, 하나님은 사랑이시다(4:8). 여기서 사랑이란 "모든 사람을 형제로 만드는 태도"를 의미한다. 넷째, 하나님은 생명이시다(5:20). 즉 하나님은 생명의 근원이요 영생의 공급자시라는 뜻입니다.

2. 요한일서 중요성경구절

(요일 1:1) 태초부터 있는 생명의 말씀에 관하여는 우리가 들은 바요 눈으로 본 바요 자
　　　세히 보고 우리의 손으로 만진 바라

(요일 1:9) 만일 우리가 우리 죄를 자백하면 그는 미쁘시고 의로우사 우리 죄를 사하시며
　　　우리를 모든 불의에서 깨끗하게 하실 것이요

(요일 2:16) 이는 세상에 있는 모든 것이 육신의 정욕과 안목의 정욕과 이생의 자랑이니
　　　다 아버지께로부터 온 것이 아니요 세상으로부터 온 것이라

(요일 2:17) 이 세상도, 그 정욕도 지나가되 오직 하나님의 뜻을 행하는 자는 영원히 거
　　　하느니라

(요일 2:22) 거짓말하는 자가 누구냐 예수께서 그리스도이심을 부인하는 자가 아니냐 아
　　　버지와 아들을 부인하는 그가 적그리스도니

(요일 4:7) 사랑하는 자들아 우리가 서로 사랑하자 사랑은 하나님께 속한 것이니 사랑하
　　　는 자마다 하나님으로부터 나서 하나님을 알고

(요일 4:8) 사랑하지 아니하는 자는 하나님을 알지 못하나니 이는 하나님은 사랑이심이라

(요일 4:9) 하나님의 사랑이 우리에게 이렇게 나타난 바 되었으니 하나님이 자기의 독생
　　　자를 세상에 보내심은 그로 말미암아 우리를 살리려 하심이라

(요일 4:16) 하나님이 우리를 사랑하시는 사랑을 우리가 알고 믿었노니 하나님은 사랑
　　　이시라 사랑 안에 거하는 자는 하나님 안에 거하고 하나님도 그의 안에 거하시
　　　느니라

(요일 4:18) 사랑 안에 두려움이 없고 온전한 사랑이 두려움을 내쫓나니 두려움에는 형벌
　　　이 있음이라 두려워하는 자는 사랑 안에서 온전히 이루지 못하였느니라

(요일 5:4) 무릇 하나님께로부터 난 자마다 세상을 이기느니라 세상을 이기는 승리는 이
　　　것이니 우리의 믿음이니라

(요일 5:11) 또 증거는 이것이니 하나님이 우리에게 영생을 주신 것과 이 생명이 그의 아
들 안에 있는 그것이니라

(요일 5:12) 아들이 있는 자에게는 생명이 있고 하나님의 아들이 없는 자에게는 생명이
없느니라

(요일 5:13) 내가 하나님의 아들의 이름을 믿는 너희에게 이것을 쓰는 것은 너희로 하여
금 너희에게 영생이 있음을 알게 하려 함이라

(요일 5:14) 그를 향하여 우리가 가진 바 담대함이 이것이니 그의 뜻대로 무엇을 구하면
들으심이라

(요일 5:15) 우리가 무엇이든지 구하는 바를 들으시는 줄을 안즉 우리가 그에게 구한 그
것을 얻은 줄을 또한 아느니라

24. 요한이서

1. 요한이서 핵심개관

1. 요한2서와 요한3서는 기록한 시간이나 장소에 대한 언급이 전혀 없습니다. 그래서 많은 성경학자들은 요한2서나 3서의 기록연대를 요한1서와 같은 시기로 추정합니다.
2. 요한 2서의 핵심을 이루는 4-7절에 나오는 이단은 예수그리스도께서 육체로 임하심을 부인하는 자라고 했습니다. "미혹하는 자가 세상에 많이 나왔나니 이는 예수 그리스도께서 육체로 오심을 부인하는 자라 이런 자가 미혹하는 자요 적그리스도니"(1:7)이라 했고 8-11절에서는 이단에 대해서 어떻게 해야 할 것을 기록하고 있습니다. "너희는 스스로 삼가 우리가 일한 것을 잃지 말고 오직 온전한 상을 받으라 지나쳐 그리스도의 교훈 안에 거하지 아니하는 자는 다 하나님을 모시지 못하되 교훈 안에 거하는 그 사람은 아버지와 아들을 모시느니라 누구든지 이 교훈을 가지지 않고 너희에게 나아가거든 그를 집에 들이지도 말고 인사도 하지 말라 그에게 인사하는 자는 그 악한 일에 참여하는 자임이라"

2. 요한이서 중요성경구절

(요이 1:7) 미혹하는 자가 세상에 많이 나왔나니 이는 예수 그리스도께서 육체로 오심을 부인하는 자라 이런 자가 미혹하는 자요 적그리스도니

(요이 1:10) 누구든지 이 교훈을 가지지 않고 너희에게 나아가거든 그를 집에 들이지도 말고 인사도 하지 말라

25. 요한삼서

1. 요한삼서 핵심개관

1. 요한2서와 요한3서는 기록한 시간이나 장소에 대한 언급이 전혀 없습니다. 그래서 많은 성경학자들은 요한2서나 3서의 기록연대를 요한1서와 같은 시기로 추정합니다.

2. 요한3서는 초대교회의 삶을 보여줍니다. 당시의 이단은 "영은 선하고 육체는 악하다"는 이원론적 영지주의로 인해서 육체적인 것에 대한 무관심 내지는 쾌락주의에 빠지게 했다. 이런 잘못된 것을 요한3서는 지적해 주고 있습니다.

3. 요한3서는 그리스도의 복음을 위하여 형제들을 잘 대접할 것을 가르치고 있습니다. 즉 성도들 상호간에 자발적으로 도와주라는 것이 내용의 핵심입니다. 그리고 대접을 잘하는 사람으로 가이오를 들고 있습니다.

4. 사도요한이 모범적인 인물로 가이오를 언급하는 한편 문제의 인물로 디오드레베를 기록하고 있습니다. 그는 교회의 우두머리가 되고자 했던 사람이며 사도요한의 지도력을 인정하지 않고 사도요한에 대해서 거짓말을 일삼았던 사람입니다.

2. 요한삼서 중요성경구절

(요삼 1:2) 사랑하는 자여 네 영혼이 잘됨 같이 네가 범사에 잘되고 강건하기를 내가 간구하노라

26. 유다서

1. 유다서 핵심개관

1. 유다서는 영지주의에 대해 경고하고 있습니다. 야고의 형제인 유다가 70년에 유대인에게 썼습니다.

2. 당시의 이단인 영지주의에 대한 위험성을 경고하고 있습니다. 그들의 특징은 첫째 가만히 들어왔습니다. 4절 상반절에 "이는 가만히 들어온 몇 사람이라"고 했습니다. 이처럼 이단은 언제나 자신을 분명하게 밝히지 않는 것이 특징입니다. 둘째 영지주의적 이원론으로 쾌락주의를 주장했습니다. 세재 그들은 육체를 입고 이 땅에 오신 그리스도를 부인했습니다. 이런 영지주의적 이단은 일곱 집사 가운데 하나인 니골라(계 2:6, 15)를 통해서 교회 안에 많이 스며들었습니다. 영지주의가 교회에 큰 위협이 된 것은 그리스도의 인성과 신성 중에 인성을 부인했기 때문입니다.

3. 유다서 1장 17-25절에서도 이단의 특징을 거론하고 있습니다. 첫째 그들은 당을 짓는다 둘째 이들은 세속주의자들입니다. 셋째 이들은 성령이 없는 자들입니다. 이에 대처하기 위한 신자들의 의무는 자기를 지켜야 하고 끝까지 주님의 긍휼을 기다려야 하며 이단에 빠진 자들을 불의에서 끌어내어 구원해야 합니다.

2. 유다서 중요성경구절

(유 1:20) 사랑하는 자들아 너희는 너희의 지극히 거룩한 믿음 위에 자신을 세우며 성령

으로 기도하며

(유 1:21) 하나님의 사랑 안에서 자신을 지키며 영생에 이르도록 우리 주 예수 그리스도
의 긍휼을 기다리라

27. 요한계시록

1. 요한계시록 핵심개관

1. 본래 로마는 배타적 제국이 아니었으나 일년에 한번 황제의 신상 앞에서 '황제는 우리의 주님이시다'라고 고백하게 했습니다. 여기서 황제Ⅱ숭배가 시작되었고 기독교인들의 저항을 받게 된 것입니다.

2. 1장은 이미 일어난 일들을 기록하고 있으므로 과거 계시이고 2장과 3장은 현재 계시임을 알 수 있습니다. 미래계시는 4장에서 22장으로 구성되어 있습니다.

3. 과거계시의 핵심은 1장 13절 이하에 나옵니다. "발에 끌리는 옷"(제사장 되신 주님), "가슴에 금띠"(왕되신 주님), "눈은 불꽃같고"(모든 것을 통찰하시는 주님), "발은 풀무불에 단련한 주석같고"(심판자되신 주님), 입에서 좌우에 날선 검이 나오고"(권능의 말씀을 가지신 주님), "얼굴은 해가 힘있게 비치는 것 같아서"(영광의 주님)으로 묘사하고 있습니다. 이것은 핍박과 고난 속에 있는 성도들에게 부활하신 주님의 모습을 보여줌으로 위로를 주려는데 목적이 있습니다.

4. 일곱교회를 분석해 보면 첫째 유형으로 칭찬만 받는 서머나교회(2:8-11)와 빌라델비아교회(3:7-13)가 있습니다. 두 번째 유형으로는 책망만 받은 교회로서 사데교회(3:1-6)와 라오디게아교회(3:14-22)가 있습니다. 세 번째 유형으로는 칭찬과 책망을 동시에 받은 세교회가 있는데 에베소교회(2:1-7), 버가모교회(2:12-17), 두아디라교회(2:18-29)입니다.

5. 미래계시의 내용을 분석해 보면 일곱 인 재앙(6-7장)과 일곱 나팔 재앙(8:6-

11장)과 일곱 대접 재앙(15-16장)이 핵심을 이루고 다른 것은 이 3대 재앙의
보충 계시임을 알 수 있습니다.
6. 요한계시록의 결론은 20-22장에 나오는 완성된 왕국(천국)입니다. 천국은 새
하늘과 새 땅으로 묘사하고 있습니다.

2. 요한계시록 중요성경구절

(계 1:3) 이 예언의 말씀을 읽는 자와 듣는 자와 그 가운데에 기록한 것을 지키는 자는 복
이 있나니 때가 가까움이라

(계 1:7) 볼지어다 그가 구름을 타고 오시리라 각 사람의 눈이 그를 보겠고 그를 찌른 자들
도 볼 것이요 땅에 있는 모든 족속이 그로 말미암아 애곡하리니 그러하리라 아멘

(계 1:8) 주 하나님이 이르시되 나는 알파와 오메가라 이제도 있고 전에도 있었고 장차 올
자요 전능한 자라 하시더라

(계 1:11) 이르되 네가 보는 것을 두루마리에 써서 에베소, 서머나, 버가모, 두아디라, 사
데, 빌라델비아, 라오디게아 등 일곱 교회에 보내라 하시기로

(계 1:20) 네가 본 것은 내 오른손의 일곱 별의 비밀과 또 일곱 금 촛대라 일곱 별은 일곱
교회의 사자요 일곱 촛대는 일곱 교회니라

(계 2:4) 그러나 너를 책망할 것이 있나니 너의 처음 사랑을 버렸느니라

(계 2:7) 귀 있는 자는 성령이 교회들에게 하시는 말씀을 들을지어다 이기는 그에게는 내
가 하나님의 낙원에 있는 생명나무의 열매를 주어 먹게 하리라

(계 2:10) 너는 장차 받을 고난을 두려워하지 말라 볼지어다 마귀가 장차 너희 가운데에
서 몇 사람을 옥에 던져 시험을 받게 하리니 너희가 십 일 동안 환난을 받으리라
네가 죽도록 충성하라 그리하면 내가 생명의 관을 네게 주리라

(계 2:17) 귀 있는 자는 성령이 교회들에게 하시는 말씀을 들을지어다 이기는 그에게는

내가 감추었던 만나를 주고 또 흰 돌을 줄 터인데 그 돌 위에 새 이름을 기록한 것이 있나니 받는 자 밖에는 그 이름을 알 사람이 없느니라

(계 3:12) 이기는 자는 내 하나님 성전에 기둥이 되게 하리니 그가 결코 다시 나가지 아니 하리라 내가 하나님의 이름과 하나님의 성 곧 하늘에서 내 하나님께로부터 내려 오는 새 예루살렘의 이름과 나의 새 이름을 그이 위에 기록하리라

(계 3:16) 네가 이같이 미지근하여 뜨겁지도 아니하고 차지도 아니하니 내 입에서 너를 토하여 버리리라

(계 3:20) 볼지어다 내가 문 밖에 서서 두드리노니 누구든지 내 음성을 듣고 문을 열면 내 가 그에게로 들어가 그와 더불어 먹고 그는 나와 더불어 먹으리라

(계 4:7) 그 첫째 생물은 사자 같고 그 둘째 생물은 송아지 같고 그 셋째 생물은 얼굴이 사 람 같고 그 넷째 생물은 날아가는 독수리 같은데

(계 6:2) 이에 내가 보니 흰 말이 있는데 그 탄 자가 활을 가졌고 면류관을 받고 나아가서 이기고 또 이기려고 하더라

(계 7:4) 내가 인침을 받은 자의 수를 들으니 이스라엘 자손의 각 지파 중에서 인침을 받 은 자들이 십사만 사천이니

(계 9:11) 그들에게 왕이 있으니 무저갱의 사자라 히브리어로는 그 이름이 아바돈이요 헬 라어로는 그 이름이 아볼루온이더라

(계 10:9) 내가 천사에게 나아가 작은 두루마리를 달라 한즉 천사가 이르되 갖다 먹어 버 리라 네 배에는 쓰나 네 입에는 꿀 같이 달리라 하거늘

(계 11:15) 일곱째 천사가 나팔을 불매 하늘에 큰 음성들이 나서 이르되 세상 나라가 우 리 주와 그의 그리스도의 나라가 되어 그가 세세토록 왕 노릇 하시리로다 하니

(계 12:9) 큰 용이 내쫓기니 옛 뱀 곧 마귀라고도 하고 사탄이라고도 하며 온 천하를 꾀는 자라 그가 땅으로 내쫓기니 그의 사자들도 그와 함께 내쫓기니라

(계 13:10) 사로잡힐 자는 사로잡혀 갈 것이요 칼에 죽을 자는 마땅히 칼에 죽을 것이니 성도들의 인내와 믿음이 여기 있느니라

(계 13:16) 그가 모든 자 곧 작은 자나 큰 자나 부자나 가난한 자나 자유인이나 종들에게 그 오른손에나 이마에 표를 받게 하고

(계 13:17) 누구든지 이 표를 가진 자 외에는 매매를 못하게 하니 이 표는 곧 짐승의 이름이나 그 이름의 수라

(계 13:18) 지혜가 여기 있으니 총명한 자는 그 짐승의 수를 세어 보라 그것은 사람의 수니 그의 수는 육백육십육이니라

(계 14:12) 성도들의 인내가 여기 있나니 그들은 하나님의 계명과 예수에 대한 믿음을 지키는 자니라

(계 19:11) 또 내가 하늘이 열린 것을 보니 보라 백마와 그것을 탄 자가 있으니 그 이름은 충신과 진실이라 그가 공의로 심판하며 싸우더라

(계 19:12) 그 눈은 불꽃 같고 그 머리에는 많은 관들이 있고 또 이름 쓴 것 하나가 있으니 자기밖에 아는 자가 없고

(계 19:13) 또 그가 피 뿌린 옷을 입었는데 그 이름은 하나님의 말씀이라 칭하더라

(계 19:14) 하늘에 있는 군대들이 희고 깨끗한 세마포 옷을 입고 백마를 타고 그를 따르더라

(계 20:2) 용을 잡으니 곧 옛 뱀이요 마귀요 사탄이라 잡아서 천 년 동안 결박하여

(계 20:3) 무저갱에 던져 넣어 잠그고 그 위에 인봉하여 천 년이 차도록 다시는 만국을 미혹하지 못하게 하였는데 그 후에는 반드시 잠깐 놓이리라

(계 20:4) 또 내가 보좌들을 보니 거기에 앉은 자들이 있어 심판하는 권세를 받았더라 또 내가 보니 예수를 증언함과 하나님의 말씀 때문에 목 베임을 당한 자들의 영혼들과 또 짐승과 그의 우상에게 경배하지 아니하고 그들의 이마와 손에 그의 표를 받지 아니한 자들이 살아서 그리스도와 더불어 천 년 동안 왕 노릇하니

(계 20:5) (그 나머지 죽은 자들은 그 천 년이 차기까지 살지 못하더라) 이는 첫째 부활이라

(계 20:12) 또 내가 보니 죽은 자들이 큰 자나 작은 자나 그 보좌 앞에 서 있는데 책들이

펴 있고 또 다른 책이 펴졌으니 곧 생명책이라 죽은 자들이 자기 행위를 따라 책들에 기록된 대로 심판을 받으니

(계 20:13) 바다가 그 가운데에서 죽은 자들을 내주고 또 사망과 음부도 그 가운데에서 죽은 자들을 내주매 각 사람이 자기의 행위대로 심판을 받고

(계 20:14) 사망과 음부도 불못에 던져지니 이것은 둘째 사망 곧 불못이라

(계 20:15) 누구든지 생명책에 기록되지 못한 자는 불못에 던져지더라

(계 21:2) 또 내가 보매 거룩한 성 새 예루살렘이 하나님께로부터 하늘에서 내려오니 그 준비한 것이 신부가 남편을 위하여 단장한 것 같더라

(계 21:4) 모든 눈물을 그 눈에서 닦아 주시니 다시는 사망이 없고 애통하는 것이나 곡하는 것이나 아픈 것이 다시 있지 아니하리니 처음 것들이 다 지나갔음이러라

(계 22:7) 보라 내가 속히 오리니 이 두루마리의 예언의 말씀을 지키는 자는 복이 있으리라 하더라

(계 22:10) 또 내게 말하되 이 두루마리의 예언의 말씀을 인봉하지 말라 때가 가까우니라

(계 22:12) 보라 내가 속히 오리니 내가 줄 상이 내게 있어 각 사람에게 그가 행한 대로 갚아 주리라

(계 22:13) 나는 알파와 오메가요 처음과 마지막이요 시작과 마침이라

(계 22:18) 내가 이 두루마리의 예언의 말씀을 듣는 모든 사람에게 증언하노니 만일 누구든지 이것들 외에 더하면 하나님이 이 두루마리에 기록된 재앙들을 그에게 더하실 것이요

(계 22:19) 만일 누구든지 이 두루마리의 예언의 말씀에서 제하여 버리면 하나님이 이 두루마리에 기록된 생명나무와 및 거룩한 성에 참여함을 제하여 버리시리라

(계 22:20) 이것들을 증언하신 이가 이르시되 내가 진실로 속히 오리라 하시거늘 아멘 주 예수여 오시옵소서

6장 · 기초중요 성경암송

1. 짧고 중요한 성경암송

6장

기초중요 성경암송

1. 짧고 중요한 성경구절 암송

성경암송의 시작은 가능한 한 쉽게 할 수 있어야 합니다. 기독교인이면 누구나 성경암송의 중요성을 알고 있습니다. 그럼에도 불구하고 도전하지 못하는 이유는 너무 어렵다고 생각하기 때문입니다. 성경암송 노하우를 알기 전에 필자도 그렇게 생각했습니다. 그런데 성경암송 노하우를 알고 난 후 성경암송은 누구나 할 수 있는 일이라 확신하게 되었습니다. 글만 읽을 수 있는 사람이라면 누구나 다 가능합니다. 문제는 접근방법에 있어서 필자는 많은 생각을 하게 되었습니다.

20년 이상 성경암송을 하면서 나름대로 내린 결론은 일단 쉬운 것부터 하면 좋겠다는 생각을 갖게 되었습니다. 그래서 필자는 짧으면서도 중요한 성경구절을 정리하였습니다. 그 내용구절들이 이 장에 수록된 성경구절들입니다.

400구절의 짧고 중요한 성경구절이 이 장에 수록해 놓았습니다. 시작이 반이라고 했듯이 이제부터 새롭게 도전하시기 바랍니다. 짧고 중요한 성경구절에서는 암송 극대화를 위해 접미사나 '...가라사대', '이르되'와 같은 말들을 생략하기로 했습니다. 말씀의 핵심이 더 중요하기 때문입니다. 짧고 중요한 성경구절은 누구나 쉽게 알고 있는 말씀이고 접근하기도 쉽습니다.

여러분 모두가 기쁜 마음으로 도전하시기 바랍니다.

짧고도 중요한 성경구절

1. (살전 5:16) 항상 기뻐하라

2. (살전 5:17) 쉬지 말고 기도하라

3. (살전 5:18) 범사에 감사하라

4. (창 1:1) 태초에 하나님이 천지를 창조하시니라

5. (요 1:1) 태초에 말씀이 계시니라

6. (마 4:17) 회개하라 천국이 가까이 왔느니라

7. (마 5:3) 심령이 가난한 자는 복이 있나니 천국이 그들의 것임이요

8. (마 6:21) 네 보물 있는 그 곳에는 네 마음도 있느니라

9. (마 8:7) 내가 가서 고쳐 주리라

10. (마 8:13) 가라 네 믿은 대로 될지어다

11. (마 9:37) 추수할 것은 많되 일꾼이 적으니

12. (마 12:8) 인자는 안식일의 주인이니라

13. (마 12:34) 이는 마음에 가득한 것을 입으로 말함이라

14. (마 10:8) 너희가 거저 받았으니 거저 주라

15. (마 14:27) 안심하라 나니 두려워하지 말라

16. (마 15:8) 이 백성이 입술로는 나를 공경하되 마음은 내게서 멀도다

17. (마 18:20) 두세 사람이 내 이름으로 모인 곳에는 나도 그들 중에 있느니라

18. (막 10:27) 사람으로는 할 수 없으되 하나님으로는 그렇지 아니하니 하나님으로서는 다 하실 수 있느니라

19. (마 21:13) 내 집은 기도하는 집이라 일컬음을 받으리라

20. (마 24:13) 그러나 끝까지 견디는 자는 구원을 얻으리라

21. (마 24:12) 불법이 성하므로 많은 사람의 사랑이 식어지리라

22. (마 25:13) 그런즉 깨어 있으라 너희는 그 날과 그 때를 알지 못하느니라

23. (민 12:3) 이 사람 모세는 온유함이 지면의 모든 사람보다 더하더라

24. (마 26:26) 받아서 먹으라 이것은 내 몸이니라

25. (막 2:5) 작은 자야 네 죄 사함을 받았느니라

26. (막 5:41) 달리다굼(소녀야 일어나라)

27. (막 9:23) 할 수 있거든이 무슨 말이냐 믿는 자에게는 능히 하지 못할 일이 없느니라

28. (막 9:29) 기도 외에 다른 것으로는 이런 종류가 나갈 수 없느니라

29. (막 13:31) 천지는 없어지겠으나 내 말은 없어지지 아니하리라

30. (막 16:15) 너희는 온 천하에 다니며 만민에게 복음을 전파하라

31. (눅 1:37) 대저 하나님의 모든 말씀은 능하지 못하심이 없느니라

32. (눅 5:10) 무서워하지 말라 이제 후로는 네가 사람을 취하리라

33. (눅 6:5) 인자는 안식일의 주인이니라

34. (눅 5:38) 새 포도주는 새 부대에 넣어야 할 것이니라

35. (눅 6:31) 남에게 대접을 받고자 하는 대로 너희도 남을 대접하라

36. (눅 12:12) 마땅히 할 말을 성령이 곧 그 때에 너희에게 가르치시리라

37. (눅 12:34) 너희 보물 있는 곳에는 너희 마음도 있으리라

38. (눅 19:34) 주께서 쓰시겠다

39. (눅 21:19) 너희의 인내로 너희 영혼을 얻으리라

40. (눅 21:33) 천지는 없어지겠으나 내 말은 없어지지 아니하리라

41. (눅 22:43) 천사가 하늘로부터 예수께 나타나 힘을 더하더라

42. (요 1:4) 그 안에 생명이 있었으니 이 생명은 사람들의 빛이라

43. (요 3:6) 육으로 난 것은 육이요 영으로 난 것은 영이니

44. (요 3:15) 이는 그를 믿는 자마다 영생을 얻게 하려 하심이니라

45. (요 3:30) 그는 흥하여야 하겠고 나는 쇠하여야 하리라

46. (요 4:24) 하나님은 영이시니 예배하는 자가 영과 진리로 예배할지니라

47. (요 4:44) 선지자가 고향에서는 높임을 받지 못한다

48. (요 6:55) 내 살은 참된 양식이요 내 피는 참된 음료로다

49. (요 7:37) 누구든지 목마르거든 내게로 와서 마시라

50. (요 10:30) 나와 아버지는 하나이니라

51. (요 14:1) 너희는 마음에 근심하지 말라 하나님을 믿으니 또 나를 믿으라

52. 요 14:6) 내가 곧 길이요 진리요 생명이니 나로 말미암지 않고는 아버지께로 올 자
가 없느니라

53. (요 14:14) 내 이름으로 무엇이든지 내게 구하면 내가 행하리라

54. (요 14:15) 너희가 나를 사랑하면 나의 계명을 지키리라

55. (요 16:9) 죄에 대하여라 함은 그들이 나를 믿지 아니함이요

56. (요 19:30) 다 이루었다

57. (요 20:29) 너는 나를 본 고로 믿느냐 보지 못하고 믿는 자들은 복되도다

58. (행 7:33) 네 발의 신을 벗으라 네가 서 있는 곳은 거룩한 땅이니라

59. (행 12:24) 하나님의 말씀은 흥왕하여 더하더라

60. (행 16:31) 주 예수를 믿으라 그리하면 너와 네 집이 구원을 받으리라

61. (롬 2:11) 이는 하나님께서 외모로 사람을 취하지 아니하심이라

62. (롬 3:10) 의인은 없나니 하나도 없으며

63. (롬 3:23) 모든 사람이 죄를 범하였으매 하나님의 영광에 이르지 못하더니

64. (창 32:2) 마하나임

65. (롬 8:8) 육신에 있는 자들은 하나님을 기쁘시게 할 수 없느니라

66. (롬 8:14) 무릇 하나님의 영으로 인도함을 받는 사람은 곧 하나님의 아들이라

67. (롬 8:18) 현재의 고난은 장차 우리에게 나타날 영광과 비교할 수 없도다

68. (롬 10:13) 누구든지 주의 이름을 부르는 자는 구원을 받으리라

69. (롬 11:29) 하나님의 은사와 부르심에는 후회하심이 없느니라

70. (롬 12:11) 부지런하여 게으르지 말고 열심을 품고 주를 섬기라

71. (롬 12:12) 소망 중에 즐거워하며 환난 중에 참으며 기도에 항상 힘쓰며

72. (롬 12:15) 즐거워하는 자들과 함께 즐거워하고 우는 자들과 함께 울라

73. (롬 12:18) 할 수 있거든 너희로서는 모든 사람과 더불어 화목하라

74. (롬 12:21) 악에게 지지 말고 선으로 악을 이기라

75. (창 32:30 브니엘(내가 하나님과 대면하여 보았으나 내 생명이 보전되었다)

76. (고전 1:31) 자랑하는 자는 주 안에서 자랑하라

77. (고전 4:2) 맡은 자들에게 구할 것은 충성이니라

78. (고전 4:20) 하나님의 나라는 말에 있지 아니하고 오직 능력에 있음이라

79. (고전 6:17) 주와 합하는 자는 한 영이니라

80. (고전 8:3) 또 누구든지 하나님을 사랑하면 그 사람은 하나님도 알아 주시느니라

81. (고전 10:12) 그런즉 선 줄로 생각하는 자는 넘어질까 조심하라

82. (고전 10:14) 그런즉 내 사랑하는 자들아 우상 숭배하는 일을 피하라

83. (고전 16:13) 깨어 믿음에 굳게 서서 남자답게 강건하라

84. (고전 16:14) 너희 모든 일을 사랑으로 행하라

85. (고후 3:17) 주는 영이시니 주의 영이 계신 곳에는 자유가 있느니라

86. (고후 5:7) 이는 우리가 믿음으로 행하고 보는 것으로 행하지 아니함이로라

87. (고후 10:17) 자랑하는 자는 주 안에서 자랑할지니라

88. (갈 6:2) 너희가 짐을 서로 지라 그리하여 그리스도의 법을 성취하라

89. (창 37:19 꿈꾸는 자가 오는도다

90. (창 49:18) 여호와여 나는 주의 구원을 기다리나이다

91. (출 3:4) 모세야 모세야

92. (엡 2:21) 그의 안에서 건물마다 서로 연결하여 주 안에서 성전이 되어 가고

93. (출 3:4) 내가 여기 있나이다

94. (엡 5:9) 빛의 열매는 모든 착함과 의로움과 진실함에 있느니라

95. (엡 5:16) 세월을 아끼라 때가 악하니라

96. (엡 5:18) 술 취하지 말라 이는 방탕한 것이니 오직 성령으로 충만함을 받으라

97. (엡 5:21) 그리스도를 경외함으로 피차 복종하라

98. (엡 5:30) 우리는 그 몸의 지체임이라

99. (엡 6:3) 이로써 네가 잘되고 땅에서 장수하리라

100. (빌 1:21) 이는 내게 사는 것이 그리스도니 죽는 것도 유익함이라

101. (빌 2:5) 너희 안에 이 마음을 품으라 곧 그리스도 예수의 마음이니

102. (빌 2:14) 모든 일을 원망과 시비가 없이 하라

103. (빌 4:4) 주 안에서 항상 기뻐하라 내가 다시 말하노니 기뻐하라

104. (빌 4:5) 너희 관용을 모든 사람에게 알게 하라 주께서 가까우시니라

105. (빌 4:13) 내게 능력 주시는 자 안에서 내가 모든 것을 할 수 있느니라

106. (골 1:14) 그 아들 안에서 우리가 속량 곧 죄 사함을 얻었도다

107. (골 4:2) 기도를 계속하고 기도에 감사함으로 깨어 있으라

108. (살전 5:19) 성령을 소멸하지 말며

109. (살전 5:22) 악은 어떤 모양이라도 버리라

110. (딤전 4:5) 하나님의 말씀과 기도로 거룩하여짐이라

111. (딤전 4:13) 내가 이를 때까지 읽는 것과 권하는 것과 가르치는 것에 전념하라

112. (딤전 5:18) 일꾼이 그 삯을 받는 것은 마땅하다 하였느니라

113. (딤후 2:3) 너는 그리스도 예수의 좋은 병사로 나와 함께 고난을 받으라

114. (딛 3:10) 이단에 속한 사람을 한두 번 훈계한 후에 멀리하라

115. (히 9:22) 피흘림이 없은즉 사함이 없느니라

116. (히 9:27) 한번 죽는 것은 사람에게 정해진 것이요 그 후에는 심판이 있으리니

117. (히 11:1) 믿음은 바라는 것들의 실상이요 보이지 않는 것들의 증거니

118. (히 11:2) 선진들이 이로써 증거를 얻었느니라

119. (히 13:8) 예수 그리스도는 어제나 오늘이나 영원토록 동일하시니라

120. (약 1:2) 내 형제들아 너희가 여러 가지 시험을 당하거든 온전히 기쁘게 여기라

121. (약 1:15) 욕심이 잉태한즉 죄를 낳고 죄가 장성한즉 사망을 낳느니라

122. (약 1:14) 오직 각 사람이 시험을 받는 것은 자기 욕심에 끌려 미혹됨이니

123. (약 1:20) 사람이 성내는 것이 하나님의 의를 이루지 못함이라

124. (약 2:17) 이와 같이 행함이 없는 믿음은 그 자체가 죽은 것이라

125. (약 2:26) 영혼 없는 몸이 죽은 것 같이 행함이 없는 믿음은 죽은 것이니라

126. (약 3:18) 화평하게 하는 자들은 화평으로 심어 의의 열매를 거두느니라

127. (약 3:16) 시기와 다툼이 있는 곳에는 혼란과 모든 악한 일이 있음이라

128. (약 4:10) 주 앞에서 낮추라 그리하면 주께서 너희를 높이시리라

129. (약 4:3) 구하여도 받지 못함은 정욕으로 쓰려고 잘못 구하기 때문이라

130. (약 4:17) 그러므로 사람이 선을 행할 줄 알고도 행하지 아니하면 죄니라

131. (약 5:8) 너희도 길이 참고 마음을 굳건하게 하라 주의 강림이 가까우니라

132. (약 5:16) 의인의 간구는 역사하는 힘이 큼이니라

133. (벧전 1:9) 믿음의 결국 곧 영혼의 구원을 받음이라

134. (벧전 4:8) 무엇보다도 뜨겁게 서로 사랑할지니 사랑은 허다한 죄를 덮느니라

135. (벧전 4:9) 서로 대접하기를 원망 없이 하고

136. (요일 3:18) 자녀들아 우리가 말과 혀로만 사랑하지 말고 행함과 진실함으로 하자

137. (요삼 1:2) 사랑하는 자여 네 영혼이 잘됨 같이 네가 범사에 잘되고 강건하기를 내가 간구하노라

138. (계 2:10) 네가 죽도록 충성하라 그리하면 내가 생명의 관을 네게 주리라

139. (계 20:15) 누구든지 생명책에 기록되지 못한 자는 불못에 던져지더라

140. (계 22:13) 나는 알파와 오메가요 처음과 마지막이요 시작과 마침이라

141. (창 2:23) 이는 내 뼈 중의 뼈요 살 중의 살이라

142. (창 2:24) 이러므로 남자가 부모를 떠나 그의 아내와 합하여 둘이 한 몸을 이룰지로다

143. (창 6:8) 그러나 노아는 여호와께 은혜를 입었더라

144. (창 15:6) 아브람이 여호와를 믿으니 여호와께서 이를 그의 의로 여기시고

145. (창 19:26) 롯의 아내는 뒤를 돌아보았으므로 소금기둥이 되었더라

146. (창 49:22) 요셉은 무성한 가지 곧 샘 곁의 무성한 가지라 그 가지가 담을 넘었도다

147. (출 21:17) 자기의 아버지나 어머니를 저주하는 자는 반드시 죽일지니라

148. (출 22:18) 너는 무당을 살려두지 말라

149. (출 22:19) 짐승과 행음하는 자는 반드시 죽일지니라

150. (출 22:20) 여호와 외에 다른 신에게 제사를 드리는 자는 멸할지니라

151. (민 6:24) 여호와는 네게 복을 주시고 너를 지키시기를 원하며

152. (민 12:3) 이 사람 모세는 온유함이 지면의 모든 사람보다 더하더라

153. (출 3:5) 네가 선 곳은 거룩한 땅이니 네 발에서 신을 벗으라

154. (합 2:20) 오직 여호와는 그 성전에 계시니 온 땅은 그 앞에서 잠잠할지니라

155. (애 3:23) 이것들이 아침마다 새로우니 주의 성실하심이 크시도소이다

156. (출 3:12) 내가 반드시 너와 함께 있으리라

157. (사 57:21) 내 하나님의 말씀에 악인에게는 평강이 없다 하셨느니라

158. (사 43:18) 너희는 이전 일을 기억하지 말며 옛날 일을 생각하지 말라

159. (사 43:11) 나 곧 나는 여호와라 나 외에 구원자가 없느니라

160. (사 43:1) 내가 너를 지명하여 불렀나니 너는 내 것이라

161. (사 40:8) 풀은 마르고 꽃은 시드나 우리 하나님의 말씀은 영원히 서리라

162. (사 14:24) 내가 생각한 것이 반드시 되며 내가 경영한 것을 반드시 이루리라

163. (아 1:15) 내 사랑아 너는 어여쁘고 어여쁘다 네 눈이 비둘기 같구나

164. (전 1:2) 전도자가 이르되 헛되고 헛되며 헛되고 헛되니 모든 것이 헛되도다

165. (출 3:14) 나는 스스로 있는 자니라

166. (잠 3:6) 너는 범사에 그를 인정하라 그리하면 네 길을 지도하시리라

167. (잠 14:12) 어떤 길은 사람이 보기에 바르나 필경은 사망의 길이니라

168. (잠 15:13) 마음의 즐거움은 얼굴을 빛나게 하여도 마음의 근심은 심령을 상하게

하느니라

169. (잠 17:22) 마음의 즐거움은 양약이라도 심령의 근심은 뼈를 마르게 하느니라

170. (잠 27:23) 네 양 떼의 형편을 부지런히 살피며 네 소 떼에게 마음을 두라

171. (잠 29:18) 묵시가 없으면 백성이 방자히 행하거니와 율법을 지키는 자는 복이 있느니라

172. (시 3:8) 구원은 여호와께 있사오니 주의 복을 주의 백성에게 내리소서

173. (시 8:9) 여호와 우리 주여 주의 이름이 온 땅에 어찌 그리 아름다운지요

174. (시 23:1) 여호와는 나의 목자시니 내게 부족함이 없으리로다

175. (출 15:18) 여호와께서 영원무궁 하도록 다스리도다

176. (시 46:10) 너희는 가만히 있어 내가 하나님 됨을 알지어다

177. (시 50:15) 환난 날에 나를 부르라 내가 너를 건지리니 네가 나를 영화롭게 하리로다

178. (시 63:3) 주의 인자하심이 생명보다 나으므로 내 입술이 주를 찬양할 것이라

179. (시 66:18) 내가 나의 마음에 죄악을 품었더라면 주께서 듣지 아니하시리라

180. (시 71:14) 나는 항상 소망을 품고 주를 더욱더욱 찬송하리이다

181. (시 94:11) 여호와께서는 사람의 생각이 허무함을 아시느니라

182. (시 103:2) 내 영혼아 여호와를 송축하며 그의 모든 은택을 잊지 말지어다

183. (시 119:103) 주의 말씀의 맛이 내게 어찌 그리 단지요 내 입에 꿀보다 더 다니이다

184. (시 133:1) 보라 형제가 연합하여 동거함이 어찌 그리 선하고 아름다운고

185. (시 144:15) 이러한 백성은 복이 있나니 여호와를 자기 하나님으로 삼는 백성은 복이 있도다

186. (신 6:4) 이스라엘아 들으라 우리 하나님 여호와는 오직 유일한 여호와이시니

187. (신 6:5) 너는 마음을 다하고 뜻을 다하고 힘을 다하여 네 하나님 여호와를 사랑하라

188. (신 10:16) 그러므로 너희는 마음에 할례를 행하고 다시는 목을 곧게 하지 말라

189. (신 28:3) 성읍에서도 복을 받고 들에서도 복을 받을 것이며

190. (신 28:6) 네가 들어와도 복을 받고 나가도 복을 받을 것이니라

191. (수 24:15) 오직 나와 내 집은 여호와를 섬기겠노라

192. (삼상 15:22) 순종이 제사보다 낫고 듣는 것이 숫양의 기름보다 나으니

193. (시 18:1) 나의 힘이신 여호와여 내가 주를 사랑하나이다

194. (대상 11:9) 만군의 여호와께서 함께 계시니 다윗이 점점 강성하여 가니라

195. (에 4:16) 죽으면 죽으리이다

196. (욥 8:7) 네 시작은 미약하였으나 네 나중은 심히 창대하리라

197. (욥 42:10) 여호와께서 욥에게 이전 모든 소유보다 갑절이나 주신지라

198. (살전 2:20) 너희는 우리의 영광이요 기쁨이니라

199. (롬 1:31) 자랑하는 자는 주 안에서 자랑하라

200. (엡 4:27) 마귀에게 틈을 주지 말라

201. (눅 19:10) 인자가 온 것은 잃어버린 자를 찾아 구원하려 함이니라

202. (고전 6:17) 주와 합하는 자는 한 영이니라

203. (삼상 2:30) 나를 존중히 여기는 자를 내가 존중히 여기고 나를 멸시하는 자를 내가 경멸하리라

204. (눅 10:37) 자비를 베푼 자니이다 예수께서 이르시되 가서 너도 이와 같이 하라 하시니라

205. (창 1:3) 빛이 있으라

206. (창 3:9) 네가 어디 있느냐

207. (창 6:8) 그러나 노아는 여호와께 은혜를 입었더라

208. (창 7:24) 물이 백오십 일을 땅에 넘쳤더라

209. (창 37:19) 꿈 꾸는 자가 오는도다

210. (창 49:18) 여호와여 나는 주의 구원을 기다리나이다

211. (출 3:9) 이제 가라 이스라엘 자손의 부르짖음이 내게 달하고

212. (출 3:14) 나는 스스로 있는 자이니라

213. (출 8:19) 요술사가 바로에게 말하되 이는 하나님의 권능이니이다

214. (출 14:14) 여호와께서 너희를 위하여 싸우시리니 너희는 가만히 있을지니라

215. (출 17:15) 여호와 닛시

216. (출 17:11) 모세가 손을 들면 이스라엘이 이기고 손을 내리면 아말렉이 이기더니

217. (출 20:6) 나를 사랑하고 내 계명을 지키는 자에게는 천 대까지 은혜를 베푸느니라

218. (출 21:12) 사람을 쳐죽인 자는 반드시 죽일 것이나

219. (마 8:3) 내가 원하노니 깨끗함을 받으라

220. (출 22:19) 짐승과 행음하는 자는 반드시 죽일지니라

221. (출 22:20) 여호와 외에 다른 신에게 제사를 드리는 자는 멸할지니라

222. (레 17:11) 육체의 생명은 피에 있음이라

223. (신 25:4) 곡식 떠는 소에게 망을 씌우지 말지니라

224. (신 28:6) 네가 들어와도 복을 받고 나가도 복을 받을 것이니라

225. (신 34:10) 모세는 여호와께서 대면하여 아시던 자요

226. (삿 7:18) 여호와를 위하라, 기드온을 위하라

227. (삼상 3:4) 내가 여기 있나이다

228. (삼상 3:10) 말씀하옵소서 주의 종이 듣겠나이다

229. (에 4:14) 이 때를 위함이 아닌지 누가 알겠느냐

230. (출 16:31) 만나

231. (시 22:1) 내 하나님이여 내 하나님이여 어찌 나를 버리셨나이까

232. (시 56:8) 나의 눈물을 주의 병에 담으소서

233. (시 71:14) 나는 항상 소망을 품고 주를 더욱 더욱 찬송하리이다

234. (시 94:11) 여호와께서는 사람의 생각이 허무함을 아시느니라

235. (시 94:22) 여호와는 나의 요새이시요 나의 하나님은 내가 피할 반석이시라

236. (시 96:1) 새 노래로 여호와께 노래하라 온 땅이여 여호와께 노래할지어다

237. (시 102:27) 주는 한결같으시고 주의 연대는 무궁하리이다

238. (시 119:105) 주의 말씀은 내 발에 등이요 내 길에 빛이니이다

239. (시 119:131) 내가 주의 계명들을 사모하므로 내가 입을 열고 헐떡였나이다

240. (시 121:1) 내가 산을 향하여 눈을 들리라 나의 도움이 어디서 올까

241. (시 121:2) 나의 도움은 천지를 지으신 여호와에게서로다

242. (시 121:8) 여호와께서 너의 출입을 지금부터 영원까지 지키시리로다

243. (시 126:5) 눈물을 흘리며 씨를 뿌리는 자는 기쁨으로 거두리로다

244. (출 20:3) 너는 나 외에는 다른 신들을 네게 두지 말라

245. (시 133:1) 보라 형제가 연합하여 동거함이 어찌 그리 선하고 아름다운고

246. (잠 3:5) 너는 마음을 다하여 여호와를 신뢰하고 네 명철을 의지하지 말라

247. (잠 3:6) 너는 범사에 그를 인정하라 그리하면 네 길을 지도하시리라

248. (잠 4:23) 모든 지킬 만한 것 중에 더욱 네 마음을 지키라 생명의 근원이 이에서 남이니라

249. (잠 4:27) 좌로나 우로나 치우치지 말고 네 발을 악에서 떠나게 하라

250. (잠 6:21) 그것을 항상 네 마음에 새기며 네 목에 매라

251. (잠 10:12) 미움은 다툼을 일으켜도 사랑은 모든 허물을 가리느니라

252. (잠 10:27) 여호와를 경외하면 장수하느니라 그러나 악인의 수명은 짧아지느니라

253. (잠 14:12) 어떤 길은 사람이 보기에 바르나 필경은 사망의 길이니라

254. (잠 14:30) 평온한 마음은 육신의 생명이나 시기는 뼈를 썩게 하느니라

255. (출 20:8) 안식일을 기억하여 거룩하게 지키라

256. (잠 17:22) 마음의 즐거움은 양약이라도 심령의 근심은 뼈를 마르게 하느니라

257. (잠 23:7) 대저 그 마음의 생각이 어떠하면 그 위인도 그러한즉

258. (잠 27:23) 네 양 떼의 형편을 부지런히 살피며 네 소 떼에게 마음을 두라

259. (잠 29:18) 묵시가 없으면 백성이 방자히 행하거니와

260. (전 1:9) 해 아래에는 새 것이 없나니

261. (전 1:2) 전도자가 이르되 헛되고 헛되며 헛되고 헛되니 모든 것이 헛되도다

262. (전 1:4) 한 세대는 가고 한 세대는 오되 땅은 영원히 있도다

263. (롬 1:17) 오직 의인은 믿음으로 말미암아 살리라

264. (롬 3:20) 율법으로는 죄를 깨달음이니라

265. (고전 10:14) 그런즉 내 사랑하는 자들아 우상 숭배하는 일을 피하라

266. (고후 3:5) 우리의 만족은 오직 하나님으로부터 나느니라

267. (고후 5:7) 이는 우리가 믿음으로 행하고 보는 것으로 행하지 아니함이로라

268. (히 12:29) 우리 하나님은 소멸하는 불이심이라

269. (벧후 3:13) 우리는 그의 약속대로 의가 있는 곳인 새 하늘과 새 땅을 바라보도다

270. (계 1:8) 나는 알파와 오메가라 이제도 있고 전에도 있었고 장차 올 자요 전능한 자라

271. (계 2:4) 그러나 너를 책망할 것이 있나니 너의 처음 사랑을 버렸느니라

272. (계 7:10) 구원하심이 보좌에 앉으신 우리 하나님과 어린 양에게 있도다

273. (계 19:1) 할렐루야 구원과 영광과 능력이 우리 하나님께 있도다

274. (계 22:20) 내가 진실로 속히 오리라 하시거늘 아멘 주 예수여 오시옵소서

275. (계 22:21) 주 예수의 은혜가 모든 자들에게 있을지어다

276. (사 2:3) 오라 우리가 여호와의 산에 오르며 야곱의 하나님의 전에 이르자

277. (사 12:3) 그러므로 너희가 기쁨으로 구원의 우물들에서 물을 길으리로다

278. (사 40:8) 풀은 마르고 꽃은 시드나 우리 하나님의 말씀은 영원히 서리라 하라

279. (사 40:5) 여호와의 영광이 나타나고 모든 육체가 그것을 함께 보리라

280. (사 45:5) 나는 여호와라 나 외에 다른 이가 없나니 나 밖에 신이 없느니라

281. (렘 1:9) 내가 내 말을 네 입에 두었노라

282. (출 20:12) 부모를 공경하라

283. (렘 29:13) 너희가 온 마음으로 나를 구하면 나를 찾을 것이요 나를 만나리라

284. (애 3:23) 이것들이 아침마다 새로우니 주의 성실하심이 크시도소이다

285. (욜 2:32) 누구든지 여호와의 이름을 부르는 자는 구원을 얻으리니

286. (암 5:24) 오직 정의를 물 같이, 공의를 마르지 않는 강 같이 흐르게 할지어다

287. (학 2:8) 은도 내 것이요 금도 내 것이니라 만군의 여호와의 말이니라

288. (학 2:9) 이 성전의 나중 영광이 이전 영광보다 크리라

289. (출 20:14) 간음하지 말라

290. (슥 14:20) 그 날에는 말 방울에까지 여호와께 성결이라 기록될 것이라

291. (마 3:17) 이는 내 사랑하는 아들이요 내 기뻐하는 자라

292. (마 27:46) 엘리 엘리 라마 사박다니

293. (마 28:17) 예수를 뵈옵고 경배하나 아직도 의심하는 사람들이 있더라

294. (눅 4:24) 선지자가 고향에서는 환영을 받는 자가 없느니라

295. (눅 4:35) 잠잠하고 그 사람에게서 나오라

296. (눅 5:28) 그가 모든 것을 버리고 일어나 따르니라

297. (눅 7:14) 예수께서 이르시되 청년아 내가 네게 말하노니 일어나라 하시매

298. (눅 7:13) 주께서 과부를 보시고 불쌍히 여기사 울지 말라 하시고

299. (출 20:15) 도둑질하지 말라

300. (창 2:1) 천지와 만물이 다 이루어 지니라

301. (창 2:2) 일곱째 날에 안식하니라

302. (창 2:20) 이는 내 뼈 중에 뼈요 살 중에 살이라

303 (출 20:13) 살인하지 말라

304 (창 7:12) 사십 주야를 비가 땅에 쏟아졌더라

305 (창 18:14) 여호와께 능하지 못한 일이 있겠느냐

306. (창 19:26) 롯의 아내는 뒤를 돌아보았으므로 소금기둥이 되었더라

307. (창 22:14) 여호와이레(여호와의 산에서 준비되리라)

308. (창 25:7) 아브라함의 향년이 백칠십오세라

309. (출 20:16) 네 이웃에 대하여 거짓 증거하지 말라

310. (레 17:11) 육체의 생명은 피에 있음이라

311. (민 6:24) 여호와는 네게 복을 주시고 너를 지키시기를 원하며

312. (민 14:8) 이는 과연 젖과 꿀이 흐리는 땅이니라

313. (신 34:10) 모세는 여호와께서 대면하여 아시던 자요

314. (잠 6:11) 네 빈궁이 강도같이 오며 네 곤핍이 군사같이 이르리라

315. (잠 10:12) 미움은 다툼을 일으켜도 사랑은 모든 허물을 가리느니라

316. (잠 10:27) 여호와를 경외하면 장수하느니라

317. (잠 16:24) 선한 말은 꿀송이 같아서 마음에 달고 뼈에 양약이 되느니라

318. (잠 18:21) 죽고 사는 것이 혀의 힘에 달렸나니

319. (잠 24:34) 네 빈궁이 강도같이 오며 네 곤핍이 군사같이 이르리라

320. (아 2:1) 나는 사론의 수선화요 골짜기의 백합화로다

321. (사 6:8) 내가 여기 있나이다 나를 보내소서

322. (사 7:14) 임마누엘

323. (사 57:21) 내 하나님의 말씀에 악인에게는 평강이 없다 하셨느니라

324. (사 60:22) 그 작은 자가 천 명을 이루겠고 그 약한 자가 강국을 이룰 것이라

325. (렘 29:12) 너희가 내게 부르짖으며 내게 와서 기도하면 내가 너희들의 기도를 들을 것이요

326. (렘 29:13) 너희가 온 마음으로 나를 구하면 나를 찾을 것이요 나를 만나리라

327. (애가 3:23) 이것들이 아침마다 새로우니 주의 성실하심이 크시도소이다

328. (단 5:25) 메네 메네 데겔 우바르신

329. (나훔 1:7) 여호와는 선하시며 환난 날에 산성이시라

330. (합 2:4) 의인은 그의 믿음으로 말미암아 살리라

331. (합 3:2) 여호와여 주는 주의 일을 이 수년 내에 부흥하게 하옵소서

332. (학 2:8) 은도 내 것이요 금도 내 것이니라 만군의 여호와의 말이니라

333. (말 3:12) 너희 땅이 아름다워지므로 모든 이방인들이 너희를 복되다 하리라

334. (마 3:17) 내 사랑하는 아들이요 내 기뻐하는 자라

335. (마 4:17) 회개하라 천국이 가까이 왔느니라

336. (마 6:21) 네 보물 있는 그 곳에는 네 마음도 있느니라

337. (마 8:7) 내가 가서 고쳐 주리라

338. (마 8:13) 가라 네 믿은 대로 될지어다

339. (마 12:8) 인자는 안식일의 주인이니라

340. (마 22:14) 청함을 받은 자는 많되 택함을 입은 자는 적으니라

341. (마 23:11) 너희 중에 큰 자는 너희를 섬기는 자가 되어야 하리라

342. (마 25:13) 그런즉 깨어 있으라 너희는 그 날과 그 때를 알지 못하느니라

343. (마 26:34) 오늘 밤 닭 울기 전에 네가 세 번 나를 부인하리라

344. (마 28:9) 평안하냐

345. (막 2:14) 나를 따르라

346. (막 3:35) 누구든지 하나님의 뜻대로 행하는 자가 내 형제요 자매요 어머니이니라

347. (막 4:39) 잠잠하라 고요하라

348. (막 11:3) 주가 쓰시겠다 하라

349. (막 11:17) 내 집은 만민이 기도하는 집이라

350. (막 13:31) 천지는 없어지겠으나 내 말은 없어지지 아니하리라

351. (막 14:38) 시험에 들지 않게 깨어 있어 기도하라

352. (막 15:37) 예수께서 큰 소리를 지르시고 숨지시니라

353. (눅 5:20) 이 사람아 네 죄 사함을 받았느니라

354. (눅 9:20) 너희는 나를 누구라 하느냐

355. (눅 11:28) 오히려 하나님의 말씀을 듣고 지키는 자가 복이 있느니라

356. (눅 19:10) 인자가 온 것은 잃어버린 자를 찾아 구원하려 함이니라

357. (눅 21:19) 너희의 인내로 너희 영혼을 얻으리라

358. (눅 22:46) 시험에 들지 않게 일어나 기도하라

359. (눅 23:43) 오늘 네가 나와 함께 낙원에 있으리라

360. (요 3:15) 이는 그를 믿는 자마다 영생을 얻게 하려 하심이니라

361. (요 3:14) 모세가 광야에서 뱀을 든 것 같이 인자도 들려야 하리니

362. (요 7:38) 나를 믿는 자는 성경에 이름과 같이 그 배에서 생수의 강이 흘러나오리라

363. (히 12:29) 우리 하나님은 소멸하는 불이심이라

364. (히 10:24) 서로 돌아보아 사랑과 선행을 격려하며

365. (히 4:15) 모든 일에 우리와 똑같이 시험을 받으신 이로되 죄는 없으시니라

366. (살전 5:19) 성령을 소멸하지 말며

367. (엡 5:21) 그리스도를 경외함으로 피차 복종하라

368. (고전 6:17) 주와 합하는 자는 한 영이니라

369. (롬 10:17) 그러므로 믿음은 들음에서 나며 들음은 그리스도의 말씀으로 말미암
았느니라

370. (행 9:4) 사울아 사울아 네가 어찌하여 나를 박해하느냐

371. (행 2:21) 누구든지 주의 이름을 부르는 자는 구원을 받으리라

372. (요 19:30) 다 이루었다

373. (요 14:14) 내 이름으로 무엇이든지 내게 구하면 내가 행하리라

374. (요 13:35) 주여 어디로 가시나이까

375. (요 11:43) 큰 소리로 나사로야 나오라

376. (요 11:39) 돌을 옮겨 놓으라

377. (요 10:30) 나와 아버지는 하나이니라

378. (요 8:58) 아브라함이 나기 전부터 내가 있느니라

379. (요 8:32) 진리를 알지니 진리가 너희를 자유롭게 하리라

380. (시 3:8) 구원은 여호와께 있사오니 주의 복을 주의 백성에게 내리소서

381. (시 8:9) 여호와 우리 주여 주의 이름이 온 땅에 어찌 그리 아름다운지요

382. (시 18:1) 나의 힘이 되신 여호와여 내가 주를 사랑하나이다

383. (시 24:5) 그는 여호와께 복을 받고 구원의 하나님께 의를 얻으리니

384. (시 37:5) 네 길을 여호와께 맡기라 그를 의지하면 그가 이루시고

385 (시 39:7) 주여 이제 내가 무엇을 바라리요 나의 소망은 주께 있나이다

386. (시 51:17) 하나님이 구하시는 제사는 상한 심령이라

387. (시 71:14) 나는 항상 소망을 품고 주를 더욱더욱 찬송하리이다

388. (시 78:14) 낮에는 구름으로 밤에는 불빛으로 인도하셨으며

389. (시 94:11) 여호와께서는 사람의 생각이 허무함을 아시느니라

390. (시119:131) 내가 주의 계명들을 사모하므로 내가 입을 열고 헐떡였나이다

391. (시 121:1) 내가 산을 향하여 눈을 들리라 주의 도움이 어디서 올까

392. (시 121:2) 나의 도움은 천지를 지으신 여호와에게서로다

393. (시 124:8) 우리의 도움은 천지를 지으신 여호와의 이름에 있도다

394. (삼상 16:7) 사람은 외모를 보거니와 나 여호와는 중심을 보느니라

395. (삼상 14:6) 여호와의 구원은 사람이 많고 적음에 달리지 아니하였느니라

396. (삼상 7:12) 여호와께서 여기까지 우리를 도우셨다

397. (삼상 7:12) 에벤에셀

398. (삼상 3:10) 말씀하옵소서 주의 종이 듣겠나이다

399. (삼상 3:10) 사무엘아 사무엘아

400. (수 6:16) 외치라 여호와께서 너희에게 이 성을 주셨느니라

7장 · 필수중요 성경암송

7장

필수중요 성경암송

1. 필수 성경암송 구절

필수 성경구절 암송은 한국교회와 선교단체 등에서 공통적으로 많이 애용하고 있는 성경구절입니다.

필수성경구절은 내용과 더불어 핵심주제를 표시하였습니다. 성경암송은 각 개인에 따라 편리하게 암송하면 되고 다만 이 책에서는 성경 31, 173구절 중 보다 중요하다고 생각하는 성경구절에 대해 선택해서 수록해 놓은 것입니다. 이를 바탕으로 계속해서 성경을 사랑하고 연구하고 암송해 나가시기 바랍니다.

□ 기도

(빌 4:6) 아무 것도 염려하지 말고 다만 모든 일에 기도와 간구로, 너희 구할 것을 감사함으로 하나님께 아뢰라

(빌 4:7) 그리하면 모든 지각에 뛰어난 하나님의 평강이 그리스도 예수 안에서 너희 마음과 생각을 지키시리라

(요 15:7) 너희가 내 안에 거하고 내 말이 너희 안에 거하면 무엇이든지 원하는 대로 구하라 그리하면 이루리라

□ 교제

(마 18:20) 두세 사람이 내 이름으로 모인 곳에는 나도 그들 중에 있느니라
(히 10:24) 서로 돌아보아 사랑과 선행을 격려하며
(히 10:25) 모이기를 폐하는 어떤 사람들의 습관과 같이 하지 말고 오직 권하여 그 날이
　　　　　가까움을 볼수록 더욱 그리하자

□ 증거

(마 4:19) 말씀하시되 나를 따라오라 내가 너희를 사람을 낚는 어부가 되게 하리라 하시니
(롬 1:16) 내가 복음을 부끄러워하지 아니하노니 이 복음은 모든 믿는 자에게 구원을
　　　　　주시는 하나님의 능력이 됨이라 먼저는 유대인에게요 그리고 헬라인에게로다

□ 모든 사람 죄범함

(롬 3:23) 모든 사람이 죄를 범하였으매 하나님의 영광에 이르지 못하더니
(사 53:6) 우리는 다 양 같아서 그릇 행하여 각기 제 길로 갔거늘 여호와께서는 우리 모두
　　　　　의 죄악을 그에게 담당시키셨도다

□ 죄의 형벌

(롬 6:23) 죄의 삯은 사망이요 하나님의 은사는 그리스도 예수 우리 주 안에 있는 영생이니라

□ 말씀

(수 1:8) 이 율법책을 네 입에서 떠나지 말게 하며 주야로 그것을 묵상하여 그 안에 기록
된 대로 다 지켜 행하라 그리하면 네 길이 평탄하게 될 것이며 네가 형통하리라
(딤후 3:16) 모든 성경은 하나님의 감동으로 된 것으로 교훈과 책망과 바르게 함과 의로
교육하기에 유익하니

□ 그리스도께 순종

(요 14:21) 나의 계명을 지키는 자라야 나를 사랑하는 자니 나를 사랑하는 자는 내 아버
지께 사랑을 받을 것이요 나도 그를 사랑하여 그에게 나를 나타내리라
(롬 12:1) 그러므로 형제들아 내가 하나님의 모든 자비하심으로 너희를 권하노니 너희 몸을
하나님이 기뻐하시는 거룩한 산 제물로 드리라 이는 너희가 드릴 영적 예배니라

□ 중심되신 그리스도

(갈 2:20) 내가 그리스도와 함께 십자가에 못 박혔나니 그런즉 이제는 내가 사는 것이 아
니요 오직 내 안에 그리스도께서 사시는 것이라 이제 내가 육체 가운데 사는 것
은 나를 사랑하사 나를 위하여 자기 자신을 버리신 하나님의 아들을 믿는 믿음
안에서 사는 것이라
(고후 5:17) 그런즉 누구든지 그리스도 안에 있으면 새로운 피조물이라 이전 것은 지나
갔으니 보라 새 것이 되었도다

□ 선행

(마 5:16) 이같이 너희 빛이 사람 앞에 비치게 하여 그들로 너희 착한 행실을 보고 하늘에
　　　　 계신 너희 아버지께 영광을 돌리게 하라
(갈 6:9) 우리가 선을 행하되 낙심하지 말지니 포기하지 아니하면 때가 이르매 거두리라
(갈 6:10) 그러므로 우리는 기회 있는 대로 모든 이에게 착한 일을 하되 더욱 믿음의 가
　　　　 정들에게 할지니라

□ 믿음

(롬 4:20) 믿음이 없어 하나님의 약속을 의심하지 않고 믿음으로 견고하여져서 하나님
　　　　 께 영광을 돌리며
(롬 4:21) 약속하신 그것을 또한 능히 이루실 줄을 확신하였으니
(히 11:6) 믿음이 없이는 하나님을 기쁘시게 하지 못하나니 하나님께 나아가는 자는 반
　　　　 드시 그가 계신 것과 또한 그가 자기를 찾는 자들에게 상 주시는 이심을 믿어
　　　　 야 할지니라

□ 사랑

(요 13:34) 새 계명을 너희에게 주노니 서로 사랑하라 내가 너희를 사랑한 것 같이 너희
　　　　 도 서로 사랑하라
(요 13:35) 너희가 서로 사랑하면 이로써 모든 사람이 너희가 내 제자인 줄 알리라
(요일 3:18) 자녀들아 우리가 말과 혀로만 사랑하지 말고 행함과 진실함으로 하자

□ 겸손

(빌 2:3) 아무 일에든지 다툼이나 허영으로 하지 말고 오직 겸손한 마음으로 각각 자기보
　　　　다 남을 낫게 여기고
(빌 2:4) 각각 자기 일을 돌볼뿐더러 또한 각각 다른 사람들의 일을 돌보아 나의 기쁨을
　　　　충만하게 하라
(벧전 5:5) 젊은 자들아 이와 같이 장로들에게 순종하고 다 서로 겸손으로 허리를 동이라
　　　　하나님은 교만한 자를 대적하시되 겸손한 자들에게는 은혜를 주시느니라
(벧전 5:6) 그러므로 하나님의 능하신 손 아래에서 겸손하라 때가 되면 너희를 높이시
　　　　리라

□ 순결

(엡 5:3) 음행과 온갖 더러운 것과 탐욕은 너희 중에서 그 이름조차도 부르지 말라 이는
　　　　성도에게 마땅한 바니라
(벧전 2:11) 사랑하는 자들아 거류민과 나그네 같은 너희를 권하노니 영혼을 거슬러 싸
　　　　우는 육체의 정욕을 제어하라

□ 정직

(레 19:11) 너희는 도둑질하지 말며 속이지 말며 서로 거짓말하지 말며
(행 24:16) 이것으로 말미암아 나도 하나님과 사람에 대하여 항상 양심에 거리낌이 없
　　　　기를 힘쓰나이다

□ 죄의 형벌

(히 9:27) 한번 죽는 것은 사람에게 정해진 것이요 그 후에는 심판이 있으리니

□ 그리스도가 형벌받음

(롬 5:8) 우리가 아직 죄인 되었을 때에 그리스도께서 우리를 위하여 죽으심으로 하나님
　　　　께서 우리에 대한 자기의 사랑을 확증하셨느니라
(벧전 3:18) 그리스도께서도 단번에 죄를 위하여 죽으사 의인으로서 불의한 자를 대신하
　　　　셨으니 이는 우리를 하나님 앞으로 인도하려 하심이라 육체로는 죽임을 당하시
　　　　고 영으로는 살리심을 받으셨으니

□ 선행으로 구원받지 못함

(엡 2:8) 너희는 그 은혜에 의하여 믿음으로 말미암아 구원을 받았으니 이것은 너희에게
　　　　서 난 것이 아니요 하나님의 선물이라
(엡 2:9) 행위에서 난 것이 아니니 이는 누구든지 자랑하지 못하게 함이라
(딛 3:5) 우리를 구원하시되 우리가 행한 바 의로운 행위로 말미암지 아니하고 오직 그의
　　　　긍휼하심을 따라 중생의 씻음과 성령의 새롭게 하심으로 하셨나니

□ 그리스도를 영접

(요 1:12) 영접하는 자 곧 그 이름을 믿는 자들에게는 하나님의 자녀가 되는 권세를 주
　　　　셨으니
(계 3:20) 볼지어다 내가 문 밖에 서서 두드리노니 누구든지 내 음성을 듣고 문을 열면 내

가 그에게로 들어가 그와 더불어 먹고 그는 나와 더불어 먹으리라

□ 구원의 확신

(요일 5:13) 내가 하나님의 아들의 이름을 믿는 너희에게 이것을 쓰는 것은 너희로 하여
　　　　금 너희에게 영생이 있음을 알게 하려 함이라
(요 5:24) 내가 진실로 진실로 너희에게 이르노니 내 말을 듣고 또 나 보내신 이를 믿는
　　　　자는 영생을 얻었고 심판에 이르지 아니하나니 사망에서 생명으로 옮겼느니라

□ 성령

(고전 3:16) 너희는 너희가 하나님의 성전인 것과 하나님의 성령이 너희 안에 계시는 것
　　　　을 알지 못하느냐
(고전 2:12) 우리가 세상의 영을 받지 아니하고 오직 하나님으로부터 온 영을 받았으니
　　　　이는 우리로 하여금 하나님께서 우리에게 은혜로 주신 것들을 알게 하려 하심
　　　　이라

□ 능력

(사 41:10) 두려워하지 말라 내가 너와 함께 함이라 놀라지 말라 나는 네 하나님이 됨이
　　　　라 내가 너를 굳세게 하리라 참으로 너를 도와 주리라 참으로 나의 의로운 오른
　　　　손으로 너를 붙들리라
(빌 4:13) 내게 능력 주시는 자 안에서 내가 모든 것을 할 수 있느니라

□ 성실

(애 3:22) 여호와의 인자와 긍휼이 무궁하시므로 우리가 진멸되지 아니함이니이다

(애 3:23) 이것들이 아침마다 새로우니 주의 성실하심이 크시도소이다

(민 23:19) 하나님은 사람이 아니시니 거짓말을 하지 않으시고 인생이 아니시니 후회가
　　　　　 없으시도다 어찌 그 말씀하신 바를 행하지 않으시며 하신 말씀을 실행하지 않
　　　　　 으시랴

□ 평안

(사 26:3) 주께서 심지가 견고한 자를 평강하고 평강하도록 지키시리니 이는 그가 주를
　　　　　 신뢰함이니이다

(벧전 5:7) 너희 염려를 다 주께 맡기라 이는 그가 너희를 돌보심이라

□ 공급

(롬 8:32) 자기 아들을 아끼지 아니하시고 우리 모든 사람을 위하여 내주신 이가 어찌 그
　　　　　 아들과 함께 모든 것을 우리에게 주시지 아니하겠느냐

(빌 4:19) 나의 하나님이 그리스도 예수 안에서 영광 가운데 그 풍성한 대로 너희 모든
　　　　　 쓸 것을 채우시리라

□ 유혹에서 도우심

(히 2:18) 그가 시험을 받아 고난을 당하셨은즉 시험 받는 자들을 능히 도우실 수 있느
　　　　　 니라

(시 119:9) 청년이 무엇으로 그의 행실을 깨끗하게 하리이까 주의 말씀만 지킬 따름이
니이다
(시 119:11) 내가 주께 범죄하지 아니하려 하여 주의 말씀을 내 마음에 두었나이다

□ 그리스도를 첫 자리 모심

(마 6:33) 그런즉 너희는 먼저 그의 나라와 그의 의를 구하라 그리하면 이 모든 것을 너
희에게 더하시리라
(눅 9:23) 또 무리에게 이르시되 아무든지 나를 따라오려거든 자기를 부인하고 날마다 제
십자가를 지고 나를 따를 것이니라

□ 죄에서 떠남

(요일 2:15) 이 세상이나 세상에 있는 것들을 사랑하지 말라 누구든지 세상을 사랑하면
아버지의 사랑이 그 안에 있지 아니하니
(롬 12:2) 너희는 이 세대를 본받지 말고 오직 마음을 새롭게 함으로 변화를 받아 하나님
의 선하시고 기뻐하시고 온전하신 뜻이 무엇인지 분별하도록 하라

□ 견고함

(고전 15:58) 그러므로 내 사랑하는 형제들아 견실하며 흔들리지 말고 항상 주의 일에
더욱 힘쓰는 자들이 되라 이는 너희 수고가 주 안에서 헛되지 않은 줄 앎이라
(히 12:3) 너희가 피곤하여 낙심하지 않기 위하여 죄인들이 이같이 자기에게 거역한 일
을 참으신 이를 생각하라

□ 섬김

(막 10:45) 인자가 온 것은 섬김을 받으려 함이 아니라 도리어 섬기려 하고 자기 목숨을
　　　　　많은 사람의 대속물로 주려 함이니라
(고후 4:5) 우리는 우리를 전파하는 것이 아니라 오직 그리스도 예수의 주 되신 것과 또
　　　　　예수를 위하여 우리가 너희의 종 된 것을 전파함이라

□ 후히 드릴 것

(잠 3:9) 네 재물과 네 소산물의 처음 익은 열매로 여호와를 공경하라
(잠 3:10) 그리하면 네 창고가 가득히 차고 네 포도즙 틀에 새 포도즙이 넘치리라
(고후 9:6) 이것이 곧 적게 심는 자는 적게 거두고 많이 심는 자는 많이 거둔다 하는 말
　　　　　이로다
(고후 9:7) 각각 그 마음에 정한 대로 할 것이요 인색함으로나 억지로 하지 말지니 하나
　　　　　님은 즐겨 내는 자를 사랑하시느니라

□ 세계선교

(행 1:8) 오직 성령이 너희에게 임하시면 너희가 권능을 받고 예루살렘과 온 유대와 사마
　　　　　리아와 땅 끝까지 이르러 내 증인이 되리라 하시니라
(마 28:19) 그러므로 너희는 가서 모든 민족을 제자로 삼아 아버지와 아들과 성령의 이름
　　　　　으로 세례를 베풀고 제자들에게 할 일을 분부하시다
(마 28:20) 내가 너희에게 분부한 모든 것을 가르쳐 지키게 하라 볼지어다 내가 세상 끝
　　　　　날까지 너희와 항상 함께 있으리라 하시니라

2. 영어 성경암송

영어성경암송은 NIV성경을 기초로 해서 가장 중요한 성경구절을 엄선해 놓았습니다.

이 장에서는 영어암송 300구절을 수록해 놓았으며 독자들이 필요시 NIV성경을 활용하여 계속해서 영어성경암송을 해 나가시면 되겠습니다. 성경암송은 얼마든지 응용과 적용을 할 수가 있습니다.

외국어 학습의 천재로 불리우는 독일의 고고학자 하인리히 슐리만(Heinrich Schliemann)은 외국어를 습득할 때 문장을 통으로 암송하는 방법으로, 무려 15개 국어를 완전히 자기 것으로 만들었습니다.

그는 항상 책을 가지고 다니며 문장을 암송한 결과 6개월만에 영어를 마스터하고, 그 다음 6개월 만에 같은 방법으로 프랑스어를 마스터했습니다. 그런 암송방법으로 기억력이 강화되자 네덜란드어, 스페인어, 이탈리아어, 포르투갈어를 마스터하는데 6주 이상이 걸리지 않았다는 것입니다.

성경 암송을 통해서 영어 성경암송 뿐만 아니라 중국어 성경암송도 각 나라별 성경암송도 얼마든지 가능할 수 있습니다.

필자는 영어설교를 할 기회가 있을 것 같아서 한글과 영어 성경암송을 병행해서 성경암송을 하고 있습니다.

영어 실력이 영어 성경암송을 통해서 많은 도움을 주게 될 것입니다. 영어성경암송을 통해 영어실력에 관심있는 독자들에게 큰 도움이 되시기 바랍니다.

■ 영어 성경암송

1. 창 1:1

In the beginning God created the heavens and the earth.

(태초에 하나님이 천지를 창조하시니라)

2. 창 1:3

And God said, "Let there be light," and there was light.

(하나님이 이르시되 빛이 있으라 하시니 빛이 있었고)

3. 요 1:1

In the beginning was the Word, and the Word was with God, and the Word
was God.

(태초에 말씀이 계시니라 이 말씀이 하나님과 함께 계셨으니 이 말씀은 곧 하나님이시니라)

4. 요 1:2

He was with God in the beginning.

(그가 태초에 하나님과 함께 계셨고)

5. 요 1:4

In him was life, and that life was the light of men.

(그 안에 생명이 있었으니 이 생명은 사람들의 빛이라)

6. 요 1:18

No one has ever seen God, but God the One and Only,who is at the Father's side, has made him known.

(본래 하나님을 본 사람이 없으되 아버지 품 속에 있는 독생하신 하나님이 나타내셨느니라)

7. 요 1:36

When he saw Jesus passing by, he said, "Look, the Lamb of God!"

(예수께서 거니심을 보고 말하되 보라 하나님의 어린 양이로다)

8. 요 3:6

Flesh gives birth to flesh, but the Spirit gives birth to spirit.

(육으로 난 것은 육이요 영으로 난 것은 영이니)

9. 요 3:3

In reply Jesus declared, "I tell you the truth, no one can see the kingdom of God unless he is born again."

(예수께서 대답하여 이르시되 진실로 진실로 네게 이르노니 사람이 거듭나지 아니하면 하나님의 나라를 볼 수 없느니라)

10. 요 3:5

Jesus answered, "I tell you the truth, no one can enter the kingdom of God unless he is born of water and the Spirit.

(예수께서 대답하시되 진실로 진실로 네게 이르노니 사람이 물과 성령으로 나지 아니하면 하나님의 나라에 들어갈 수 없느니라)

11. 요 3:16

For God so loved the world that he gave his one and only Son, that whoever believes in him shall not perish but have eternal life.

(하나님이 세상을 이처럼 사랑하사 독생자를 주셨으니 이는 그를 믿는 자마다 멸망하지 않고 영생을 얻게 하려 하심이라)

12. 요 4:24

God is spirit, and his worshipers must worship in spirit and in truth.

(하나님은 영이시니 예배하는 자가 영과 진리로 예배할지니라)

13. 갈 6:9

Let us not become weary in doing good, for at the proper time we will reap a harvest if we do not give up.

(우리가 선을 행하되 낙심하지 말지니 포기하지 아니하면 때가 이르매 거두리라)

14. 살전 5:16

Be joyful always

(항상 기뻐하라)

15. 살전 5:17

pray continually

(쉬지 말고 기도하라)

16. 살전 5:18

give thanks in all circumstances, for this is God's will for you in Christ Jesus.

(범사에 감사하라 이것이 그리스도 예수 안에서 너희를 향하신 하나님의 뜻이니라)

17. 마 4:17
Repent, for the kingdom of heaven is near
(이 때부터 예수께서 비로소 전파하여 이르시되 회개하라 천국이 가까이 왔느니라
하시더라)

18. 마 5:3
"Blessed are the poor in spirit, for theirs is the kingdom of heaven.
(심령이 가난한 자는 복이 있나니 천국이 그들의 것임이요)

19. 마 6:21
For where your treasure is, there your heart will be also.
(네 보물 있는 그 곳에는 네 마음도 있느니라)

20. 마 8:7
Jesus said to him, "I will go and heal him."
(이르시되 내가 가서 고쳐 주리라)

21. 마 8:13
Then Jesus said to the centurion, "Go! It will be done just as you believed it
would." And his servant was healed at that very hour.
(예수께서 백부장에게 이르시되 가라 네 믿은 대로 될지어다 하시니 그 즉시 하인이
나으니라)

22. 마 9:37

Then he said to his disciples, "The harvest is plentiful but the workers are few.

(이에 제자들에게 이르시되 추수할 것은 많되 일꾼이 적으니)

23. 마 12:8

For the Son of Man is Lord of the Sabbath."

(인자는 안식일의 주인이니라 하시니라)

24. 마 12:34

For out of the overflow of the heart the mouth speaks.

(이는 마음에 가득한 것을 입으로 말함이라)

25. 마 10:8

Freely you have received, freely give.

(너희가 거저 받았으니 거저 주라)

26. 마 14:27

But Jesus immediately said to them: "Take courage! It is I. Don't be afraid.

(예수께서 즉시 이르시되 안심하라 나니 두려워하지 말라)

27. 마 15:8

These people honor me with their lips, but their hearts are far from me.

(이 백성이 입술로는 나를 공경하되 마음은 내게서 멀도다)

28. 마 18:20

For where two or three come together in my name, there am I with them.

(두세 사람이 내 이름으로 모인 곳에는 나도 그들 중에 있느니라)

29. 마 21:13

My house will be called a house of prayer

(내 집은 기도하는 집이라 일컬음을 받으리라)

30. 마 24:13

but he who stands firm to the end will be saved.

(그러나 끝까지 견디는 자는 구원을 얻으리라)

31. 막 10:27

Jesus looked at them and said, "With man this is impossible, but not with God; all things are possible with God.

(예수께서 그들을 보시며 이르시되 사람으로는 할 수 없으되 하나님으로는 그렇지 아니하니 하나님으로서는 다 하실 수 있느니라)

32. 막 10:31

But many who are first will be last, and the last first.

(그러나 먼저 된 자로서 나중 되고 나중 된 자로서 먼저 될 자가 많으니라)

33. 막 1:11

And a voice came from heaven: You are my Son, whom I love; with you I am well pleased.

(하늘로부터 소리가 나기를 너는 내 사랑하는 아들이라 내가 너를 기뻐하노라 하시니라)

34. 막 2:28

So the Son of Man is Lord even of the Sabbath.
(이러므로 인자는 안식일에도 주인이니라)

35. 시 1:1

Blessed is the man who does not walk in the counsel of the wicked or stand in the way of sinners or sit in the seat of mockers.
(복 있는 사람은 악인들의 꾀를 따르지 아니하며 죄인들의 길에 서지 아니하며 오만한 자들의 자리에 앉지 아니하고)

36. 시 1:2

But his delight is in the law of the LORD, and on his law he meditates day and night.
(오직 여호와의 율법을 즐거워하여 그의 율법을 주야로 묵상하는도다)

37. 시 1:3

He is like a tree planted by streams of water, which yields its fruit in season and whose leaf does not wither. Whatever he does prospers.
(그는 시냇가에 심은 나무가 철을 따라 열매를 맺으며 그 잎사귀가 마르지 아니함 같으니 그가 하는 모든 일이 다 형통하리로다)

38. 시1:4

Not so the wicked! They are like chaff that the wind blows away.

(악인들은 그렇지 아니함이여 오직 바람에 나는 겨와 같도다)

39. 시 1:5

Therefore the wicked will not stand in the judgment, nor sinners in the assembly of the righteous.
(그러므로 악인들은 심판을 견디지 못하며 죄인들이 의인들의 모임에 들지 못하리로다)

40. 시 1:6

For the LORD watches over the way of the righteous, but the way of the wicked will perish.
(무릇 의인들의 길은 여호와께서 인정하시나 악인들의 길은 망하리로다)

41. 약 5:15

And the prayer offered in faith will make the sick person well; the Lord will raise him up. If he has sinned, he will be forgiven.
(믿음의 기도는 병든 자를 구원하리니 주께서 그를 일으키시리라 혹시 죄를 범하였을 지라도 사하심을 받으리라)

42. 약 5:17

Elijah was a man just like us. He prayed earnestly that it would not rain, and it did not rain on the land for three and a half years.
(엘리야는 우리와 성정이 같은 사람이로되 그가 비가 오지 않기를 간절히 기도한즉 삼 년 육 개월 동안 땅에 비가 오지 아니하고)

43. 약 5:18

Again he prayed, and the heavens gave rain, and the earth produced its crops.

(다시 기도하니 하늘이 비를 주고 땅이 열매를 맺었느니라)

44. 계 1:3

Blessed is the one who reads the words of this prophecy, and blessed are those who hear it and take to heart what is written in it, because the time is near.

(이 예언의 말씀을 읽는 자와 듣는 자와 그 가운데에 기록한 것을 지키는 자는 복이 있나니 때가 가까움이라)

45. 계 1:8

"I am the Alpha and the Omega," says the Lord God, "who is, and who was, and who is to come, the Almighty.

(주 하나님이 이르시되 나는 알파와 오메가라 이제도 있고 전에도 있었고 장차 올 자요 전능한 자라 하시더라)

46. 계 2:4

Yet I hold this against you: You have forsaken your first love.

(그러나 너를 책망할 것이 있나니 너의 처음 사랑을 버렸느니라)

47 계 2:10

Do not be afraid of what you are about to suffer. I tell you, the devil will put some of you in prison to test you, and you will suffer persecution for ten days. Be faithful, even to the point of death, and I will give you the crown of life.

(너는 장차 받을 고난을 두려워하지 말라 볼지어다 마귀가 장차 너희 가운데에서 몇 사람을 옥에 던져 시험을 받게 하리니 너희가 십 일 동안 환난을 받으리라 네가 죽도록 충성하라 그리하면 내가 생명의 관을 네게 주리라)

48. 계 3:20

Here I am! I stand at the door and knock. If anyone hears my voice and opens the door, I will come in and eat with him, and he with me.

(볼지어다 내가 문 밖에 서서 두드리노니 누구든지 내 음성을 듣고 문을 열면 내가 그에게로 들어가 그와 더불어 먹고 그는 나와 더불어 먹으리라)

49. 계 6:12

I watched as he opened the sixth seal. There was a great earthquake. The sun turned black like sackcloth made of goat hair, the whole moon turned blood red

(내가 보니 여섯째 인을 떼실 때에 큰 지진이 나며 해가 검은 털로 짠 상복 같이 검어지고 달은 온통 피 같이 되며)

50. 계 7:10

And they cried out in a loud voice: "Salvation belongs to our God, who sits on the throne, and to the Lamb."

(큰 소리로 외쳐 이르되 구원하심이 보좌에 앉으신 우리 하나님과 어린 양에게 있도다 하니)

51. 계 8:4

The smoke of the incense, together with the prayers of the saints, went up
before God from the angel's hand.
(향연이 성도의 기도와 함께 천사의 손으로부터 하나님 앞으로 올라가는지라)

52. 계 13:17
so that no one could buy or sell unless he had the mark, which is the name
of the beast or the number of his name.
(누구든지 이 표를 가진 자 외에는 매매를 못하게 하니 이 표는 곧 짐승의 이름이나 그
이름의 수라)

53. 계 13:18
This calls for wisdom. If anyone has insight, let him calculate the number of
the beast, for it is man's number. His number is 666.
(지혜가 여기 있으니 총명한 자는 그 짐승의 수를 세어 보라 그것은 사람의 수니 그의
수는 육백육십육이니라)

54. 계 14:11
And the smoke of their torment rises for ever and ever. There is no rest day
or night for those who worship the beast and his image, or for anyone who
receives the mark of his name.
(그 고난의 연기가 세세토록 올라가리로다 짐승과 그의 우상에게 경배하고 그의 이름
표를 받는 자는 누구든지 밤낮 쉼을 얻지 못하리라 하더라)

55. 계 14:12
This calls for patient endurance on the part of the saints who obey God's

commandments and remain faithful to Jesus.
(성도들의 인내가 여기 있나니 그들은 하나님의 계명과 예수에 대한 믿음을 지키는 자니라)

56. 계 20:6
Blessed and holy are those who have part in the first resurrection. The second death has no power over them, but they will be priests of God and of Christ and will reign with him for a thousand years.
(이 첫째 부활에 참여하는 자들은 복이 있고 거룩하도다 둘째 사망이 그들을 다스리는 권세가 없고 도리어 그들이 하나님과 그리스도의 제사장이 되어 천 년 동안 그리스도와 더불어 왕 노릇 하리라)

57. 계 20:12
And I saw the dead, great and small, standing before the throne, and books were opened. Another book was opened, which is the book of life. The dead were judged according to what they had done as recorded in the books.
(또 내가 보니 죽은 자들이 큰 자나 작은 자나 그 보좌 앞에 서 있는데 책들이 펴 있고 또 다른 책이 펴졌으니 곧 생명책이라 죽은 자들이 자기 행위를 따라 책들에 기록된 대로 심판을 받으니)

58. 계 20:15
If anyone's name was not found written in the book of life, he was thrown into the lake of fire.
(누구든지 생명책에 기록되지 못한 자는 불못에 던져지더라)

59. 계 21:1

hen I saw a new heaven and a new earth, for the first heaven and the first earth had passed away, and there was no longer any sea.

(또 내가 새 하늘과 새 땅을 보니 처음 하늘과 처음 땅이 없어졌고 바다도 다시 있지 않더라)

60. 계 21:2

I saw the Holy City, the new Jerusalem, coming down out of heaven from God, prepared as a bride beautifully dressed for her husband.

(또 내가 보매 거룩한 성 새 예루살렘이 하나님께로부터 하늘에서 내려오니 그 준비한 것이 신부가 남편을 위하여 단장한 것 같더라)

61. 계 21:3

And I heard a loud voice from the throne saying, "Now the dwelling of God is with men, and he will live with them. They will be his people, and God himself will be with them and be their God.

(내가 들으니 보좌에서 큰 음성이 나서 이르되 보라 하나님의 장막이 사람들과 함께 있으매 하나님이 그들과 함께 계시리니 그들은 하나님의 백성이 되고 하나님은 친히 그들과 함께 계셔서)

62. 계 21:4

He will wipe every tear from their eyes. There will be no more death or mourning or crying or pain, for the old order of things has passed away.

(모든 눈물을 그 눈에서 닦아 주시니 다시는 사망이 없고 애통하는 것이나 곡하는 것이나 아픈 것이 다시 있지 아니하리니 처음 것들이 다 지나갔음이러라)

63. 계 21:8

But the cowardly, the unbelieving, the vile, the murderers, the sexually immoral, those who practice magic arts, the idolaters and all liars--their place will be in the fiery lake of burning sulfur. This is the second death.

(그러나 두려워하는 자들과 믿지 아니하는 자들과 흉악한 자들과 살인자들과 음행하는 자들과 점술가들과 우상 숭배자들과 거짓말하는 모든 자들은 불과 유황으로 타는 못에 던져지리니 이것이 둘째 사망이라)

64. 계 22:7

"Behold, I am coming soon! Blessed is he who keeps the words of the prophecy in this book.

(보라 내가 속히 오리니 이 두루마리의 예언의 말씀을 지키는 자는 복이 있으리라 하더라)

65. 계 22:13

I am the Alpha and the Omega, the First and the Last, the Beginning and the End.

(나는 알파와 오메가요 처음과 마지막이요 시작과 마침이라)

66. 계 22:18

I warn everyone who hears the words of the prophecy of this book: If anyone adds anything to them, God will add to him the plagues described in this book.

(내가 이 두루마리의 예언의 말씀을 듣는 모든 사람에게 증언하노니 만일 누구든지 이것들 외에 더하면 하나님이 이 두루마리에 기록된 재앙들을 그에게 더하실 것이요)

67. 계 22:19

And if anyone takes words away from this book of prophecy, God will take away from him his share in the tree of life and in the holy city, which are described in this book.

(만일 누구든지 이 두루마리의 예언의 말씀에서 제하여 버리면 하나님이 이 두루마리에 기록된 생명나무와 및 거룩한 성에 참여함을 제하여 버리시리라)

68. 계 22:20

He who testifies to these things says, "Yes, I am coming soon." Amen. Come, Lord Jesus.

(이것들을 증언하신 이가 이르시되 내가 진실로 속히 오리라 하시거늘 아멘 주 예수여 오시옵소서)

69. 히 2:18

Because he himself suffered when he was tempted, he is able to help those who are being tempted.

(그가 시험을 받아 고난을 당하셨은즉 시험 받는 자들을 능히 도우실 수 있느니라)

70. 히 4:12

For the word of God is living and active. Sharper than any double-edged sword, it penetrates even to dividing soul and spirit, joints and marrow; it judges the thoughts and attitudes of the heart.

(하나님의 말씀은 살아 있고 활력이 있어 좌우에 날선 어떤 검보다도 예리하여 혼과 영과 및 관절과 골수를 찔러 쪼개기까지 하며 또 마음의 생각과 뜻을 판단하나니)

71. 히 4:14

Therefore, since we have a great high priest who has gone through the heavens, Jesus the Son of God, let us hold firmly to the faith we profess.
(그러므로 우리에게 큰 대제사장이 계시니 승천하신 이 곧 하나님의 아들 예수시라 우리가 믿는 도리를 굳게 잡을지어다)

72. 히 5:14

But solid food is for the mature, who by constant use have trained themselves to distinguish good from evil.
(단단한 음식은 장성한 자의 것이니 그들은 지각을 사용함으로 연단을 받아 선악을 분별하는 자들이니라)

73. 히 6:14

saying, "I will surely bless you and give you many descendants.
(이르시되 내가 반드시 너에게 복 주고 복 주며 너를 번성하게 하고 번성하게 하리라 하셨더니)

74. 히 9:12

He did not enter by means of the blood of goats and calves; but he entered the Most Holy Place once for all by his own blood, having obtained eternal redemption.
(염소와 송아지의 피로 하지 아니하고 오직 자기의 피로 영원한 속죄를 이루사 단번에 성소에 들어가셨느니라)

75. 히 9:22

In fact, the law requires that nearly everything be cleansed with blood, and without the shedding of blood there is no forgiveness.

(율법을 따라 거의 모든 물건이 피로써 정결하게 되나니 피흘림이 없은즉 사함이 없느니라)

76. 히 9:27

Just as man is destined to die once, and after that to face judgment

(한번 죽는 것은 사람에게 정해진 것이요 그 후에는 심판이 있으리니)

77. 히 10:19

Therefore, brothers, since we have confidence to enter the Most Holy Place by the blood of Jesus,

(그러므로 형제들아 우리가 예수의 피를 힘입어 성소에 들어갈 담력을 얻었나니)

78. 히 10:20

by a new and living way opened for us through the curtain, that is, his body.

(그 길은 우리를 위하여 휘장 가운데로 열어 놓으신 새로운 살 길이요 휘장은 곧 그의 육체니라)

79. 히 10:25

Let us not give up meeting together, as some are in the habit of doing, but let us encourage one another--and all the more as you see the Day approaching.

(모이기를 폐하는 어떤 사람들의 습관과 같이 하지 말고 오직 권하여 그 날이 가까움을 볼수록 더욱 그리하자)

80. 히 10:38

But my righteous one will live by faith. And if he shrinks back, I will not be pleased with him.

(나의 의인은 믿음으로 말미암아 살리라 또한 뒤로 물러가면 내 마음이 그를 기뻐하지 아니하리라 하셨느니라)

81. 히 10:39

But we are not of those who shrink back and are destroyed, but of those who believe and are saved.

(우리는 뒤로 물러가 멸망할 자가 아니요 오직 영혼을 구원함에 이르는 믿음을 가진 자니라)

82. 히 11:1

Now faith is being sure of what we hope for and certain of what we do not see.

(믿음은 바라는 것들의 실상이요 보이지 않는 것들의 증거니)

83. 히 11:2

This is what the ancients were commended for.

(선진들이 이로써 증거를 얻었느니라)

84. 히 11:3

By faith we understand that the universe was formed at God's command, so that what is seen was not made out of what was visible.

(믿음으로 모든 세계가 하나님의 말씀으로 지어진 줄을 우리가 아나니 보이는 것은

나타난 것으로 말미암아 된 것이 아니니라)

85. 히 13:4

Marriage should be honored by all, and the marriage bed kept pure, for God will judge the adulterer and all the sexually immoral.
(모든 사람은 결혼을 귀히 여기고 침소를 더럽히지 않게 하라 음행하는 자들과 간음하는 자들을 하나님이 심판하시리라)

86. 히 11:6

And without faith it is impossible to please God, because anyone who comes to him must believe that he exists and that he rewards those who earnestly seek him.
(믿음이 없이는 하나님을 기쁘시게 하지 못하나니 하나님께 나아가는 자는 반드시 그가 계신 것과 또한 그가 자기를 찾는 자들에게 상 주시는 이심을 믿어야 할지니라)

87. 히 11:16

Instead, they were longing for a better country--a heavenly one. Therefore God is not ashamed to be called their God, for he has prepared a city for them.
(그들이 이제는 더 나은 본향을 사모하니 곧 하늘에 있는 것이라 이러므로 하나님이 그들의 하나님이라 일컬음 받으심을 부끄러워하지 아니하시고 그들을 위하여 한 성을 예비하셨느니라)

88. 히 11:20

By faith Isaac blessed Jacob and Esau in regard to their future.

(믿음으로 이삭은 장차 있을 일에 대하여 야곱과 에서에게 축복하였으며)

89. 히 12:1

Therefore, since we are surrounded by such a great cloud of witnesses, let
us throw off everything that hinders and the sin that so easily entangles, and
let us run with perseverance the race marked out for us.
(이러므로 우리에게 구름 같이 둘러싼 허다한 증인들이 있으니 모든 무거운 것과
얽매이기 쉬운 죄를 벗어 버리고 인내로써 우리 앞에 당한 경주를 하며)

90. 히 12:2

Let us fix our eyes on Jesus, the author and perfecter of our faith, who for
the joy set before him endured the cross, scorning its shame, and sat down
at the right hand of the throne of God.
(믿음의 주요 또 온전하게 하시는 이인 예수를 바라보자 그는 그 앞에 있는 기쁨을
위하여 십자가를 참으사 부끄러움을 개의치 아니하시더니 하나님 보좌 우편에
앉으셨느니라)

91. 히 12:29

for our "God is a consuming fire."
(우리 하나님은 소멸하는 불이심이라)

92. 히 13:6

So we say with confidence, "The Lord is my helper; I will not be afraid. What
can man do to me?
(그러므로 우리가 담대히 말하되 주는 나를 돕는 이시니 내가 무서워하지 아니하겠노라

사람이 내게 어찌하리요 하노라)

93. 히 13:9

Do not be carried away by all kinds of strange teachings. It is good for our
hearts to be strengthened by grace, not by ceremonial foods, which are of
no value to those who eat them.
(여러 가지 다른 교훈에 끌리지 말라 마음은 은혜로써 굳게 함이 아름답고 음식으로써
할 것이 아니니 음식으로 말미암아 행한 자는 유익을 얻지 못하였느니라)

94. 히 13:15

Through Jesus, therefore, let us continually offer to God a sacrifice of praise
the fruit of lips that confess his name.
(그러므로 우리는 예수로 말미암아 항상 찬송의 제사를 하나님께 드리자 이는 그
이름을 증언하는 입술의 열매니라)

95. 히 13:25

Grace be with you all.
(은혜가 너희 모든 사람에게 있을지어다)

96. 창 1:26

Then God said, "Let us make man in our image, in our likeness, and let them
rule over the fish of the sea and the birds of the air, over the livestock, over
all the earth, and over all the creatures that move along the ground.
(하나님이 이르시되 우리의 형상을 따라 우리의 모양대로 우리가 사람을 만들고
그들로 바다의 물고기와 하늘의 새와 가축과 온 땅과 땅에 기는 모든 것을 다스리게

하자 하시고)

97. 창 1:28

God blessed them and said to them, "Be fruitful and increase in number; fill the earth and subdue it. Rule over the fish of the sea and the birds of the air and over every living creature that moves on the ground.
(하나님이 그들에게 복을 주시며 하나님이 그들에게 이르시되 생육하고 번성하여 땅에 충만하라, 땅을 정복하라, 바다의 물고기와 하늘의 새와 땅에 움직이는 모든 생물을 다스리라 하시니라)

98. 창 1:29

Then God said, "I give you every seed-bearing plant on the face of the whole earth and every tree that has fruit with seed in it. They will be yours for food.
(하나님이 이르시되 내가 온 지면의 씨 맺는 모든 채소와 씨 가진 열매 맺는 모든 나무를 너희에게 주노니 너희의 먹을 거리가 되리라)

99. 창 2:7

the LORD God formed the man from the dust of the ground and breathed into his nostrils the breath of life, and the man became a living being.
(여호와 하나님이 땅의 흙으로 사람을 지으시고 생기를 그 코에 불어넣으시니 사람이 생령이 되니라)

100. 창 2:17

but you must not eat from the tree of the knowledge of good and evil, for when you eat of it you will surely die.

(선악을 알게 하는 나무의 열매는 먹지 말라 네가 먹는 날에는 반드시 죽으리라 하시니라)

101. 창 2:24

For this reason a man will leave his father and mother and be united to his wife, and they will become one flesh.
(이러므로 남자가 부모를 떠나 그의 아내와 합하여 둘이 한 몸을 이룰지로다)

102. 창 6:8

But Noah found favor in the eyes of the LORD.
(그러나 노아는 여호와께 은혜를 입었더라)

103. 창 15:6

Abram believed the LORD, and he credited it to him as righteousness.
(아브람이 여호와를 믿으니 여호와께서 이를 그의 의로 여기시고)

104. 창 26:12

Isaac planted crops in that land and the same year reaped a hundredfold, because the LORD blessed him.
(이삭이 그 땅에서 농사하여 그 해에 백 배나 얻었고 여호와께서 복을 주시므로)

105. 창 28:22

and this stone that I have set up as a pillar will be God's house, and of all that you give me I will give you a tenth.
(내가 기둥으로 세운 이 돌이 하나님의 집이 될 것이요 하나님께서 내게 주신 모든

것에서 십분의 일을 내가 반드시 하나님께 드리겠나이다 하였더라)

106. 창 37:9
Then he had another dream, and he told it to his brothers. "Listen," he said,
"I had another dream, and this time the sun and moon and eleven stars were
bowing down to me.
(요셉이 다시 꿈을 꾸고 그의 형들에게 말하여 이르되 내가 또 꿈을 꾼즉 해와 달과
열한 별이 내게 절하더이다 하니라)

107. 출 2:23
During that long period, the king of Egypt died. The Israelites groaned in their
slavery and cried out, and their cry for help because of their slavery went up
to God.
(여러 해 후에 애굽 왕은 죽었고 이스라엘 자손은 고된 노동으로 말미암아 탄식하며
부르짖으니 그 고된 노동으로 말미암아 부르짖는 소리가 하나님께 상달된지라)

108. 출 3:4
When the LORD saw that he had gone over to look, God called to him from
within the bush, "Moses! Moses!" And Moses said, "Here I am.
(여호와께서 그가 보려고 돌이켜 오는 것을 보신지라 하나님이 떨기나무 가운데서
그를 불러 이르시되 모세야 모세야 하시매 그가 이르되 내가 여기 있나이다)

109. 출 20:3
"You shall have no other gods before me.
(너는 나 외에는 다른 신들을 네게 두지 말라)

110. 출 20:4

"You shall not make for yourself an idol in the form of anything in heaven above or on the earth beneath or in the waters below.
(너를 위하여 새긴 우상을 만들지 말고 또 위로 하늘에 있는 것이나 아래로 땅에 있는 것이나 땅 아래 물 속에 있는 것의 어떤 형상도 만들지 말며)

111. 출 20:5

You shall not bow down to them or worship them; for I, the LORD your God, am a jealous God, punishing the children for the sin of the fathers to the third and fourth generation of those who hate me,
(그것들에게 절하지 말며 그것들을 섬기지 말라 나 네 하나님 여호와는 질투하는 하나님인즉 나를 미워하는 자의 죄를 갚되 아버지로부터 아들에게로 삼사 대까지 이르게 하거니와)

112. 출 20:6

but showing love to a thousand {generations} of those who love me and keep my commandments.
(나를 사랑하고 내 계명을 지키는 자에게는 천 대까지 은혜를 베푸느니라)

113. 출 20:7

"You shall not misuse the name of the LORD your God, for the LORD will not hold anyone guiltless who misuses his name.
(너는 네 하나님 여호와의 이름을 망령되게 부르지 말라 여호와는 그의 이름을 망령되게 부르는 자를 죄 없다 하지 아니하리라)

114. 출 20:8

"Remember the Sabbath day by keeping it holy.

(안식일을 기억하여 거룩하게 지키라)

115. 출 20:9

Six days you shall labor and do all your work,

(엿새 동안은 힘써 네 모든 일을 행할 것이나)

116. 출 20:10

but the seventh day is a Sabbath to the LORD your God. On it you shall not do any work, neither you, nor your son or daughter, nor your manservant or maidservant, nor your animals, nor the alien within your gates.

(일곱째 날은 네 하나님 여호와의 안식일인즉 너나 네 아들이나 네 딸이나 네 남종이나 네 여종이나 네 가축이나 네 문안에 머무는 객이라도 아무 일도 하지 말라)

117. 출 20:11

For in six days the LORD made the heavens and the earth, the sea, and all that is in them, but he rested on the seventh day. Therefore the LORD blessed the Sabbath day and made it holy.

(이는 엿새 동안에 나 여호와가 하늘과 땅과 바다와 그 가운데 모든 것을 만들고 일곱째 날에 쉬었음이라 그러므로 나 여호와가 안식일을 복되게 하여 그 날을 거룩하게 하였느니라)

118. 출 20:12

"Honor your father and your mother, so that you may live long in the land the

LORD your God is giving you.

(네 부모를 공경하라 그리하면 네 하나님 여호와가 네게 준 땅에서 네 생명이 길리라)

119. 출 20:13

"You shall not murder.

(살인하지 말라)

120. 출 20:14

"You shall not commit adultery.

(간음하지 말라)

121. 출 20:15

"You shall not steal.

(도둑질하지 말라)

122. 출 20:16

"You shall not give false testimony against your neighbor.

(네 이웃에 대하여 거짓 증거하지 말라)

123. 출 20:17

"You shall not covet your neighbor's house. You shall not covet your neighbor's wife, or his manservant or maidservant, his ox or donkey, or anything that belongs to your neighbor.

(네 이웃의 집을 탐내지 말라 네 이웃의 아내나 그의 남종이나 그의 여종이나 그의 소나 그의 나귀나 무릇 네 이웃의 소유를 탐내지 말라)

124. 레 17:11

For the life of a creature is in the blood, and I have given it to you to make atonement for yourselves on the altar; it is the blood that makes atonement for one's life.

(육체의 생명은 피에 있음이라 내가 이 피를 너희에게 주어 제단에 뿌려 너희의 생명을 위하여 속죄하게 하였나니 생명이 피에 있으므로 피가 죄를 속하느니라)

125. 민 12:2

"Has the LORD spoken only through Moses?" they asked. "Hasn't he also spoken through us?" And the LORD heard this.

(그들이 이르되 여호와께서 모세와만 말씀하셨느냐 우리와도 말씀하지 아니하셨느냐 하매 여호와께서 이 말을 들으셨더라)

126. 민 12:3

Now Moses was a very humble man, more humble than anyone else on the face of the earth.

(이 사람 모세는 온유함이 지면의 모든 사람보다 더하더라)

127. 레 5:16

He must make restitution for what he has failed to do in regard to the holy things, add a fifth of the value to that and give it all to the priest, who will make atonement for him with the ram as a guilt offering, and he will be forgiven.

(성물에 대한 잘못을 보상하되 그것에 오분의 일을 더하여 제사장에게 줄 것이요

제사장은 그 속건제의 숫양으로 그를 위하여 속죄한즉 그가 사함을 받으리라)

128. 레 20:27

" 'A man or woman who is a medium or spiritist among you must be put to death. You are to stone them; their blood will be on their own heads.'
(남자나 여자가 접신하거나 박수무당이 되거든 반드시 죽일지니 곧 돌로 그를 치라 그들의 피가 자기들에게로 돌아가리라)

129. 민 14:7

and said to the entire Israelite assembly, "The land we passed through and explored is exceedingly good.
(이스라엘 자손의 온 회중에게 말하여 이르되 우리가 두루 다니며 정탐한 땅은 심히 아름다운 땅이라)

130. 민 14:8

If the LORD is pleased with us, he will lead us into that land, a land flowing with milk and honey, and will give it to us.
(여호와께서 우리를 기뻐하시면 우리를 그 땅으로 인도하여 들이시고 그 땅을 우리에게 주시리라 이는 과연 젖과 꿀이 흐르는 땅이니라)

131. 민 30:2

When a man makes a vow to the LORD or takes an oath to obligate himself by a pledge, he must not break his word but must do everything he said.
(사람이 여호와께 서원하였거나 결심하고 서약하였으면 깨뜨리지 말고 그가 입으로 말한 대로 다 이행할 것이니라)

132. 신 3:22

Do not be afraid of them; the LORD your God himself will fight for you.

(너희는 그들을 두려워하지 말라 너희의 하나님 여호와께서 친히 너희를 위하여 싸우시리라 하였노라)

133. 신 6:4

Hear, O Israel: The LORD our God, the LORD is one.

(이스라엘아 들으라 우리 하나님 여호와는 오직 유일한 여호와이시니)

134. 신 6:5

Love the LORD your God with all your heart and with all your soul and with all your strength.

(너는 마음을 다하고 뜻을 다하고 힘을 다하여 네 하나님 여호와를 사랑하라)

135. 신 6:6

These commandments that I give you today are to be upon your hearts.

(오늘 내가 네게 명하는 이 말씀을 너는 마음에 새기고)

136. 신 6:7

Impress them on your children. Talk about them when you sit at home and when you walk along the road, when you lie down and when you get up.

(네 자녀에게 부지런히 가르치며 집에 앉았을 때에든지 길을 갈 때에든지 누워 있을 때에든지 일어날 때에든지 이 말씀을 강론할 것이며)

137. 신 6:8

Tie them as symbols on your hands and bind them on your foreheads.

(너는 또 그것을 네 손목에 매어 기호를 삼으며 네 미간에 붙여 표로 삼고)

138. 신 6:9

Write them on the doorframes of your houses and on your gates.

(또 네 집 문설주와 바깥 문에 기록할지니라)

139. 신 8:2

Remember how the LORD your God led you all the way in the desert these

forty years, to humble you and to test you in order to know what was in your

heart, whether or not you would keep his commands.

(네 하나님 여호와께서 이 사십 년 동안에 네게 광야 길을 걷게 하신 것을 기억하라

이는 너를 낮추시며 너를 시험하사 네 마음이 어떠한지 그 명령을 지키는지 지키지

않는지 알려 하심이라)

140. 신 8:3

He humbled you, causing you to hunger and then feeding you with manna,

which neither you nor your fathers had known, to teach you that man does

not live on bread alone but on every word that comes from the mouth of the

LORD.

(너를 낮추시며 너를 주리게 하시며 또 너도 알지 못하며 네 조상들도 알지 못하던

만나를 네게 먹이신 것은 사람이 떡으로만 사는 것이 아니요 여호와의 입에서 나오는

모든 말씀으로 사는 줄을 네가 알게 하려 하심이니라)

141. 신 8:12

Otherwise, when you eat and are satisfied, when you build fine houses and
settle down,

(네가 먹어서 배부르고 아름다운 집을 짓고 거주하게 되며)

142. 신 8:13

and when your herds and flocks grow large and your silver and gold increase
and all you have is multiplied,

(또 네 소와 양이 번성하며 네 은금이 증식되며 네 소유가 다 풍부하게 될 때에)

143. 신 28:2

All these blessings will come upon you and accompany you if you obey the
LORD your God:

(네가 네 하나님 여호와의 말씀을 청종하면 이 모든 복이 네게 임하며 네게 이르리니)

144. 신 34:7

Moses was a hundred and twenty years old when he died, yet his eyes were
not weak nor his strength gone.

(모세가 죽을 때 나이 백이십 세였으나 그의 눈이 흐리지 아니하였고 기력이 쇠하지
아니하였더라)

145. 여호수아 1:3

I will give you every place where you set your foot, as I promised Moses.

(내가 모세에게 말한 바와 같이 너희 발바닥으로 밟는 곳은 모두 내가 너희에게
주었노니)

146. 여호수아 1:8

Do not let this Book of the Law depart from your mouth; meditate on it day and night, so that you may be careful to do everything written in it. Then you will be prosperous and successful.

(이 율법책을 네 입에서 떠나지 말게 하며 주야로 그것을 묵상하여 그 안에 기록된 대로 다 지켜 행하라 그리하면 네 길이 평탄하게 될 것이며 네가 형통하리라)

147. 여호수아 24:15

But if serving the LORD seems undesirable to you, then choose for yourselves this day whom you will serve, whether the gods your forefathers served beyond the River, or the gods of the Amorites, in whose land you are living. But as for me and my household, we will serve the LORD.

(만일 여호와를 섬기는 것이 너희에게 좋지 않게 보이거든 너희 조상들이 강 저쪽에서 섬기던 신들이든지 또는 너희가 거주하는 땅에 있는 아모리 족속의 신들이든지 너희가 섬길 자를 오늘 택하라 오직 나와 내 집은 여호와를 섬기겠노라 하니)

148. 에스라 10:1

While Ezra was praying and confessing, weeping and throwing himself down before the house of God, a large crowd of Israelites--men, women and children--gathered around him. They too wept bitterly.

(에스라가 하나님의 성전 앞에 엎드려 울며 기도하여 죄를 자복할 때에 많은 백성이 크게 통곡하매 이스라엘 중에서 백성의 남녀와 어린 아이의 큰 무리가 그 앞에 모인지라)

149. 느헤미야 1:11

O Lord, let your ear be attentive to the prayer of this your servant and to the prayer of your servants who delight in revering your name. Give your servant success today by granting him favor in the presence of this man." I was cupbearer to the king.

(주여 구하오니 귀를 기울이사 종의 기도와 주의 이름을 경외하기를 기뻐하는 종들의 기도를 들으시고 오늘 종이 형통하여 이 사람들 앞에서 은혜를 입게 하옵소서 하였나니 그 때에 내가 왕의 술 관원이 되었느니라)

150. 에스더 4:14

For if you remain silent at this time, relief and deliverance for the Jews will arise from another place, but you and your father's family will perish. And who knows but that you have come to royal position for such a time as this?

(이 때에 네가 만일 잠잠하여 말이 없으면 유다인은 다른 데로 말미암아 놓임과 구원을 얻으려니와 너와 네 아버지 집은 멸망하리라 네가 왕후의 자리를 얻은 것이 이 때를 위함이 아닌지 누가 알겠느냐 하니)

151. 에스더 4:16

"Go, gather together all the Jews who are in Susa, and fast for me. Do not eat or drink for three days, night or day. I and my maids will fast as you do. When this is done, I will go to the king, even though it is against the law. And if I perish, I perish."

(당신은 가서 수산에 있는 유다인을 다 모으고 나를 위하여 금식하되 밤낮 삼 일을 먹지도 말고 마시지도 마소서 나도 나의 시녀와 더불어 이렇게 금식한 후에 규례를 어기고 왕에게 나아가리니 죽으면 죽으리이다 하니라)

152. 욥기 1:21

and said: "Naked I came from my mother's womb, and naked I will depart. The LORD gave and the LORD has taken away; may the name of the LORD be praised.

(이르되 내가 모태에서 알몸으로 나왔사온즉 또한 알몸이 그리로 돌아가올지라 주신 이도 여호와시요 거두신 이도 여호와시오니 여호와의 이름이 찬송을 받으실지니이다 하고)

153. 욥기 8:7

Your beginnings will seem humble, so prosperous will your future be.

(네 시작은 미약하였으나 네 나중은 심히 창대하리라)

154. 욥 23:10

But he knows the way that I take; when he has tested me, I will come forth as gold.

(그러나 내가 가는 길을 그가 아시나니 그가 나를 단련하신 후에는 내가 순금 같이 되어 나오리라)

155. 욥기 42:10

After Job had prayed for his friends, the LORD made him prosperous again and gave him twice as much as he had before.

(욥이 그의 친구들을 위하여 기도할 때 여호와께서 욥의 곤경을 돌이키시고 여호와께서 욥에게 이전 모든 소유보다 갑절이나 주신지라)

156. 시편 8:3

When I consider your heavens, the work of your fingers, the moon and the stars, which you have set in place,

(주의 손가락으로 만드신 주의 하늘과 주께서 베풀어 두신 달과 별들을 내가 보오니)

157. 시편 18:1

I love you, O LORD, my strength.

(나의 힘이신 여호와여 내가 주를 사랑하나이다)

158. 시 23:1

The LORD is my shepherd, I shall not be in want.

(여호와는 나의 목자시니 내게 부족함이 없으리로다)

159. 시 23:2

He makes me lie down in green pastures, he leads me beside quiet waters,

(그가 나를 푸른 풀밭에 누이시며 쉴 만한 물 가로 인도하시는도다)

160. 시 23:3

he restores my soul. He guides me in paths of righteousness for his name's
sake.

(내 영혼을 소생시키시고 자기 이름을 위하여 의의 길로 인도하시는도다)

161. 시 23:4

Even though I walk through the valley of the shadow of death, I will fear no
evil, for you are with me; your rod and your staff, they comfort me.

(내가 사망의 음침한 골짜기로 다닐지라도 해를 두려워하지 않을 것은 주께서 나와
함께 하심이라 주의 지팡이와 막대기가 나를 안위하시나이다)

162. 시 23:5

You prepare a table before me in the presence of my enemies. You anoint my head with oil; my cup overflows.

(주께서 내 원수의 목전에서 내게 상을 차려 주시고 기름을 내 머리에 부으셨으니 내 잔이 넘치나이다)

163. 시 23:6

Surely goodness and love will follow me all the days of my life, and I will dwell in the house of the LORD forever.

(내 평생에 선하심과 인자하심이 반드시 나를 따르리니 내가 여호와의 집에 영원히 살리로다)

164. 시편 34:7

The angel of the LORD encamps around those who fear him, and he delivers them.

(여호와의 천사가 주를 경외하는 자를 둘러 진 치고 그들을 건지시는도다)

165. 시편 37:5

Those who look to him are radiant; their faces are never covered with shame.

(네 길을 여호와께 맡기라 그를 의지하면 그가 이루시고)

166. 시편 37:6

This poor man called, and the LORD heard him; he saved him out of all his troubles.

(네 의를 빛 같이 나타내시며 네 공의를 정오의 빛 같이 하시리로다)

167. 시편 42:1

As the deer pants for streams of water, so my soul pants for you, O God.

(하나님이여 사슴이 시냇물을 찾기에 갈급함 같이 내 영혼이 주를 찾기에 갈급하니이다)

168. 시편 42:5

Why are you downcast, O my soul? Why so disturbed within me? Put your hope in God, for I will yet praise him, my Savior and

(내 영혼아 네가 어찌하여 낙심하며 어찌하여 내 속에서 불안해 하는가 너는 하나님께 소망을 두라 그가 나타나 도우심으로 말미암아 내가 여전히 찬송하리로다)

169. 시편 53:1

The fool says in his heart, "There is no God." They are corrupt, and their ways are vile; there is no one who does good.

(어리석은 자는 그의 마음에 이르기를 하나님이 없다 하도다 그들은 부패하며 가증한 악을 행함이여 선을 행하는 자가 없도다)

170. 시편 57:5

Be exalted, O God, above the heavens; let your glory be over all the earth.

(하나님이여 주는 하늘 위에 높이 들리시며 주의 영광이 온 세계 위에 높아지기를 원하나이다)

171. 시편 63:3

Because your love is better than life, my lips will glorify you.

(주의 인자하심이 생명보다 나으므로 내 입술이 주를 찬양할 것이라)

172. 시편 73:28

But as for me, it is good to be near God. I have made the Sovereign LORD my refuge; I will tell of all your deeds.

(하나님께 가까이 함이 내게 복이라 내가 주 여호와를 나의 피난처로 삼아 주의 모든 행적을 전파하리이다)

173. 시편 84:5

Blessed are those whose strength is in you, who have set their hearts on pilgrimage.

(주께 힘을 얻고 그 마음에 시온의 대로가 있는 자는 복이 있나이다)

174. 시편 84:6

As they pass through the Valley of Baca, they make it a place of springs; the autumn rains also cover it with pools.

(그들이 눈물 골짜기로 지나갈 때에 그 곳에 많은 샘이 있을 것이며 이른 비가 복을 채워 주나이다)

175. 시편 84:7

They go from strength to strength, till each appears before God in Zion.

(그들은 힘을 얻고 더 얻어 나아가 시온에서 하나님 앞에 각기 나타나리이다)

176. 시편 91:14

"Because he loves me," says the LORD, "I will rescue him; I will protect him, for he acknowledges my name.

(하나님이 이르시되 그가 나를 사랑한즉 내가 그를 건지리라 그가 내 이름을 안즉 내가

그를 높이리라)

177. 시편 100:4
Enter his gates with thanksgiving and his courts with praise; give thanks to him and praise his name.
(감사함으로 그의 문에 들어가며 찬송함으로 그의 궁정에 들어가서 그에게 감사하며 그의 이름을 송축할지어다)

178. 시편 100:3
Know that the LORD is God. It is he who made us, and we are his ; we are his people, the sheep of his pasture.
(여호와가 우리 하나님이신 줄 너희는 알지어다 그는 우리를 지으신 이요 우리는 그의 것이니 그의 백성이요 그의 기르시는 양이로다)

179. 시편 117:2
For great is his love toward us, and the faithfulness of the LORD endures forever. Praise the LORD.
(우리에게 향하신 여호와의 인자하심이 크시고 여호와의 진실하심이 영원함이로다 할렐루야)

180. 119:11
I have hidden your word in my heart that I might not sin against you.
(내가 주께 범죄하지 아니하려 하여 주의 말씀을 내 마음에 두었나이다)

181. 시편 119:67

Before I was afflicted I went astray, but now I obey your word.

(고난 당하기 전에는 내가 그릇 행하였더니 이제는 주의 말씀을 지키나이다)

182. 시편 119:71

It was good for me to be afflicted so that I might learn your decrees.

(고난 당한 것이 내게 유익이라 이로 말미암아 내가 주의 율례들을 배우게 되었나이다)

183. 시편 119:103

How sweet are your words to my taste, sweeter than honey to my mouth!

(주의 말씀의 맛이 내게 어찌 그리 단지요 내 입에 꿀보다 더 다니이다)

184. 시편 119:105

Your word is a lamp to my feet and a light for my path.

(주의 말씀은 내 발에 등이요 내 길에 빛이니이다)

185. 시편 124:8

Our help is in the name of the LORD, the Maker of heaven and earth.

(우리의 도움은 천지를 지으신 여호와의 이름에 있도다)

186. 시편 127:1

Unless the LORD builds the house, its builders labor in vain. Unless the LORD watches over the city, the watchmen stand guard in vain.

(여호와께서 집을 세우지 아니하시면 세우는 자의 수고가 헛되며 여호와께서 성을 지키지 아니하시면 파수꾼의 깨어 있음이 헛되도다)

187. 시편 146:5

Blessed is he whose help is the God of Jacob, whose hope is in the LORD his God,

(야곱의 하나님을 자기의 도움으로 삼으며 여호와 자기 하나님에게 자기의 소망을 두는 자는 복이 있도다)

188. 잠언 4:23

Above all else, guard your heart, for it is the wellspring of life.

(모든 지킬 만한 것 중에 더욱 네 마음을 지키라 생명의 근원이 이에서 남이니라)

189. 잠언 8:17

I love those who love me, and those who seek me find me.

(나를 사랑하는 자들이 나의 사랑을 입으며 나를 간절히 찾는 자가 나를 만날 것이니라)

190. 잠언 10:4

Lazy hands make a man poor, but diligent hands bring wealth.

(손을 게으르게 놀리는 자는 가난하게 되고 손이 부지런한 자는 부하게 되느니라)

191. 잠언 10:12

Hatred stirs up dissension, but love covers over all wrongs.

(미움은 다툼을 일으켜도 사랑은 모든 허물을 가리느니라)

192. 잠언 15:13

A happy heart makes the face cheerful, but heartache crushes the spirit.

(마음의 즐거움은 얼굴을 빛나게 하여도 마음의 근심은 심령을 상하게 하느니라)

193. 잠언 16:9

In his heart a man plans his course, but the LORD determines his steps.

(사람이 마음으로 자기의 길을 계획할지라도 그의 걸음을 인도하시는 이는 여호와시니라)

194. 잠언 17:21

To have a fool for a son brings grief; there is no joy for the father of a fool.

(미련한 자를 낳는 자는 근심을 당하나니 미련한 자의 아비는 낙이 없느니라)

195. 잠언 24:33

A little sleep, a little slumber, a little folding of the hands to rest

(네가 좀더 자자, 좀더 졸자, 손을 모으고 좀더 누워 있자 하니)

196. 잠언 24:34

and poverty will come on you like a bandit and scarcity like an armed man.

(네 빈궁이 강도 같이 오며 네 곤핍이 군사 같이 이르리라)

197. 전도서 3:11

He has made everything beautiful in its time. He has also set eternity in the hearts of men; yet they cannot fathom what God has done from beginning to end.

(하나님이 모든 것을 지으시되 때를 따라 아름답게 하셨고 또 사람들에게는 영원을 사모하는 마음을 주셨느니라 그러나 하나님이 하시는 일의 시종을 사람으로 측량할 수 없게 하셨도다)

198. 전도서 1:9

What has been will be again, what has been done will be done again; there is nothing new under the sun.

(이미 있던 것이 후에 다시 있겠고 이미 한 일을 후에 다시 할지라 해 아래에는 새 것이 없나니)

199. 전도서 1:2

"Meaningless! Meaningless!" says the Teacher. "Utterly meaningless! Everything is meaningless."

(전도자가 이르되 헛되고 헛되며 헛되고 헛되니 모든 것이 헛되도다)

200. 전도서 4:11

Also, if two lie down together, they will keep warm. But how can one keep warm alone?

(또 두 사람이 함께 누우면 따뜻하거니와 한 사람이면 어찌 따뜻하랴?)

201. 전도서 4:12

Though one may be overpowered, two can defend themselves. A cord of three strands is not quickly broken.

(한 사람이면 패하겠거니와 두 사람이면 맞설 수 있나니 세 겹 줄은 쉽게 끊어지지 아니하느니라)

202. 아가서 1:15

How beautiful you are, my darling! Oh, how beautiful! Your eyes are doves.

(내 사랑아 너는 어여쁘고 어여쁘다 네 눈이 비둘기 같구나)

203. 역대상 4:9

Jabez was more honorable than his brothers. His mother had named him Jabez, saying, "I gave birth to him in pain."

(야베스는 그의 형제보다 귀중한 자라 그의 어머니가 이름하여 이르되 야베스라 하였으니 이는 내가 수고로이 낳았다 함이었더라)

204. 역대상 4:10

Jabez cried out to the God of Israel, "Oh, that you would bless me and enlarge my territory! Let your hand be with me, and keep me from harm so that I will be free from pain." And God granted his request.

(야베스가 이스라엘 하나님께 아뢰어 이르되 주께서 내게 복을 주시려거든 나의 지역을 넓히시고 주의 손으로 나를 도우사 나로 환난을 벗어나 내게 근심이 없게 하옵소서 하였더니 하나님이 그가 구하는 것을 허락하셨더라)

205. 열왕기하 20:6

I will add fifteen years to your life. And I will deliver you and this city from the hand of the king of Assyria. I will defend this city for my sake and for the sake of my servant David.' "

(내가 네 날에 십오 년을 더할 것이며 내가 너와 이 성을 앗수르 왕의 손에서 구원하고 내가 나를 위하고 또 내 종 다윗을 위하므로 이 성을 보호하리라 하셨다 하라 하셨더라)

206. 열왕기하 6:7

"Lift it out," he said. Then the man reached out his hand and took it.

(이르되 너는 그것을 집으라 하니 그 사람이 손을 내밀어 그것을 집으니라)

207. 열왕기하 2:11

As they were walking along and talking together, suddenly a chariot of fire and horses of fire appeared and separated the two of them, and Elijah went up to heaven in a whirlwind.
(두 사람이 길을 가며 말하더니 불수레와 불말들이 두 사람을 갈라놓고 엘리야가 회오리 바람으로 하늘로 올라가더라)

208. 사무엘상 16:7

But the LORD said to Samuel, "Do not consider his appearance or his height, for I have rejected him. The LORD does not look at the things man looks at. Man looks at the outward appearance, but the LORD looks at the heart."
(여호와께서 사무엘에게 이르시되 그의 용모와 키를 보지 말라 내가 이미 그를 버렸노라 내가 보는 것은 사람과 같지 아니하니 사람은 외모를 보거니와 나 여호와는 중심을 보느니라 하시더라)

209. 사무엘상 15:22

But Samuel replied: "Does the LORD delight in burnt offerings and sacrifices as much as in obeying the voice of the LORD ? To obey is better than sacrifice, and to heed is better than the fat of rams.
(사무엘이 이르되 여호와께서 번제와 다른 제사를 그의 목소리를 청종하는 것을 좋아하심 같이 좋아하시겠나이까 순종이 제사보다 낫고 듣는 것이 숫양의 기름보다 나으니)

210. 사무엘상 1:11

The next day Saul separated his men into three divisions; during the last watch of the night they broke into the camp of the Ammonites and slaughtered them until the heat of the day. Those who survived were scattered, so that no two of them were left together.

(서원하여 이르되 만군의 여호와여 만일 주의 여종의 고통을 돌보시고 나를 기억하사 주의 여종을 잊지 아니하시고 주의 여종에게 아들을 주시면 내가 그의 평생에 그를 여호와께 드리고 삭도를 그의 머리에 대지 아니하겠나이다)

211. 이사야 6:8

Then I heard the voice of the Lord saying, "Whom shall I send? And who will go for us?" And I said, "Here am I. Send me!"

(내가 또 주의 목소리를 들으니 주께서 이르시되 내가 누구를 보내며 누가 우리를 위하여 갈꼬 하시니 그 때에 내가 이르되 내가 여기 있나이다 나를 보내소서 하였더니)

212. 이사야 26:3

You will keep in perfect peace him whose mind is steadfast, because he trusts in you.

(주께서 심지가 견고한 자를 평강하고 평강하도록 지키시리니 이는 그가 주를 신뢰함이니이다)

213. 이사야 29:13

The Lord says: "These people come near to me with their mouth and honor me with their lips, but their hearts are far from me. Their worship of me is made up only of rules taught by men.

(주께서 이르시되 이 백성이 입으로는 나를 가까이 하며 입술로는 나를 공경하나 그들의 마음은 내게서 멀리 떠났나니 그들이 나를 경외함은 사람의 계명으로 가르침을

받았을 뿐이라)

214. 이사야 35:10

and the ransomed of the LORD will return. They will enter Zion with singing; everlasting joy will crown their heads. Gladness and joy will overtake them, and sorrow and sighing will flee away.

(여호와의 속량함을 받은 자들이 돌아오되 노래하며 시온에 이르러 그들의 머리 위에 영영한 희락을 띠고 기쁨과 즐거움을 얻으리니 슬픔과 탄식이 사라지리로다)

215. 이사야 43:1

But now, this is what the LORD says-- he who created you, O Jacob, he who formed you, O Israel: "Fear not, for I have redeemed you; I have summoned you by name; you are mine.

(야곱아 너를 창조하신 여호와께서 지금 말씀하시느니라 이스라엘아 너를 지으신 이가 말씀하시느니라 너는 두려워하지 말라 내가 너를 구속하였고 내가 너를 지명하여 불렀나니 너는 내 것이라)

216. 이사야 53:5

But he was pierced for our transgressions, he was crushed for our iniquities; the punishment that brought us peace was upon him, and by his wounds we are healed.

(그가 찔림은 우리의 허물 때문이요 그가 상함은 우리의 죄악 때문이라 그가 징계를 받으므로 우리는 평화를 누리고 그가 채찍에 맞으므로 우리는 나음을 받았도다)

217. 이사야 53:6

We all, like sheep, have gone astray, each of us has turned to his own way;
and the LORD has laid on him the iniquity of us all.
(우리는 다 양 같아서 그릇 행하여 각기 제 길로 갔거늘 여호와께서는 우리 모두의
죄악을 그에게 담당시키셨도다)

218. 이사야 60:22

The least of you will become a thousand, the smallest a mighty nation. I am
the LORD; in its time I will do this swiftly."
(그 작은 자가 천 명을 이루겠고 그 약한 자가 강국을 이룰 것이라 때가 되면 나 여호와가
속히 이루리라)

219. 이사야 65:24

Before they call I will answer; while they are still speaking I will hear.
(그들이 부르기 전에 내가 응답하겠고 그들이 말을 마치기 전에 내가 들을 것이며)

220. 예레미야 29:12

Then you will call upon me and come and pray to me, and I will listen to you.
(너희가 내게 부르짖으며 내게 와서 기도하면 내가 너희들의 기도를 들을 것이요)

221. 예레미야 29:13

You will seek me and find me when you seek me with all your heart.
(너희가 온 마음으로 나를 구하면 나를 찾을 것이요 나를 만나리라)

222. 예레미야 33:2

"This is what the LORD says, he who made the earth, the LORD who formed it and established it--the LORD is his name:

(일을 행하시는 여호와, 그것을 만들며 성취하시는 여호와, 그의 이름을 여호와라 하는 이가 이와 같이 이르시도다)

223. 예레미야 33:3

'Call to me and I will answer you and tell you great and unsearchable things you do not know.'

(너는 내게 부르짖으라 내가 네게 응답하겠고 네가 알지 못하는 크고 은밀한 일을 네게 보이리라)

224. 에스겔 37:5

This is what the Sovereign LORD says to these bones: I will make breath enter you, and you will come to life.

(주 여호와께서 이 뼈들에게 이같이 말씀하시기를 내가 생기를 너희에게 들어가게 하리니 너희가 살아나리라)

225. 다니엘 3:17

If we are thrown into the blazing furnace, the God we serve is able to save us from it, and he will rescue us from your hand, O king.

(왕이여 우리가 섬기는 하나님이 계시다면 우리를 맹렬히 타는 풀무불 가운데에서 능히 건져내시겠고 왕의 손에서도 건져내시리이다)

226. 다니엘 3:18

But even if he does not, we want you to know, O king, that we will not serve your gods or worship the image of gold you have set up."
(그렇게 하지 아니하실지라도 왕이여 우리가 왕의 신들을 섬기지도 아니하고 왕이 세우신 금 신상에게 절하지도 아니할 줄을 아옵소서)

227. 다니엘 6:10

Now when Daniel learned that the decree had been published, he went home to his upstairs room where the windows opened toward Jerusalem. Three times a day he got down on his knees and prayed, giving thanks to his God, just as he had done before.
(다니엘이 이 조서에 왕의 도장이 찍힌 것을 알고도 자기 집에 돌아가서는 윗방에 올라가 예루살렘으로 향한 창문을 열고 전에 하던 대로 하루 세 번씩 무릎을 꿇고 기도하며 그의 하나님께 감사하였더라)

228. 호세아 6:1

"Come, let us return to the LORD. He has torn us to pieces but he will heal us; he has injured us but he will bind up our wounds.
(오라 우리가 여호와께로 돌아가자 여호와께서 우리를 찢으셨으나 도로 낫게 하실 것이요 우리를 치셨으나 싸매어 주실 것임이라)

229. 요엘 2:12

"Even now," declares the LORD, "return to me with all your heart, with fasting and weeping and mourning."
(여호와의 말씀에 너희는 이제라도 금식하고 울며 애통하고 마음을 다하여 내게로

돌아오라 하셨나니)

230. 요엘 2:13

Rend your heart and not your garments. Return to the LORD your God, for he is gracious and compassionate, slow to anger and abounding in love, and he relents from sending calamity.

(너희는 옷을 찢지 말고 마음을 찢고 너희 하나님 여호와께로 돌아올지어다 그는 은혜로우시며 자비로우시며 노하기를 더디하시며 인애가 크시사 뜻을 돌이켜 재앙을 내리지 아니하시나니)

231. 요엘 2:14

Who knows? He may turn and have pity and leave behind a blessing grain offerings and drink offerings for the LORD your God.

(주께서 혹시 마음과 뜻을 돌이키시고 그 뒤에 복을 내리사 너희 하나님 여호와께 소제와 전제를 드리게 하지 아니하실지 누가 알겠느냐)

232. 요엘 2:26

You will have plenty to eat, until you are full, and you will praise the name of the LORD your God, who has worked wonders for you; never again will my people be shamed.

(너희는 먹되 풍족히 먹고 너희에게 놀라운 일을 행하신 너희 하나님 여호와의 이름을 찬송할 것이라 내 백성이 영원히 수치를 당하지 아니하리로다)

233. 아모스 3:10

"They do not know how to do right," declares the LORD, "who hoard plunder and loot in their fortresses. "

(자기 궁궐에서 포학과 겁탈을 쌓는 자들이 바른 일 행할 줄을 모르느니라 여호와의 말씀이니라)

234. 미가 7:11

The day for building your walls will come, the day for extending your boundaries.

(네 성벽을 건축하는 날 곧 그 날에는 지경이 넓혀질 것이라)

235. 하박국 2:4

"See, he is puffed up; his desires are not upright-- but the righteous will live by his faith

(보라 그의 마음은 교만하며 그 속에서 정직하지 못하나 의인은 그의 믿음으로 말미암아 살리라)

236. 하박국 3:2

LORD, I have heard of your fame; I stand in awe of your deeds, O LORD. Renew them in our day, in our time make them known; in wrath remember mercy.

(여호와여 내가 주께 대한 소문을 듣고 놀랐나이다 여호와여 주는 주의 일을 이 수년 내에 부흥하게 하옵소서)

237. 스바냐 3:17

The LORD your God is with you, he is mighty to save. He will take great delight in you, he will quiet you with his love, he will rejoice over you with singing."

(너의 하나님 여호와가 너의 가운데에 계시니 그는 구원을 베푸실 전능자이시라 그가 너로 말미암아 기쁨을 이기지 못하시며 너를 잠잠히 사랑하시며 너로 말미암아 즐거이 부르며 기뻐하시리라 하리라)

238. 학개 2:8

'The silver is mine and the gold is mine,' declares the LORD Almighty.

(은도 내 것이요 금도 내 것이니라 만군의 여호와의 말이니라)

239. 말라기 4:2

But for you who revere my name, the sun of righteousness will rise with healing in its wings. And you will go out and leap like calves released from the stall.

(내 이름을 경외하는 너희에게는 공의로운 해가 떠올라서 치료하는 광선을 비추리니 너희가 나가서 외양간에서 나온 송아지 같이 뛰리라)

240. 마태복음 2:6

" 'But you, Bethlehem, in the land of Judah, are by no means least among the rulers of Judah; for out of you will come a ruler who will be the shepherd of my people Israel.'"

(또 유대 땅 베들레헴아 너는 유대 고을 중에서 가장 작지 아니하도다 네게서 한 다스리는 자가 나와서 내 백성 이스라엘의 목자가 되리라 하였음이니이다)

241. 마태복음 3:2

and saying, "Repent, for the kingdom of heaven is near."

(회개하라 천국이 가까이 왔느니라 하였으니)

242. 마태복음 5:3

"Blessed are the poor in spirit, for theirs is the kingdom of heaven.

(심령이 가난한 자는 복이 있나니 천국이 그들의 것임이요)

243. 마태복음 5:4

Blessed are those who mourn, for they will be comforted.

(애통하는 자는 복이 있나니 그들이 위로를 받을 것임이요)

244. 마태복음 5:43

You have heard that it was said, 'Love your neighbor and hate your enemy.

(또 네 이웃을 사랑하고 네 원수를 미워하라 하였다는 것을 너희가 들었으나)

245. 마태복음 5:44

But I tell you: Love your enemies and pray for those who persecute you,

(나는 너희에게 이르노니 너희 원수를 사랑하며 너희를 박해하는 자를 위하여 기도하라)

246. 마태복음 6:33

But seek first his kingdom and his righteousness, and all these things will be given to you as well.

(그런즉 너희는 먼저 그의 나라와 그의 의를 구하라 그리하면 이 모든 것을 너희에게 더하시리라)

247. 마태복음 6:34

Therefore do not worry about tomorrow, for tomorrow will worry about itself. Each day has enough trouble of its own.

(그러므로 내일 일을 위하여 염려하지 말라 내일 일은 내일이 염려할 것이요 한 날의

괴로움은 그 날로 족하니라)

248. 마태복음 7:7

"Ask and it will be given to you; seek and you will find; knock and the door
will be opened to you.
(구하라 그리하면 너희에게 주실 것이요 찾으라 그리하면 찾아낼 것이요 문을 두드리라
그리하면 너희에게 열릴 것이니)

249. 마태복음 7:8

For everyone who asks receives; he who seeks finds; and to him who
knocks, the door will be opened.
(구하는 이마다 받을 것이요 찾는 이는 찾아낼 것이요 두드리는 이에게는 열릴
것이니라)

250. 마태복음 9:12

On hearing this, Jesus said, "It is not the healthy who need a doctor, but
the sick.
(예수께서 들으시고 이르시되 건강한 자에게는 의사가 쓸 데 없고 병든 자에게라야 쓸
데 있느니라)

251. 마태복음 10:16

I am sending you out like sheep among wolves. Therefore be as shrewd as
snakes and as innocent as doves.
(보라 내가 너희를 보냄이 양을 이리 가운데로 보냄과 같도다 그러므로 너희는 뱀 같이
지혜롭고 비둘기 같이 순결하라)

252. 마태복음 11:28

"Come to me, all you who are weary and burdened, and I will give you rest.
(수고하고 무거운 짐 진 자들아 다 내게로 오라 내가 너희를 쉬게 하리라)

253. 마태복음 11:29

Take my yoke upon you and learn from me, for I am gentle and humble in heart, and you will find rest for your souls.
(나는 마음이 온유하고 겸손하니 나의 멍에를 메고 내게 배우라 그리하면 너희 마음이 쉼을 얻으리니)

254. 마태복음 11:30

For my yoke is easy and my burden is light.
(이는 내 멍에는 쉽고 내 짐은 가벼움이라 하시니라)

255. 마태복음 17:20

He replied, "Because you have so little faith. I tell you the truth, if you have faith as small as a mustard seed, you can say to this mountain, 'Move from here to there' and it will move. Nothing will be impossible for you."
(이르시되 너희 믿음이 작은 까닭이니라 진실로 너희에게 이르노니 만일 너희에게 믿음이 겨자씨 한 알 만큼만 있어도 이 산을 명하여 여기서 저기로 옮겨지라 하면 옮겨질 것이요 또 너희가 못할 것이 없으리라)

256. 마태복음 25:13

"Therefore keep watch, because you do not know the day or the hour.
(그런즉 깨어 있으라 너희는 그 날과 그 때를 알지 못하느니라)

257. 마태복음 28:6

He is not here; he has risen, just as he said. Come and see the place where he lay.

(그가 여기 계시지 않고 그가 말씀 하시던 대로 살아나셨느니라 와서 그가 누우셨던 곳을 보라)

258. 마가복음 1:17

"Come, follow me," Jesus said, "and I will make you fishers of men."

(예수께서 이르시되 나를 따라오라 내가 너희로 사람을 낚는 어부가 되게 하리라 하시니)

259. 마가복음 2:17

On hearing this, Jesus said to them, "It is not the healthy who need a doctor, but the sick. I have not come to call the righteous, but sinners."

(예수께서 들으시고 그들에게 이르시되 건강한 자에게는 의사가 쓸 데 없고 병든 자에게라야 쓸 데 있느니라 나는 의인을 부르러 온 것이 아니요 죄인을 부르러 왔노라 하시니라)

260. 마가복음 9:29

He replied, "This kind can come out only by prayer."

(이르시되 기도 외에 다른 것으로는 이런 종류가 나갈 수 없느니라 하시니라)

261. 마가복음 9:23

" 'If you can'?" said Jesus. "Everything is possible for him who believes."

(예수께서 이르시되 할 수 있거든이 무슨 말이냐 믿는 자에게는 능히 하지 못할 일이 없느니라 하시니)

262. 마가복음 10:27

Jesus looked at them and said, "With man this is impossible, but not with God; all things are possible with God."

(예수께서 그들을 보시며 이르시되 사람으로는 할 수 없으되 하나님으로는 그렇지 아니하니 하나님으로서는 다 하실 수 있느니라)

263. 마가복음 11:17

And as he taught them, he said, "Is it not written: " 'My house will be called a house of prayer for all nations'? But you have made it 'a den of robbers.'"

(이에 가르쳐 이르시되 기록된 바 내 집은 만민이 기도하는 집이라 칭함을 받으리라고 하지 아니하였느냐 너희는 강도의 소굴을 만들었도다 하시매)

264. 마가복음 13:31

Heaven and earth will pass away, but my words will never pass away.

(천지는 없어지겠으나 내 말은 없어지지 아니하리라)

265. 마가복음 14:36

"Abba, Father," he said, "everything is possible for you. Take this cup from me. Yet not what I will, but what you will."

(이르시되 아빠 아버지여 아버지께는 모든 것이 가능하오니 이 잔을 내게서 옮기시옵소서 그러나 나의 원대로 마시옵고 아버지의 원대로 하옵소서 하시고)

266. 마가복음 16:17

And these signs will accompany those who believe: In my name they will drive out demons; they will speak in new tongues;

(믿는 자들에게는 이런 표적이 따르리니 곧 그들이 내 이름으로 귀신을 쫓아내며 새 방언을 말하며)

267. 마가복음 16:18

they will pick up snakes with their hands; and when they drink deadly poison, it will not hurt them at all; they will place their hands on sick people, and they will get well."
(뱀을 집어올리며 무슨 독을 마실지라도 해를 받지 아니하며 병든 사람에게 손을 얹은즉 나으리라 하시더라)

268. 누가복음 1:37

For nothing is impossible with God."
(대저 하나님의 모든 말씀은 능하지 못하심이 없느니라)

269. 누가복음 2:14

"Glory to God in the highest, and on earth peace to men on whom his favor rests."
(지극히 높은 곳에서는 하나님께 영광이요 땅에서는 하나님이 기뻐하신 사람들 중에 평화로다 하니라)

270. 누가복음 6:28

bless those who curse you, pray for those who mistreat you.
(너희를 저주하는 자를 위하여 축복하며 너희를 모욕하는 자를 위하여 기도하라)

271. 누가복음 9:62

Jesus replied, "No one who puts his hand to the plow and looks back is fit for service in the kingdom of God."

(예수께서 이르시되 손에 쟁기를 잡고 뒤를 돌아보는 자는 하나님의 나라에 합당하지 아니하니라 하시니라)

272. 누가복음 17:6

He replied, "If you have faith as small as a mustard seed, you can say to this mulberry tree, 'Be uprooted and planted in the sea,' and it will obey you.

(주께서 이르시되 너희에게 겨자씨 한 알만한 믿음이 있었더라면 이 뽕나무더러 뿌리가 뽑혀 바다에 심기어라 하였을 것이요 그것이 너희에게 순종하였으리라)

273. 요한복음 1:14

The Word became flesh and made his dwelling among us. We have seen his glory, the glory of the One and Only, who came from the Father, full of grace and truth.

(말씀이 육신이 되어 우리 가운데 거하시매 우리가 그의 영광을 보니 아버지의 독생자의 영광이요 은혜와 진리가 충만하더라)

274. 요한복음 13:34

"A new command I give you: Love one another. As I have loved you, so you must love one another.

(새 계명을 너희에게 주노니 서로 사랑하라 내가 너희를 사랑한 것 같이 너희도 서로 사랑하라)

275. 요한복음 13:35

By this all men will know that you are my disciples, if you love one another."

(너희가 서로 사랑하면 이로써 모든 사람이 너희가 내 제자인 줄 알리라)

276. 요한복음 14:6

Jesus answered, "I am the way and the truth and the life. No one comes to the Father except through me.

(예수께서 이르시되 내가 곧 길이요 진리요 생명이니 나로 말미암지 않고는 아버지께로 올 자가 없느니라)

277. 요한복음 15:13

Greater love has no one than this, that he lay down his life for his friends.

(사람이 친구를 위하여 자기 목숨을 버리면 이보다 더 큰 사랑이 없나니)

278. 요한복음 16:33

"I have told you these things, so that in me you may have peace. In this world you will have trouble. But take heart! I have overcome the world."

(이것을 너희에게 이르는 것은 너희로 내 안에서 평안을 누리게 하려 함이라 세상에서는 너희가 환난을 당하나 담대하라 내가 세상을 이기었노라)

279. 요한복음 20:30

Jesus did many other miraculous signs in the presence of his disciples, which are not recorded in this book.

(예수께서 제자들 앞에서 이 책에 기록되지 아니한 다른 표적도 많이 행하셨으나)

280. 요한복음 20:31

But these are written that you may believe that Jesus is the Christ, the Son of God, and that by believing you may have life in his name.

(오직 이것을 기록함은 너희로 예수께서 하나님의 아들 그리스도이심을 믿게 하려 함이요 또 너희로 믿고 그 이름을 힘입어 생명을 얻게 하려 함이니라)

281. 요한복음 21:25

Jesus did many other things as well. If every one of them were written down, I suppose that even the whole world would not have room for the books that would be written.

(예수께서 행하신 일이 이 외에도 많으니 만일 낱낱이 기록된다면 이 세상이라도 이 기록된 책을 두기에 부족할 줄 아노라)

282. 사도행전 1:8

But you will receive power when the Holy Spirit comes on you; and you will be my witnesses in Jerusalem, and in all Judea and Samaria, and to the ends of the earth."

(오직 성령이 너희에게 임하시면 너희가 권능을 받고 예루살렘과 온 유대와 사마리아와 땅 끝까지 이르러 내 증인이 되리라 하시니라)

283. 사도행전 3;6

Then Peter said, "Silver or gold I do not have, but what I have I give you. In the name of Jesus Christ of Nazareth, walk."

(베드로가 이르되 은과 금은 내게 없거니와 내게 있는 이것을 네게 주노니 나사렛 예수 그리스도의 이름으로 일어나 걸으라 하고)

284. 사도행전 4:12

Salvation is found in no one else, for there is no other name under heaven given to men by which we must be saved."

(다른 이로써는 구원을 받을 수 없나니 천하 사람 중에 구원을 받을 만한 다른 이름을 우리에게 주신 일이 없음이라 하였더라)

285. 사도행전 16:31

They replied, "Believe in the Lord Jesus, and you will be saved--you and your household."

(이르되 주 예수를 믿으라 그리하면 너와 네 집이 구원을 받으리라 하고)

286. 사도행전 17:11

Now the Bereans were of more noble character than the Thessalonians, for they received the message with great eagerness and examined the Scriptures every day to see if what Paul said was true.

(베뢰아에 있는 사람들은 데살로니가에 있는 사람들보다 더 너그러워서 간절한 마음으로 말씀을 받고 이것이 그러한가 하여 날마다 성경을 상고하므로)

287. 로마서 1:16

I am not ashamed of the gospel, because it is the power of God for the salvation of everyone who believes: first for the Jew, then for the Gentile.

(내가 복음을 부끄러워하지 아니하노니 이 복음은 모든 믿는 자에게 구원을 주시는 하나님의 능력이 됨이라 먼저는 유대인에게요 그리고 헬라인에게로다)

288. 로마서 3:10

As it is written: "There is no one righteous, not even one;

(기록된 바 의인은 없나니 하나도 없으며)

289. 로마서 3:23

for all have sinned and fall short of the glory of God,

(모든 사람이 죄를 범하였으매 하나님의 영광에 이르지 못하더니)

290. 로마서 8:18

I consider that our present sufferings are not worth comparing with the glory that will be revealed in us.

(생각하건대 현재의 고난은 장차 우리에게 나타날 영광과 비교할 수 없도다)

291. 로마서 8:26

In the same way, the Spirit helps us in our weakness. We do not know what we ought to pray for, but the Spirit himself intercedes for us with groans that words cannot express.

(이와 같이 성령도 우리의 연약함을 도우시나니 우리는 마땅히 기도할 바를 알지 못하나 오직 성령이 말할 수 없는 탄식으로 우리를 위하여 친히 간구하시느니라)

292. 로마서 10:17

Consequently, faith comes from hearing the message, and the message is heard through the word of Christ.

(그러므로 믿음은 들음에서 나며 들음은 그리스도의 말씀으로 말미암았느니라)

293. 고린도전서 1:18

For the message of the cross is foolishness to those who are perishing, but to us who are being saved it is the power of God.

(십자가의 도가 멸망하는 자들에게는 미련한 것이요 구원을 받는 우리에게는 하나님의 능력이라)

294. 고린도전서 10:12

So, if you think you are standing firm, be careful that you don't fall!

(그런즉 선 줄로 생각하는 자는 넘어질까 조심하라)

295. 고린도전서 15:10

But by the grace of God I am what I am, and his grace to me was not without effect. No, I worked harder than all of them--yet not I, but the grace of God that was with me.

(그러나 내가 나 된 것은 하나님의 은혜로 된 것이니 내게 주신 그의 은혜가 헛되지 아니하여 내가 모든 사도보다 더 많이 수고하였으나 내가 한 것이 아니요 오직 나와 함께 하신 하나님의 은혜로라)

296. 갈라디아 2:20

I have been crucified with Christ and I no longer live, but Christ lives in me. The life I live in the body, I live by faith in the Son of God, who loved me and gave himself for me.

(내가 그리스도와 함께 십자가에 못 박혔나니 그런즉 이제는 내가 사는 것이 아니요 오직 내 안에 그리스도께서 사시는 것이라 이제 내가 육체 가운데 사는 것은 나를 사랑하사 나를 위하여 자기 자신을 버리신 하나님의 아들을 믿는 믿음 안에서 사는 것이라)

297. 에베소서 4:29

Do not let any unwholesome talk come out of your mouths, but only what is helpful for building others up according to their needs, that it may benefit those who listen.

(무릇 더러운 말은 너희 입 밖에도 내지 말고 오직 덕을 세우는 데 소용되는 대로 선한 말을 하여 듣는 자들에게 은혜를 끼치게 하라)

298. 빌립보서 4:6

Do not be anxious about anything, but in everything, by prayer and petition, with thanksgiving, present your requests to God.

(아무 것도 염려하지 말고 다만 모든 일에 기도와 간구로, 너희 구할 것을 감사함으로 하나님께 아뢰라)

299. 빌립보서 4:7

And the peace of God, which transcends all understanding, will guard your hearts and your minds in Christ Jesus.

(그리하면 모든 지각에 뛰어난 하나님의 평강이 그리스도 예수 안에서 너희 마음과 생각을 지키시리라)

300. 디모데후서 4:6

For I am already being poured out like a drink offering, and the time has come for my departure.

(전제와 같이 내가 벌써 부어지고 나의 떠날 시각이 가까웠도다)

8장 · 성경읽기 비법

8장

성경읽기 비법

1. 성경읽기 비법

1) 정독과 통독

기존에는 성경암송에 대해 원리를 모르고 읽었기 때문에 아무리 많이 읽어도 손에 잡히지 않았습니다. 그러나 필자가 수년 동안 성경통달세미나를 통해서 성경을 사랑하고 연구하는데 힘을 쏟았습니다. 성경통달의 원리는 구절별 성경암송. 장별암송 그리고 더 나아가서 성경읽기를 통해 성경을 암송해 나가는 것입니다.

등산할 때 길을 따라 정상에 오르는 것과 길없이 정상에 오르는 것은 천지 차이입니다. 길을 따라 정상에 오르는데 2-3시간 걸린다면 길없이 정상에 오르게 될 경우 하루가 걸릴지 이틀이 걸릴지 아니면 길을 잃어 버려 아예 포기할지도 모릅니다.

이와 마찬가지입니다. 성경을 정독할 때 반드시 성경통달의 원리를 알고 읽는 것이 효과적이고 많은 유익을 얻을 수 있습니다. 성경읽기는 가급적 정독이나 최소한 통독을 권합니다.

속독하게 될 경우 효과도 은혜도 반감됩니다. 그래서 정독이나 통독을 권합니다. 이 방법으로 읽을 때 큰 기쁨이 크고 성경통달의 더 큰 유익을 얻을 수 있게 될 것입니다.

2) 목표를 정하라

성경통달의 원리를 깨닫고 읽게 된 경우 성경완독의 주기가 더욱 더 짧아지고 정교해질 것입니다. 이유는 이제 성경통달의 진정한 맛을 알았기 때문입니다.

개인에 따라 목표를 정하면 됩니다.

성경통달의 원리를 모를 때와 알고 읽는 경우는 앞에서 언급한 것과 같이 천지차이입니다. 성경정독 1독을 최소 한 달에 한번 정도 목표를 정해서 읽는 것도 좋습니다. 조금 여유있게 3달에 한번 정도 읽어도 큰 유익이 되며 시간이 부족한 사람에게는 일년에 한번 읽는 것도 좋습니다.

3) 자기 스타일에 맞게

요즘 시중에 성경통독 테이프나 성경정독 테이프를 기독교서점에서 얼마든지 구입할 수 있습니다. 통독과 정독 CD도 나와 있고 스마트폰에도 어플을 통해서 약간의 돈을 주고 구입할 수 있습니다. 그러면 언제나 어디서나 성경을 읽을 수 있습니다.

정독이나 통독은 개인 스타일에 맞게 하면 됩니다. 어떤 사람은 매스미디어 보다는 직접 읽는 것을 좋아하는 사람들이 있을 것입니다. 그러면 그 방법대로 하면 됩니다. 필자의 경우 CD나 스마트폰 어플이 많은 도움을 주어 필자의 경우는 스마트폰 어플 통독 성경을 선호합니다. 이유는 쉽게 접근할 수 있고 언제, 어디서나 들을 수 있기 때문입니다.

2. 구체적 성경읽기

1) 가장 적은 분량 책읽기

기독교서점에 가면 성경읽기표를 쉽게 구입할 수 있습니다. 성경은 구약과 신약 총 66권인데 각 책마다 분량이 다릅니다.

이럴 경우 어떻게 성경을 읽을 것인가? 처음부터 읽는 것도 좋겠지만 익숙해지기까지 가장 적은 분량의 책부터 읽는 것이 효과적입니다. 즉 가장 분량이 적은 책에서 가장 분량이 많은 책으로 읽어나가는 것이 좋은 방법입니다. 왜냐하면 재미있고 빨리 읽을 수 있기 때문입니다. 읽은 후 체크하면 됩니다. 실례로 오늘 시간이 30분의 여유가 된다면 그 시간에 맞는 책을 선택해서 읽으면 되는 것입니다.

2) 부위별 읽기

구약성경은 모세오경(토라), 성문서(케투빔), 예언서(네비임)으로 나누어져 있습니다. 신약성경은 복음서, 바울서신, 공동서신과 요한계시록으로 나누어집니다. 성경을 좀 더 재미있게 방법으로 책별, 권별로 읽어나가는 것도 좋습니다.1주일 성경읽기 목표를 잡았다면 오늘은 바울서신과 공동서신, 내일은 복음서와 모세오경 등 이런 방식으로 읽어나가는 것입니다.

이럴 경우 각 부문마다 공통점이 있기에 더 쉽게 이해할 수 있습니다. 이미 성경통달의 원리를 깨달았기에 오히려 이해 뿐만아니라 은혜와 감동의 시간들이 될 것입니다.

3) 자기스타일 읽기

읽기 방식이나 방법은 얼마든지 있습니다. 위에서 언급한 방법 외에도 사람들의 취향에 따라서 먼저 가장 많은 분량의 책을 읽고 그리고 나중에 가장 적은 분량의 책을 읽는 것도 좋습니다.

처음부터 창세기부터 계속해서 읽어나가는 방법도 있고 아니면 마태복음부터 읽는 방법도 좋을 것입니다. 사람마다 취향이나 이해도 각각 다르기에 가장 효과적인 방법을 골라 사용하면 좋을 것입니다. 무엇보다도 중요한 것은 성경암송의 비법을 알고 읽는 일입니다. 장별 암송과 구절별 암송을 익힌 후에 성경읽기는 그동안 보지 못한 내용들을 얻는 데 매우 효과적일 것입니다.

이 모든 영광을 하나님께 돌립니다!

참고도서 및 자료

C.C.C. 『필수암송성구』. 서울: 순출판사, 1998.

L. 쿠프리야노비치. 『기억력을 좋게 하라』. 서울: 보이스사, 1988.

강준민. 『묵상과 영적 성숙』. 서울: 두란노출판사, 1999.

강준민. 『성경암송』. 서울: 두란노출판사, 2001.

김득중. 『복음서신학』. 서울: 컨콜디아사, 1985.

김득중. 『신약개론』. 서울: 컨콜디아사, 1986.

김의용. 『마태의 주기도문(6:9-13)연구』. 서울: 감리교신학대학교신학대학원, 1995.

김의용. 『말씀하시는 하나님(김의용목사 설교1집)』. 서울: 엘맨출판사, 2017.

김의용. 『요한웨슬리의 영성연구』. 서울: 연세대학교교육대학원, 1999.

김철손 외. 『신약성서개론. 대한기독교서회.

도슨 트로트맨. 『성경암송을 통하여 주님께로 돌아오다』.

도슨 트로트맨. 『성경암송을 통하여 주님께로 돌아오다』. 서울: 네비게이토출판사, 1986.

리로이 아임스. 『제자삼는 사역의 기술』. 서울: 네비게이토출판사, 1981.

박형용. 『신약개관』. 서울: 아가페서원, 1988.

신성종. 『구조적 성경연구』. 서울: 크리스챤서적, 2007.

신성종. 『성경의 배경사』. 서울: 크리스챤서적, 2015.

여선구. 『페이퍼학습법』. 서울: 규장문화사, 2000.

오효권. 『성경핵심요약』. 서울: 은혜출판사, 1990.

이애실. 『어? 성경이 읽어지네』. 서울: 성경방출판사, 2003.

이원희. 『성경통독연구』. 서울: 기독교문사, 1991.

이종윤. 『신구약개설』. 서울: 엠마오출판사. 1982.

임용섭. 『3.3.4 성경가이드』. 생명의말씀사.

장경철. 『책읽기의 즐거운 혁명』. 서울: 두란노출판사, 1999.

정영석. 『말씀나무그림』. 말씀나무연구소. 2007.

토니 부잔. 김용운역. 『마인드맵 기억법』. 서울: 평범사, 1994.

토니 부잔. 라명희역. 『마인드맵 북』. 서울: 평범사, 1994.

필립 안시. 임종원역. 『맥잡는 성경읽기』. 서울: 진흥출판사, 2003.

한명철. 『성경통달에 이르게 하는 자기학습법』. 서울: 두란노출판사, 2000.